“十二五”职业教育国家规划立项教材

创新旅游管理系列教材

旅游公共关系

总主编 ◇ 王忠林

主　编 ◇ 张向东

华东师范大学出版社

“创新旅游管理系列教材”编写委员会

总序

近年来，随着职业教育的蓬勃发展，教材的编写与出版也蔚为大观。是否找准定位、真正契合职业教育课程体系和人才培养的实际需求，并区别于学术型本科院校教材，几乎成为职业教育教材是否优劣的命门。如今摆在我们面前的这套教材，我以为，它在追求创新和优秀的道路上呈现出了最大努力。

总体来看，这套教材有以下几个亮点：

一、认可度高。2013 年年初，教育部职业教育与成人教育司开展“十二五”职业教育国家规划教材选题立项工作。这套高职高专创新旅游管理系列教材顺利通过立项和评审，获得很高认可。这套教材的推出，将进一步规范和提高我国高等职业院校的旅游管理专业教学水平，从而对我国旅游产业的人才培养和可持续发展产生积极深远的影响。

二、编写实力强。这套教材的编委会和具体编写团队成员均来自以“中国旅游院校五星联盟”为主的实力强劲的相关高职旅游院校，在编写方面，可以说，既做到了高瞻远瞩、立足未来旅游专业适用人才培养的方向，又做到了结合当下职业院校旅游管理专业课程设置和就业需求的实际。

三、契合专业教学标准。该套教材的编写贯彻和实施了 2012 年年底教育部职业教育与成人教育司颁布的《高等职业学校专业教学标准（试行）》，集行业内资深专家和高职院校优秀一线教师的理论积淀和实践经验于一体，立足于教材的科学性、创新性、实用性，注重产教结合，深入浅出，体现了高等职业教育的特色和应用型专业的典型特征。

希望这套高职高专创新旅游管理系列教材对我国高职院校培养应用型的旅游从业人员有所裨益，为我国高等职业教育旅游管理专业的建设和人才培养起到推动和引导作用。

全国旅游职业教育教学指导委员会秘书长　韩玉灵

前言

公共关系自20世纪初问世以来，作为一种现代经营管理艺术和社会文明观念已风靡世界，其卓越的成就有目共睹。当今世界，大到国家形象，小到一个组织的一举一动，都与公共关系密不可分。随着社会经济的快速发展，公共关系学以其突出的实践性被应用到越来越多的领域当中。在中国，公共关系最早产生于旅游行业，然后向其他行业逐渐扩展。近年来，旅游业成为现代产业系统中增长最快的产业之一。随着我国旅游业的不断发展，旅游市场的竞争日趋激烈，旅游组织面临的市场环境也日趋复杂。公共关系在协调旅游组织与公众之间的关系、塑造组织良好形象方面起着举足轻重的作用，且随着市场竞争的加剧，这种作用体现得越来越明显。在激烈的竞争中，公共关系已成为旅游行业获得成功的一种重要手段。在未来的发展中，旅游公共关系将在进一步提高旅游服务质量、改善旅游环境、推进旅游产业发展方面发挥更为积极的作用。全面提升旅游从业人员与管理者的公关意识与公关技能，成为旅游组织增强竞争力的有效途径，对促进我国旅游业的快速可持续发展具有重要意义。

与实践活动相对应的是职业教育。旅游职业院校肩负着培养实用型旅游专业人才的重任，要求面向行业、面向企业培养人才。深化旅游公共关系理论的教育、加强旅游公共关系实践活动是培养合格的旅游公关人才的重要途径。结合旅游行业的需要和旅游职业人才培养的需要，我们编写了这本《旅游公共关系》。

《旅游公共关系》是旅游类专业基础课之一，也是教育部和国家旅游局指定专业必修课，既具有一定理论性，又具有比较强的实践性。本书共12章，具体包括：公共关系与旅游公共关系、旅游公共关系的行为主体、旅游公共关系的目标公众、旅游公共关系传播、旅游公共关系工作程序、旅游公共关系谈判、旅游公共关系形象策略、旅游公共关系专题活动、旅游公共关系危机管理、旅游公关礼仪训练、旅游公关语言训练、旅游公关交际训练。本书强调理论知识和实践知识相统一、综合性和针对性相统一，在编写时除了重视学生对理论知识的吸取之外，也十分重视实务和技能的提高，总体体现了定位明确、结构合理、理论够用、注重实用的特点，力求做到易教、易学、易懂、易上手。通过本课程的学习，学生可以掌握公共关系的基本概念与基本原理，掌握公共关系应用的原则和方法；了解公共关系实务的一般操作形式和组织方法；进行公共关系基本工作技能的训练，为今后顺利地适应旅游业岗位工作打下坚实的基础。

为了更好地使用本教材，建议：

精选精讲，鼓励互动。教师对教材内容应精选精讲，对重点内容详讲，必要时还可补充一些内容；对非重点内容可交给学生阅读。教师在教学过程中，一定要深入浅出，把复杂的问题简单化，鼓励学生敢于质疑教师、质疑课本、质疑现实。

重视案例，注重运用。学习公共关系学，目的是能把学到的知识运用到实践中去。案例教学是教学理论联系实际的有效形式，通过案例分析，使学生明白如何运用公关的原理和方法来解决实际问题。

各抒己见，集思广益。公共关系属社会应用科学范畴，在教学中要发扬教学民主，鼓励学生发表自己的意见和想法，调动学生的学习积极性，鼓励学生提高发散思维能力。

理解应用，科学考核。学习重在理解，要培养学生的创新能力，而不是复制知识。对学生的考核切忌采用一张试卷定结果的评价方法，要鼓励学生思考，以能力为本位，对能发表自己独特观点的学生应该给予充分的肯定。

本书具有理论与实践并重的特点，适用范围广，既可作为旅游管理类高职高专院校教材，也可作为旅游企事业单位管理人员、公共关系人员的培训教材。

本书编写工作由浙江旅游职业学院"国家示范性骨干高职院校重点专业"、"浙江省省级示范高职院校重点专业"、"浙江省高职院校特色专业"——酒店管理专业的团队成员张向东教授和张雪丽、杨国强、沙绍举三位老师共同完成。张向东任主编，张雪丽、杨国强、沙绍举任副主编。各章的编写者分别为：张向东（第一章、第二章、第三章和前言、附录）；张雪丽（第四章、第五章、第六章）；沙绍举（第七章、第八章、第九章）；杨国强（第十章、第十一章、第十二章）。全书由张向东提出体系框架，并在初稿完成的基础上审定统稿。本书在编写中参阅了大量公共关系学和旅游学等相关学科的书籍和资料，参考了大量报刊文献和网络资源，参考和援引了诸多文字成果和实践成果，这些成果除了在书后的"参考文献"中列出外，还在书中适当的地方加以注明，在此一并向有关专家、学者和组织表示衷心的感谢！

由于编者学识所限，书中疏漏不妥之处难免，敬请旅游业界、旅游教育者和广大读者提出宝贵的建议和意见，以便今后修订完善。

编者

2013 年 12 月

目录

第一章

公共关系与旅游公共关系

章前导语

公共关系学是一门发展中的综合性的社会应用学科，其应用已经延伸至政治、经济、军事、文化等各个领域。该学科以社会组织在社会公众心目中树立良好的形象为主线，以社会组织与社会公众之间通过传播媒介进行的沟通协调贯穿始终。在现代社会中，没有公共关系意识的社会组织不可能赢得社会公众的信赖，也不可能取得市场竞争的主动权。我国当代的公共关系最初发端于沿海地区的宾馆、饭店。当前，我国旅游业得到了空前的迅猛发展，公共关系也被旅游业深入应用，从最早运用公关的饭店，到现在的各种旅游组织，无不广泛使用公关，展现公关的作用和魅力。本章是对公关基础知识的系统概述，也是学习整个旅游公共关系的“纲”。把“纲”学好了，就有了清晰的学习脉络，为学习后面的内容作好铺垫。所以本章既具有提纲挈领的意义，又有入门引导的意义。

本章导学

【学习目标】

理解公共关系与旅游公共关系的概念；

掌握公共关系发展的脉络，了解公共关系在我国产生的过程和必然性；

知晓公共关系的构成要素和基本特征；

能举例说明公共关系与人际关系、庸俗关系、宣传、广告和营销的区别；

能分析和理解旅游公共关系的职能和原则。

【关键术语】

公共关系　公共关系主体　公共关系客体　公共关系媒介　伯纳斯　“双向对称”模式　旅游公共关系　旅游公共关系职能　旅游组织形象信息　旅游组织产品信息

第一节　公共关系概述

一、公共关系的含义

（一）什么是公共关系

“公共关系”一词，来源于英语的“Public Relations”（简称 PR）。“Public”可译为“公共的”、“公众的”或者“公开的”，“Relations”可译为“关系”，翻译成中文为“公众关系”。由于翻译上的先入为主，形成了一种约定俗成的译法即“公共关系”，简称“公关”。

对于什么是公共关系，众多的学者、专家都发表了自己的见解，并分别从不同的角度对公共关系下了不同的定义，已构成公共关系理论研究的一个部分。其中颇有代表性和影响力的定义可概括为如下几类：

1. 管理职能论

这种观点认为，公共关系是一种管理职能。国际公共关系协会曾经给公共关系作过如下定义：公共关系是一种管理功能，它具有连续性和计划性。通过公共关系，公立的和私立的组织、机构试图赢得同它们有关的人们的理解、同情和支持——借助对舆论的估价，尽可能地协调它们自己的政策和做法，依靠有计划的、广泛的信息传播，赢得更有效的合作，更好地实现它们的共同利益。

美国学者雷克斯·哈罗（Rex Harlow）收集和分析研究了 472 种公共关系的定义后提出：公共关系是一种独特的管理职能，它帮助一个组织建立并维持与公众之间的交流、理解、认可与合作；它参与处理各种问题与事件；它帮助管理部门及时了解公众舆论，并对之作出反应；它确定并强调企业为公众利益服务的责任；它作为社会趋势的监督者，帮助企业保持与社会变动同步；它使用有效的传播技能和研究方法作为基本的工具。

无论是国际公共关系协会，还是美国学者雷克斯·哈罗，都十分强调公共关系的管理职能，认为其活动模式是"有计划的、广泛的信息传播"，目的是"更好地实现它们的共同利益"。

现代企业面对市场竞争，必须"内求团结，外求发展"，必须通过沟通信息、协调关系、宣传招徕、社会交往、咨询决策等公关手段去创造一个"天时、地利、人和"的和谐环境。公共关系的这种特殊功能，确实成为企业生存发展的重要手段和制胜法宝。因此，管理职能论在我国很有市场，不少学者持此观点。

2. 传播沟通论

这种观点认为公共关系是社会组织与公众之间的一种传播沟通行为，公共关系的本质属性就是传播沟通。英国学者弗兰克·杰弗金斯(Frank Jefkins)在《公共关系》一书中提出的公共关系定义是：公共关系就是一个组织为了达到与它的公众之间相互了解的确定目标而有计划地采用的一切向内、向外的传播沟通方式的总和。1981 年出版的《不列颠百科全书》关于公共关系的定义是：公共关系是旨在传递有关个人、公司、政府机构或其他组织的信息，并改善公众对其态度的种种政策或行为。美国学者马斯顿·约翰(Marston John)讲得更为坦率：公共关系就是运用有说服力的传播去影响重要的公众。

持这种观点的学者重视研究社会组织与公众之间的沟通行为与规律。我国公共关系学术界也有大量学者持此观点。

3. 社会关系论

这种观点认为公共关系是一种社会关系。美国普林斯顿大学教授希尔兹(H. L. Chils)认为，公共关系是我们所从事的各种活动、所发生的各种关系的统称，这些活动与关系都是公众性的，并且都有其社会意义。英国公共关系学会对公共关系所作的定义是：公共关系的实施是一种积极的、有计划的以及持久的努力，目的是建立和维护一个机构与其公众之间的相互了解。1976 年第二版的《韦伯斯特 20 世纪新辞典》也认为："公共关系是通过宣传与一般公众建立的关系；公司、组织、军事机构等向公众报告其活动、政策等情况，试图建立有利的舆论的职能。"

4. 现象描述论

持这一观点的学者，关注公共关系实务，抓住公共关系的某种功能、现象或者一个侧面，进行形象、生动的描述，从而给公共关系以通俗的解释和具体操作性定义。例如：

——公共关系是一种技术，此种技术旨在激发大众对于任何一个人或一个组织的了解并产生信任。

——公共关系是一门研究如何建立信誉，从而使事业获得成功的学问。

——公共关系就是讨公众喜欢。

——公共关系是内求团结、外求发展、树立形象、推销自己的艺术。

——公共关系就是努力干好，让人知晓。

——公共关系 90%靠自己做，10%靠宣传。

——公共关系就是通过良好的人际关系来辅助自己事业成功。

——公共关系不是一台可以买到的打字机，也不是一张可以延期的订货单。它是一种生活方式，时时刻刻表露在各种态度与行动中，对于工作人员、顾客以及整个社会都有影响。

5. 特征综合论

这种观点是将公共关系的各种特征综合起来加以表述。1978 年 8 月，在墨西哥城召开的世界公共关系协会大会上，与会代表们在公共关系的含义问题上达成共识：公共关系是一门艺术和社会科学。公共关系的实施是分析趋势，预测后果，向组织领导人提供意见，履行一系列有计划的行动，以服务于本组织和公众的共同利益。

由于公共关系涉及面广、内容丰富，学者们从不同角度、不同侧面给公共关系下定义，强调的重点自然各不相同。这些定义相互之间并不矛盾，都有其合理性，这也反映出公共关系内涵的多维性。

总之，有关公共关系的种种定义和看法，给我们大致勾勒出了公共关系所涉及的领域和范畴，即公共关系的构成要素应该包括：主体——社会组织、媒介——传播沟通；客体——公众。社会组织进行公共关系活动的手段是传播沟通；目的是加强与公众的双向交流，以塑造良好形象，优化社会环境；它属于管理学和组织传播学的范畴。

综上所述，我们认为公共关系是社会组织为了增强组织内部凝聚力和对外部公众的吸引力、实现自身效益和社会效益，有目的地通过信息传播、双向沟通手段和实际行动来影响公众，以达到塑造组织良好形象的科学与艺术。

（二）对公共关系概念的理解和把握

对于公共关系的定义，我们可以从以下四个方面来理解和把握：

1. 构建公共关系的根本目的是塑造社会组织自身的良好形象。

组织形象是公共关系理论的核心概念，是贯穿公共关系理论与运作的一条主线。一个社会组织只有树立起良好的组织形象并对组织形象进行有效的管理，才能保证为组织的生存与发展创造一个良好的舆论环境，从而获得公共关系工作的最佳业绩。

2. 公共关系的主体是社会组织，客体是公众，媒介是传播与沟通。

公共关系的过程，就是传播与沟通的过程，就是信息交流的过程。社会组织与公众之间的双向沟通关系，使公共关系同其他关系区别开来。社会组织在一系列规范化和专业化的公关活动中与其目标公众进行有效的沟通和交流，以求互相尊重、理解、支持与合作，达到树立组织良好形象的最终目的。

3. 公共关系有静态和动态两种表现形式。

静态的公共关系是指公共关系是一种客观存在。任何企业和社会组织，无论其是否已经意识到公共关系存在的客观性，无论其是否能以公关观念来支配自己的行为，都有公共关系状态的存在。动态的公共关系是指公共关系是一种活动。当一个企业自觉地采取各种公共关系手段去改善原有的公共关系状态，这就是在从事公共关系活动。它表现为日常的公共关系活动和专项的公共关系活动两大类，也就是组织开展的一系列的“公共关系实务”，包括公关调查、公关策划、公关宣传、公关危机处理、形象战略、公关交际及各种公共关系专题活动等。

4. 公共关系既是一门科学，又是一门艺术。

从理论上讲，公共关系是一门科学，有其较完整的科学体系；从运作上讲，公共关系又是一门艺术，这种艺术掌握和运用得好与坏，直接影响着公共关系工作的成败。因此，公共关系是科学与艺术的统一。

二、公共关系的构成要素

社会组织、公众和传播沟通是公共关系的三个基本构成要素。其中，社会组织是公共关系的主体，公众是公共关系的客体，传播沟通是公共关系的媒介。社会组织和公众是公共关系相互作用的双方，传播沟通是两者联系的纽带和桥梁。从某种意义上说，现代公共关系的本质是“组织与公众之间的传播管理”。

（一）社会组织

社会组织是人们为了实现特定的目标，按照一定的宗旨、制度、系统建立起来的社会群体。它有明确的目标、详细的分工、制度化的组织机构和行为规范，比如企业、学校、医院、政党、政府部门、社会团体等。社会组织是公共关系的主体，可以发起和从事公共关系活动。

（二）公众

公众是指与社会组织相互联系、相互作用的个人、群体或组织的总和，是公共关系传播沟通的对象，包括组织内部公众和组织外部公众。社会组织的员工、顾客、读者、观众、社区居民、社会名流等都是重要的公众。公众是公共关系的客体，是构成社会组织生存和发展的重要社会环境，它影响和制约着社会组织，是社会组织认识、作用的对象。社会组织通过媒介传播信息，取得相关公众的认可，并吸引相关公众与社会组织进行合作，从而形成互助互利、和谐发展的关系。

（三）传播沟通

传播沟通是公共关系活动的过程和基本方式。它是指通过媒介把信息以符号的形式传递给对方，对方接收到信息后也以一定的信息形式反馈回来。通过这种信息的双向交流，双方逐渐达到相互了解、分享信息、达成共识的目的。公共关系活动的目标是树立良好的组织形象，建立组织与公众之间开放、持久的互惠互利关系，而其首要条件就是通过各种媒介沟通信息、协调关系，清除组织与公众之间的障碍，谋求合作与支持。

以上三大要素形成了公共关系结构，三大要素相互结合才能构成一个完整的公共关系过程，三者缺一不可。如果只突出某个要素，就会破坏结构的整体性，影响公共关系活动运行的质量。三大要素的均衡是公共关系取得成功的关键，公共关系职能的发挥必须建立在以上三个要素的协调统一上。

三、公共关系的界定

公共关系作为一门综合性应用学科，涉及许多不同的学科领域和实践范畴。但长期以来，无论在理论上，还是在实践上，都存在着一些混淆和误解。因此，为了全面理解公共关系概念，有效开展公共关系工作，必须正确认识公共关系与其相关的社会活动的联系和区别。

（一）公共关系与人际关系

人际关系属于心理学范畴，指个人在社会交往中形成的人与人之间的关系。人际关系学研究的是社会群体中的个体关系，即从个体的角度研究个体与个体、个体与群体、个体与社会之间的心理认同、情感关系和行为模式。公共关系的研究对象是组织的社会关系，包括组织内部的人际关系、组织外部的人际关系、群体间的关系、组织间的关系以及各种社会关系。

1. 公共关系与人际关系的区别

公共关系与人际关系的区别如表 1-1 所示。

表 1-1 公共关系与人际关系的区别

比较项目	公共关系	人际关系
主体	社会组织	个体
客体	组织内部公众、组织外部公众	个体
传播方式	自我传播、人际传播、组织传播、大众传播	人际传播
目的	创造和谐的生存与发展环境，塑造良好的组织形象，谋求最佳的社会利益和组织利益	情感沟通，信息交流
研究内容	组织与公众之间的关系	个体与个体之间的关系

2. 公共关系与人际关系的联系

(1) 公共关系通常表现为人际关系。组织之间的联系往往表现为不同组织中的个体之间的交往，即公共关系经常要借助人际沟通的方法来进行。

(2) 人际关系影响公共关系目标的实现。人际交往是公关活动的重要内容，和谐的人际关系可以使组织与公众进行有效的沟通，产生良好的公共关系效果。

(二) 公共关系与庸俗关系

在公共关系传入我国之初，不少人将公共关系等同于交际、应酬，甚至认为陪酒、陪舞就是公关，这是一种非常错误且世俗和肤浅的看法。有人把“公关”理解为“攻关”或“攻官”，混淆了公共关系与庸俗关系。庸俗关系是一种违反社会道德或国家法律的不正之风，其突出的表现是利用权力、人情、金钱等手段为个人或小集团牟取私利。公共关系与庸俗关系有本质区别(表 1-2)。

表 1-2 公共关系与庸俗关系的区别

比较项目	公共关系	庸俗关系
性质	适度功利化的社会关系	高度功利化的人际关系
目的	创造和谐的生存与发展环境，塑造良好的组织形象，谋求最佳的社会利益和组织利益	谋取个人或小集团的利益
方法	各种传播沟通媒介	投机钻营、拉帮结派、行贿受贿、徇私舞弊
社会影响	提高组织自身效益，促进社会物质文化的进步和精神文化的繁荣	败坏社会风气，引起社会矛盾，离间人与人的关系，增加整个社会的运作成本
原则	诚信、互利、优质服务，公开、公平、合法	违背道德规范，超越法律界限

1. 目的不同。公共关系的出发点和目的是追求社会组织与公众利益、社会整体利益的一致，为组织树立良好形象，强调社会组织与公众的互惠互利、共同发展。庸俗关系的出发点和目的是谋求个人或小集团的利益。

2. 采取手段不同。公共关系主要运用各种传播手段，如报纸、电视、网络、内部刊物、新闻纪录片等，在社会公众的参与和监督下公开、公平、合法地进行。它以诚信、互利、优质服务来争取公众的理解和支持。庸俗关系则以物质利益为手段，以各种人脉关系为基础，通过投机钻营、行贿受贿、徇私舞弊、吃喝拉拢等不正当的手段，进行各种交易，以权谋私。

3. 社会效果不同。公共关系的目的是"内求团结，外求发展"，它追求社会整体利益与组织效益一致，即不仅获得组织自身效益的提高，而且促进社会物质文化的进步和精神文化的繁荣。而庸俗关系会破坏正常的人际关系，造成各种社会矛盾，形成不良的社会风气。

（三）公共关系与宣传

1. 公共关系与宣传的区别

公共关系与宣传的区别如表 1－3 所示。

表 1－3 公共关系与宣传的区别

比较项目	公共关系	宣传
目的	创造和谐的生存与发展环境，塑造良好的组织形象，谋求最佳的社会利益和组织利益	推销产品，传播信息，传递观念
交流方式	组织与相关公众的双向传播沟通	单向的心理诱导、行为影响和舆论控制的方式
态度	实事求是	可以运用美化、夸张、渲染等手法
内容	有利于组织生存发展的所有信息	正面信息

2. 公共关系与宣传的联系

宣传活动是个人或组织有目的地采用各种传播方式，利用各种传播媒介对特定信息进行讲解、说明、传播，以便说服和鼓励受众的一种社会活动。宣传和公共关系有着密切联系：

(1) 宣传是公共关系工作的一种工具，公共关系需要借助宣传媒介开展社会活动。

(2) 宣传实践中积累的经验和技巧有助于社会组织开展公共关系工作。宣传丰富了社会组织公共关系工作的内容和方法。

（四）公共关系与广告

广告，是指广告主为了推销产品或服务，借助报刊、广播、电视等传播媒介面向消费者开展的宣传活动，传播以事实为依据的信息。

公共关系与广告有紧密联系，公共关系作为一门塑造形象的艺术，要充分利用传播手段，向社会公众展示本组织的产品、服务和员工风貌，公共关系运用广告作形象宣传时就形成了公共关系广告。正因为公共关系与广告在传播工具、传播对象等方面有相似之处，有人把公共关系与广告混淆，其实两者的区别是显而易见的。公共关系与广告的区别如表1-4所示。

表1-4 公共关系与广告的区别

比较项目	公共关系	广告
目的	创造和谐的生存与发展环境，塑造良好的组织形象，谋求最佳的社会利益和组织利益	推销产品和服务
传播方式	组织与相关公众的双向传播沟通	单向的心理诱导、行为影响
传播周期	长期、全面	短暂、集中
工作性质	战略性工作	局部性工作
效果	难以用硬指标来衡量	直接、可测量

1. 目的不同。商业广告的目的是以最小的花费在最短的时间里推销掉更多的产品和服务。公共关系的目的是要树立整个组织的形象，增进内外部公众对组织的了解，从而使整个事业获得成功。

2. 传播方式不同。商业广告的信息传播是以创造性的技巧和夸张的手法将产品或劳务的信息撰写成文稿、设计成图案，“引人入胜”是其基本原则。而公共关系的信息传播同新闻传播的方式一样，主要是运用新闻传播的手段，用事实说话，真实性是其基本原则。公共关系人员成功的诀窍在于善于选择适当的时机，采用适当的形式，通过适当的媒介，把有新闻价值的信息及时、准确地传递给特定的公众。

3. 传播的周期不同。商业广告的传播周期是短暂的，通常一个时期集中宣传某一产品或劳务，有比较明显的季节性和阶段性。相比之下，公共关系的传播周期是长期的，因为公共关系的目标是树立组织的形象和信誉。这需要组织进行全面的、长期的、有计划、有步骤的公共关系工作，绝非急功近利的方式所能奏效。

4. 工作性质不同。商业广告在企业管理中属于局部性工作，其成败一般不会对企业经营全局产生决定性影响。但公共关系工作却在经营管理中处于全局地位，属战略性工作。公共关系工作的好坏决定着组织的形象和信誉，进而决定组织的生死存亡。

5. 效果不同。商业广告的效果是直接的、可测量的，一项广告的效益可用产品销量的增加、利润的上升等指标来衡量。公共关系既具有社会效益，也具有整体效益，它的效果与广告大不相同。成功的公共关系使组织具有良好的声誉，组织因此而受益无穷，但所得益处却难以用简单的硬指标来衡量。

出于全局性考虑，公共关系经常需要借助广告作为工具，即“公关广告”。公共关系和广告都属于创造性工作，公关广告仅仅是公共关系宣传的一种方式。公关广告的重点是介绍企业的管理、人员素质、服务宗旨以及为社会承担的义务和责任等，其目的是塑造企业的良好形象。

（五）公共关系与营销

营销是指企业以顾客的需求为出发点，有计划地组织各项经营活动以提供满意的商品和服务，从而实现企业的获利和发展目标的过程。

公共关系与营销是有区别的：第一，从活动对象来看，公共关系涉及范围广泛的公众，包括内部的员工、股东，外部的社区、政府、顾客、媒介等；而营销则聚焦于消费者。第二，从活动的目的上看，营销的目的是销售商品，直接满足公众的物质需求，它通过开拓或占领市场，追求组织的经济效益和近期利益；公共关系的各种促销活动则致力于与公众的沟通、理解、信任和情感交流，以营造良好的公共关系状态，树立组织的社会形象。公共关系追求组织的社会效益和长远利益，无疑也有利于提高组织的经济效益和近期利益。所以，公共关系不等于营销，两者不能互相替代。公共关系与营销的区别如表1-5所示。

表1-5 公共关系与营销的区别

比较项目	公共关系	营销
目的	创造和谐的生存与发展环境，塑造良好的组织形象，谋求最佳的社会利益和组织利益	推销产品、技术、劳务
对象	公众和舆论	消费者
适用范围	社会组织	企业组织
方式	公众通过了解组织而认识产品	公众通过接触产品而了解组织
功能	间接促销	直接促销
效果	长远市场影响	近期市场效应

在竞争激烈的现代市场营销中，公共关系与市场营销日益相互渗透、密切联系，形成相辅相成的互补关系。

首先，良好的公共关系可以赢得公众的理解和支持，提高组织的知名度和美誉度，促进市场营销的进行。

其次，公共关系使市场营销具有情感性、艺术性，从而有直接的促销功能。

再次，公共关系可以参与企业命名、产品名称和包装的制定、分销渠道、内部沟通、市场教育、售后服务等一系列环节，甚至参与整个营销过程。

在当今的公共关系实务中，公共关系与广告、市场营销是相互促进、共同发展的。最佳选择应是“整合市场传播”，即公共关系、广告和市场营销的完美组合。

四、公共关系的基本特征

公共关系的基本特征，概括起来有以下内容：

（一）以公众为对象。公共关系是指一定的社会组织和与其相关的社会公众之间的相互关系。如果说人际关系以个人为支点，是个人之间关系的话，公共关系则是以组织为支点，是组织与公众结成的关系。公共关系活动的开展是以特定公众为对象，公关危机和公关矛盾多是由于不能满足公众利益的需求引起的。因此，任何组织的公共关系活动必须自始至终着眼于公众，以公众研究为出发点，有的放矢、投其所好地开展工作，从而获得公众的理解、信任和支持，形成一种和谐相容的公众环境，以树立组织的良好形象，促进组织的顺利发展。

（二）以美誉为目标。公共关系活动的根本目的是为组织塑造良好形象。组织的形象不仅包括产品形象、员工形象、环境形象、公共关系形象，也包括直接影响组织的生存和发展的因素:组织形象的知名度和美誉度。在当今生产力、销售力、形象力三力合并的时代,良好的组织形象不仅是宝贵的无形资产,而且是竞争的有力手段。塑造形象是公共关系的核心问题,公共关系活动自始至终都是围绕组织形象的塑造而展开的。塑造良好的组织形象,是公共关系活动所追求的终极目标和永恒话题。

(三) 以互惠为原则。公共关系主体(社会组织)与客体(公众)之间的联系,是以一定的利益为基础的。公共关系的价值取向,必须是将组织利益、公众利益与社会利益统一起来,形成共同的利益。组织要在社会中立足发展,必须得到公众的支持,而要谋求组织与公众、组织与社会的长久合作,就必须奉行互惠互利、共同发展的原则,即社会组织在追求自身利益的同时,必须承担相应的社会责任,兼顾组织利益、公众利益和社会利益。组织公共关系工作的重要性也恰恰体现在它能协调组织与公众之间的利益,实现双方利益的最大化上。

(四) 以长远为方针。良好的公共关系状态,是在组织有计划、有目的的长期努力下形成的,要经过长期的积淀,才会在公众心目中留下美好的印象。所有这一切绝非一日之功。树立形象、营造良好的公关状态须经长期的艰苦努力,而维护形象、调整形象、改善形象更应有长远打算。营造和维持组织生存和发展所必需的良好的公共关系状态是一项长期的工作,不能一蹴而就。因此,公共关系活动是一项长期的、有计划的系统工程。

(五) 以诚信为准则。公共关系活动需要奉行真诚的信条。组织的公关活动内容要真实,对待公众的态度要诚恳、守信;组织行为与公关行为要表里如一,并如期履行自己的诺言,在公众面前塑造一个诚实可信的形象,才可能取信于公众。另外,公共关系传播也必须贯彻真诚、实事求是的原则,不允许夸张、渲染。任何虚假的信息传播都会损害组织形象,只有真诚才会赢得合作。

(六) 以沟通为手段。公共关系以双向的信息沟通为手段,与组织内外的公众进行沟通,从而使公关目标得以实现。公共关系的信息传播是双向的,一方面组织的信息经归类加工后被及时、准确地传播给公众,使公众认识、了解并喜欢本组织,对组织产生好感,从而拥护和支持组织;另一方面组织要迅速、准确、及时地收集来自公众的反馈信息,了解舆论和民意,获取有价值的意见和建议,随时调整自己的行为,改善自己的形象。双向沟通既是实现组织内外信息交流的重要方式,也是公共关系活动的重要特征。

第二节　公共关系的产生与发展

作为一种社会分工、一种独立的职业、一门独立学科的现代公共关系学,公共关系产生于19世末20世纪初的美国。但作为人类的一种思想活动方式和自发的社会活动,公共关系却早已存在,几乎与人类社会的历史一样漫长。直到20世纪初,美国出现具有公共关系性质的专业公司,现代公共关系才开始发展起来。

一、公共关系的起源与发展

(一) 公共关系的萌芽

考古学家发现,早在公元前1800年,古巴比伦王国就发布农业公告,告诉农民怎样播种灌溉、怎样收获庄稼以及怎样对付地里的老鼠。这是一种传播信息以影响人们的观念和行为的活动,与现代社会某些农业组织公共关系方面的宣传类似。

希腊的民主政治导致公众代表会议和陪审团制度的形成,为公众表达自己的意见提供了一个舞台,而这种变化所产生的舆论导向在当时有着非常大的影响。

公元前 4 世纪,古希腊出现了一批从事法、道德、宗教、哲学研究与演讲的教师和演说家,他们在当时被称作诡辩家,他们的演讲技巧被称为诡辩术。其中,苏格拉底、柏拉图和亚里士多德是他们的代表。亚里士多德在其《修辞学》一书中,详细阐述了修辞的艺术及如何运用语言来影响听众的思想和行为。在他看来,政治家要想获得民众的支持和拥戴,就必须在自己与民众之间构筑起一座宽阔而又坚固的桥梁,通过它将自己的思想、观点有效地传递给民众。这座桥梁是靠修辞来构筑的。因此,亚里士多德将修辞视为争取和影响听众思想、行为的艺术,并认为一个人的修辞能力是参与政治活动的重要条件。为此,西方的一些学者认为《修辞学》堪称人类历史上最早的公共关系著作。

古罗马时代,人们更加重视民意,并提出"公众的声音就是上帝的声音"的口号。当时,整个社会都推崇沟通技术,一些精通沟通技术的演说家往往因此而被推选为首领。古罗马的独裁者恺撒大帝是一位精通沟通艺术的大师,他面对即将来临的战争,印发大量的传单来进行宣传和鼓励,以获得民众的支持。他为了标榜和宣传自己,写了一本记载其功绩的纪实性著作《高卢战记》。这本书曾被西方一些公共关系专家称为"第一流的公共关系著作"。

在我国古代,带有公共关系意识的事例不胜枚举。早在商周时期就有盘庚迁殷、公刘迁豳的记载:盘庚、公刘为了顺利迁移,事前都对士民百姓进行了宣讲动员,具体详细地讲明迁移的意义和步骤。由于有了充分的舆论准备,迁移得以顺利进行。先秦时期,孔子周游列国,宣传自己的政治主张。春秋战国时期,群雄四起,诸侯争霸,为了壮大自己的实力,巩固政权,谋取霸主地位,各诸侯国在外交和军事上纷纷采取"合纵连横"的策略,或"合纵","合众弱以攻一强",防止强国的兼并;或"连横","事一强以攻众弱",达到兼并土地的目的。因此出现了许多周游列国、四处游说、宣传政治主张的"谋士",他们的职责就是协调各诸侯国之间的关系。战国时期,士大夫们争相养士,使其在政治、外交方面为自己出谋划策。齐国孟尝君礼贤下士,门下食客三千,食客冯谖为争取民心,将孟尝君在封地薛邑的全部债券付之一炬,为孟尝君东山再起打下了群众基础。这些原始的公共关系思想和活动都在历史上传为美谈。

从秦朝末年开始,便有了"约法三章"的传统:军队攻城以后,首先要张贴"安民告示",向老百姓公开宣传政策法令、军队纪律,以缓和矛盾、安定民心、建立社会新秩序。

三国时代,诸葛亮舌战群儒,说服东吴联合抗曹,七擒七纵孟获,化干戈为玉帛,终使孟获成为蜀汉盟友,也是运用公关方法、技巧取得成功的著名事例。

李世民、朱元璋等人在夺取政权的过程中,都曾通过手下人编传民谣,树立自己"真命天子"的形象,为夺取政权作舆论准备。

我国古代商家也掌握了许多成功的公共关系技巧,这些技巧至今仍受到行家们的推崇。我国古代商家都十分重视自己的店铺招牌,对其精工制作,不拘一格,有实物、模型、灯具、牌匾等多种类型,以显示店铺的行业特征、商品门类、历史特点等,树立形象,吸引顾客,宣传色彩极浓。还有的商家将广告制成告示张贴,编成歌诀、顺口溜,以吆喝、弹唱等方式宣传商品的优点,打开商品的销路。此外,每逢店铺开业之际,都有一番庆祝活动,商家通过燃放鞭炮、接贺联、挂匾额、宴请同行乡邻等活动吸引顾客注意,向公众表示善意,以利于形成良好的社会环境。

我国古代的许多至理名言都渗透着朴实的公关思想:“得人心者得天下,失人心者失天下”,“水可载舟,亦可覆舟”,“天时不如地利,地利不如人和”,“路遥知马力,日久见人心”,“精诚所至,金石为开”,“兼听则明,偏信则暗”,“知己知彼,百战不殆”,“真不二价,童叟无欺”……

总体来看,人类早期的公关,就其性质而言是一种类似公共关系的“准公关”,与现代公共关系原理相差很远,带有明显的自发性和局限性,公关思想所涉及的领域还比较狭窄,但对于我们今天研究公共关系仍有重要的借鉴作用。

(二)公共关系的起源与发展阶段

现代意义上的公共关系起源于美国,开始时是利用宣传来筹措资金,促进事业的发展,助长商业冒险,出售土地,为名人捧场,但有组织的公共关系活动开始于19世纪末至20世纪初,并逐渐形成一门社会职业。根据国外文献和一些公共关系权威的看法,现代公共关系思想的形成经历了几个不同的发展阶段。

1. 巴纳姆时期

19世纪30年代,美国兴起一场声势浩大的“报刊宣传活动”,这一时期的代表人物是费尼斯·泰勒·巴纳姆(Phineas Taylor Barnum, 1810—1891)。他是一家马戏团的老板,以制造和杜撰神话而闻名于世。比如,他曾经宣称,在他的马戏团里有一个叫海斯的黑人妇女曾在一百年前养育过美国的第一任总统乔治·华盛顿。此“消息”在报纸上一发表便立即引起了轰动。巴纳姆又以不同笔名向报纸寄去“读者来信”,在读者中引起了一场人为的讨论。许多人在好奇心的驱使下,争相到巴纳姆的马戏团去观看马戏,希望一睹海斯的“风采”,从而给他的马戏团带来了每周1500美元的收入。海斯死后,医生对她的尸体作了解剖,结果表明,海斯不过80岁左右,根本不像巴纳姆所说的已届160岁。对此,巴纳姆声称自己也“受了骗”。巴纳姆的公关信条是“凡宣传皆是好事”,他虽然开创了形象宣传的先河,但却没有主张以事实为根据,因此,这一时期被称为公众受愚弄的时期。

2. “揭丑运动”时期

19世纪末,美国进入垄断资本主义阶段,一百多个经济巨头控制了美国的经济命脉,他们为了巩固垄断地位,奉行所谓“只要我能发财,让公众利益见鬼去吧”的经营哲学,引起社会舆论的强烈不满,因而爆发了一场以揭露工商企业的丑闻和阴暗面为主题的新闻揭丑运动,史称“揭丑运动”。这场运动主要是由新闻记者和知识分子参加,他们以报纸为媒介,揭露和谴责资本家不顾公众利益的种种劣行,使得许多大财团和资本家声名狼藉。

揭丑运动迫使企业认识到与公众建立良好关系的重要性,它们纷纷求助于新闻界,以加强与公众的联络,试图改变、改善自己的形象。许多企业纷纷拆除封闭保守的“象牙塔”,修建开放透明的“玻璃屋”,增强企业经营的透明度。一些企业还专门聘请新闻专家兼任企业的“新闻代言人”,加强与新闻界和社会公众的联系,公共关系活动日益频繁。对此,一种专门向企业提供传播沟通服务,代表企业利益的新兴职业便应运而生了。

3. 艾维·李时期

艾维·李(Ivy Lee),1877年7月出生于美国的一个牧师家庭,毕业于普林斯顿大学,曾任记者和编辑。1903年,他开办了一家正式的公共关系事务机构——宣传咨询事务所,他本人成为向客户提供公共关系咨询并收取费用的第一位公共关系从业者。后来他成为洛克菲勒财团的高级顾问,曾为该集团提供了成功的公共关系咨询。当时,洛克菲勒正由于科罗拉多州燃料公司和钢铁公司的罢工运动而受到舆论的猛烈攻击。艾维·李建议洛克菲勒:改变对公众沉默的做法,认真调查核实造成罢工的具体原因,将真情公之于众;邀请劳工领袖与资方一起协商解决劳资纠纷;提高工人薪金和福利,并如实向公众报告财团的各项政策;广泛进行慈善捐赠。这些举措终于改变了公众的看法,使洛克菲勒财团渡过了难关。1906年,艾维·李在《原则宣言》中指出:“我们的宗旨是代表公司和公共机构坦率地并且公开地向新闻界和公众提供迅速和准确的信息,这些信息涉及公众感兴趣知晓的有关问题。”这就是艾维·李的“门户开放策略”。艾维·李公共关系思想的核心就是说真话。艾维·李认为,一个企业要获得良好的声誉,就必须及时地把自己的真实情况披露于世,把公众关心的以及与公众利益相关的所有情况告诉公众,以此来争取公众的信任与理解,而不是依靠向公众封锁消息或以欺骗手段来愚弄公众。他的信条是:凡是有益于公众的事业,最终必将有益于企业和组织。

由于时代的局限,艾维·李的公共关系主要还是凭经验进行。跟着感觉走的艾维·李没有对公众舆论进行严密、大量的科学调查,因此有人认为艾维·李的公共关系只有艺术性而无科学性。但艾维·李作为公关职业的先驱,其地位是无可争议的。

4. 伯纳斯时期

在公共关系发展史上,真正为现代公共关系奠定理论基础,使公共关系向理论化、科学化方向发展的是美国著名公共关系理论家爱德华·伯纳斯。爱德华·伯纳斯(Edward Bernays)1891年生于维也纳,曾是一名新闻记者,1913年被聘为福特汽车公司公共关系经理,1919年与夫人一起创办了一家公共关系公司,1923年出版了人类历史上的第一部公共关系学专著《舆论明鉴》。同年,伯纳斯在纽约大学首次开设了公共关系学课程。爱德华·伯纳斯的基本思想是投公众所好。他提出,组织首先要作调查研究,以了解和确定公众的爱好,一切以公众态度为出发点,然后有计划、有目的地进行宣传,争取公众的谅解与合作,并尽量满足公众的要求。1952年,由他编纂的《公共关系学》正式出版。该书从理论上对20世纪美国的公共关系实践进行了概括和总结,探讨了公共关系的内涵及其活动的原则和方法等,为公共关系学科的形成和进一步发展打下了坚实的基础。加之其公共关系实践也相当优秀,为多位美国总统和实业界巨头进行过公关运作,为他们塑造了良好的社会形象,所以在公共关系史上,爱德华·伯纳斯被称为“公共关系学之父”。

5. 现代时期

在伯纳斯之后,雷克斯·哈罗博士在斯坦福大学开设公关课程。1947年,波士顿大学成立了世界上第一所公共关系学院，培养公关专业的学士及硕士。20 世纪 50 年代以后，公共关系的实践和理论有了更新的发展，美国人卡特利普和森特在 1952 年出版的被誉为“公共关系圣经”的专著《有效的公共关系》中论述了“双向对称”公关模式。他们认为公共关系就是一个企业或其他社会组织为与公众建立良好关系而运用的传播原理和方法。一个企业或社会组织要与公众建立良好关系，除在利益上必须坚持等量齐观的立场外，在信息沟通上还应该进行双向对流，即一方面要把企业或组织的想法和信息向公众传播和解释，另一方面又要把公众的想法向企业或组织传播和解释，目的是使企业与公众结成一种和谐关系。卡特利普和森特的“双向对称”公关模式成为现代公共关系学成熟的重要标志。到了 1978 年，美国已有 23 所大学设有公共关系专业硕士点，10 所大学有权授予公关专业博士学位。1955 年，国际公共关系协会（International Public Relations Association，简称 IPRA）在英国伦敦成立。

总之，公共关系经历了从幼稚到成熟、从不完善到完善的发展过程。公共关系在世界，尤其在西方的兴起与发展，在 20 世纪 50 年代以后，不仅表现为理论的建树逐渐完善与丰富，而且呈现出公共关系职业化、公共关系活动的规范化和公共关系主体的多元化等特征，走上了理论科学化和职业道德规范化并行发展的道路。

二、公共关系在中国的兴起与发展

20 世纪 60 年代，公共关系开始传入我国的香港和台湾地区。1958 年，我国台湾地区的交通系统设立了公关职能部门。到了 20 世纪 70 年代，公共关系在香港得到迅猛发展，特别是在酒店业、新闻传播机构，都有公共关系部门和专职人员在工作。

20 世纪 80 年代初，随着中国政府实行改革开放政策，公共关系开始传入国内。30 余年来，中国的公共关系事业蓬勃发展，已经由企业走向学府，再由学府延伸到各个领域。据不完全统计，目前国内各高校和各种专门学校已有 70%左右开设公共关系课程，许多企业和行政部门也设有公共关系部，或者有专门的人员负责公共关系事务，重视塑造组织形象、重视自身的信誉的公共关系理念深入人心。

回顾公共关系在中国的发展，首先应该是从改革开放的前沿阵地开始的。20 世纪 80 年代初，我国实行对外开放政策，颁布了特区条例，正式成立了经济特区，一批外商相继在经济特区投资建厂。在引进资金和技术的同时，也引进了香港以及国外的一些先进管理方法，在合资企业中设立了公共关系部，并配备了公共关系人员开展公共关系业务。公共关系先从经济特区开始，呈扇状向内地发展。从实践的领域来看，公共关系首先是在一些中外合资、合作、独资的三资企业中立足，尤其是在处于改革开放最前沿的旅游企业中出现。由于饭店、旅行社女性员工居多，且大多端庄秀丽，因而有了世界独创并具有中国特色的称谓——“公关小姐”。从公共关系学科化的进程来看，发展步伐也相当快，20 世纪 80 年代初，一些学者开始积极引进国际公关理论，随着学习、了解、研究公共关系学的人数不断增加，各种版本的“公共关系学”图书陆续出版，一时间形成“千树万树梨花开”的局面，各个行业的公共关系理论迅速产生。至 20 世纪 90 年代中期，中国式的公关理论基本形成，且公关理论界少有门户之见，始终坚持相互切磋、相互借鉴，广泛吸收新思想、新观念（如 CIS、SC 等理论），不断丰富着中国公共关系学理论。

1985年起,国内大中专院校开始设置公共关系学课程或开设公关专业。1986年开始,逐步建立起各省、市公关社团组织。1987年,中国公共关系协会在北京成立,标志着公共关系进入一个新的发展时期,得到官方和社会的正式承认与接受。1991年4月,中国国际公共关系协会也在北京成立。1999年5月,国家劳动和社会保障部正式出版发行了部颁《国家职业分类大典》,公共关系被正式列入其中,这标志着国家已正式承认公共关系这一职业;同时制定了公关人员的国家职业标准和考核规范。随着改革开放的不断深入,我国的公共关系事业取得了重大进展,公共关系在我国经济、社会甚至政治中发挥着越来越大的作用,成为推动我国现代化发展的动力。特别是2008年北京成功举办奥运会后,国家更加注重整体国家形象在国际社会中的塑造与传播。

我国公共关系职业化的速度也相当惊人。20世纪80年代,许多大城市相继开展大型公关活动,一些大、中型企业相继成立了公关机构,社会上也涌现了一些专业性公共关系公司。不过,中国的公共关系实践奉行的是"先实践,后理论"和"先实践,再学习"方针,虽然一度满足了企业的需求,但大多数从业人员没有接受过专业训练,因此公关实践的水平基本停留在"浅层次公关"的层面上。到了20世纪90年代,由一些学者组织的公共关系专家团进行了一系列的公关实践,带动了全国公关实践层次的大幅度提高。在公共关系发展过程中,旅游业最为积极和前卫。公共关系最早被我国沿海地区的旅游业接受,一批具有较高经营管理水平的宾馆、饭店成为开创我国当代公共关系事业的先头兵。此后,公共关系以一种迅猛的速度发展到全国旅游行业和其他行业中。如广州白天鹅宾馆是最早设立公关部门的旅游企业;广州中国大酒店最早从香港聘请受过专门教育与培养的人员担任公关部经理,主持酒店的公关工作;国有企业设置公关机构的当首推广州东方宾馆。这些企业开展了卓有成效的公共关系工作,引起了世人的关注。迄今为止,85%以上的饭店、旅行社都设立了专门的公关部或公关销售部,负责塑造企业形象、协调内外部关系的工作。可以毫不夸张地说,中国的公共关系事业首先是在旅游业中起步,并在对外开放中与旅游业的发展同步兴盛起来。

进入21世纪,随着经济全球化趋势的发展以及我国对外开放的深化,越来越多的跨国企业将进入中国,国内企业也陆续跨出国门,走向国际市场参与竞争,公共关系以其传播沟通的本质属性,在提升品牌竞争力、促进经济社会协调发展等方面发挥着越来越重要的作用。

第三节　旅游公共关系概述

一、旅游公共关系

(一) 旅游公共关系的兴起

全球经济的发展,尤其是科技的高速发展、生产力的不断提高,促使旅游需求和旅游供给出现重大发展变化,旅游日益深入到社会的各个层面,已经成为人们现代生活的一种方式,这种生活方式反过来又促进了社会交往。旅游公共关系是旅游日益大众化、社会化的必然产物。

旅游公共关系的兴起源于旅游市场激烈竞争的需要。现代旅游组织的竞争已经开始由质量竞争、价格竞争、服务竞争扩展到信誉竞争、形象竞争。旅游组织要在竞争中取胜就必须不断地适应社会发展环境，与公众建立密切的关系，以形成良好的合作氛围，广泛地开展公共关系活动，从而树立自身良好的形象，提高知名度与美誉度。有效的旅游公共关系可以帮助旅游组织顺利地进入竞争激烈的旅游市场，提高旅游市场占有率。

旅游公共关系的兴起也是现代旅游供给的需要。现代旅游消费向着个性化、多样化的方向发展。随着计算机的普及与预订系统形成世界网络，信用卡通行世界，游客对旅游方式、旅游线路、旅游季节、旅游服务的选择空间越来越大。有关专家预测，21 世纪旅游发展的一大趋势是旅游模式将发生深刻的变化，表现为散客旅游多于团体旅游，短线旅游多于长线旅游，人们外出旅游的频率将增加，而外出时间将会减少。有效的旅游公共关系能够强化旅游地及旅游产品在游客心目中的形象，促进旅游组织与公众的双向沟通和交流，有效地传递信息。

在我国，公共关系最早是伴随着现代旅游业的兴起而发展起来的，并且在我国旅游业中刚刚崭露头角就发挥了特殊的作用，引起了整个世界的关注，显示了旅游公共关系在旅游业发展中的重要意义。

（二）旅游公共关系的概念

旅游公共关系是旅游组织运用各种传播沟通手段，实现与旅游公众的双向信息交流，以增进内部凝聚力及外部吸引力，取得旅游公众的信任和支持，赢得广泛的合作，创造良好的生存发展环境的一系列政策与行动。

这个概念包含以下要点：

旅游公共关系的主体是旅游组织，具有较强的服务性。

旅游公共关系的沟通对象是旅游公众，具有较大的涉外性和复杂性。

旅游公共关系的工作手段主要是传播、沟通与媒介，具有较大的灵活性。

旅游公共关系的目标是塑造旅游组织的形象和声誉，具有较大的社会影响力。

旅游公共关系的主要内容是协调内部公众、外部公众及与此相关的各方面关系，具有较大的综合性。

旅游公共关系由三个基本要素构成，即旅游公共关系的主体——旅游组织，旅游公共关系的客体——旅游公众，旅游公共关系的手段——传播沟通，三者相互依存、缺一不可。

旅游组织是旅游公共关系的承担者、实施者、行为者，在公共关系活动中具有主导性。它是指直接从事旅游业经营和管理活动的各类企事业组织，主要包括旅行社、旅游饭店、旅游景区开发和经营企业、旅游商品生产企业、旅游运输企业、旅游行业管理部门以及旅游行业协会等。每个旅游组织都有其具体的组织目标和公共关系目标，并根据各自组织的特点展开丰富多彩的公共关系活动。

旅游公众是旅游公共关系的客体，是指与旅游业具有某种利益关联并相互作用的个人、群体及组织的总和，在公共关系活动中具有权威性。旅游公众涉及社会众多领域，旅游业的良性运转离不开这些相关行业和组织的支持。从归属关系看，旅游公众可分为内部公众和外部公众。内部公众主要指员工、员工的家属和股东，外部公众主要有顾客公众、政府公众、社区公众、媒介公众、同行公众、国际公众等，其中顾客公众是旅游公共关系活动最重要的外部公众，是旅游公关活动的主要对象。

传播沟通是连接公共关系主客体关系的媒介，是公共关系活动的过程和方式，在公共关系活动中具有效能性。服务是旅游产品的核心内容，具体表现为旅游组织和旅游公众直接交往，因此，传播沟通成为实现旅游产品价值的必要手段。旅游组织通过提供令旅游公众满意的服务，可以与旅游公众进行有效的沟通，营造良好的沟通氛围。此外，旅游公关人员还可以运用各种传播技术、专题活动来塑造和推广旅游组织的形象，与各类旅游公众进行更加广泛的沟通，以获得旅游公众的理解、好感和支持。

（三）旅游公共关系的特点

1. 复杂性

旅游业是一个关联性很强的行业，其复杂性表现为活动涉及面广、公众对象众多、工作内容庞杂。旅游业的发展几乎涉及所有的社会领域，产业体系中的任一组织环节都面对错综复杂的公共关系问题。旅游公共关系主体的多元性和关联性以及旅游公共关系客体的差异化，决定了旅游公共关系的复杂性。

2. 服务性

旅游业是一个服务性行业，旅游公共关系既为旅游目的地服务，也为旅游客源地服务；既为各类旅游主体服务，也为各类旅游客体服务。例如对旅游企业来说，服务贯穿于旅游活动的全过程，服务意识是否突出，决定了企业能否在竞争中处于优势。

3. 应变性

旅游业是一个敏感的行业。外部环境的变化、内部要素的矛盾都会导致新问题的产生，这就要求旅游组织公关工作要能及时适应这种变化，在原则和目标不变的前提下，运用灵活的工作方式解决问题。特别是应对各种突发事件，旅游公共关系必须具有更强的危机预测和应对能力。

4. 情感性

旅游消费是人类精神层次的消费，有比较明显的情感效应。现代旅游企业经营已经进入了"情感化"的经营时代，"顾客就是上帝"、"员工至上"作为一种重要的激励机制或动力因素而被纳入了管理过程，"情感管理"成为旅游企业重要的管理方式。因此，旅游公共关系特别强调以内部公众的"情感经营"为前提，拓展与外部公众的情感沟通，把营销的着眼点自始至终放在旅游公众的"感知"上，进行整体"形象促销"。

5. 全员性

旅游业是员工直接向旅游者提供服务的行业。旅游组织中的大多数成员都是组织对外交往的触角，处在与外部公众直接接触的第一线，其言行举止、仪容仪表、外貌风度等都会影响公众对组织的印象和评价。因此，在旅游组织内部，上至最高领导，下至普通服务员、导游员、景区管理员等，都必须强化公共关系意识，提高旅游公共关系沟通技能。

6. 超前性

旅游客源市场是一个潜在特征很强的市场，旅游消费需求在人的需求层次中属较高层次的需求，其本质属性是文化消费，可变性极强。因此，在进行旅游公共关系活动时，必须具有超前性。无论是旅游形象宣传、公关促销，还是协调旅游组织内外关系，都必须着眼于未来，在科学预测发展方向的基础上规划旅游业的未来战略。

二、旅游公共关系的职能

旅游公共关系是一门“内求团结，外求发展”的现代旅游经营管理艺术，它在现代旅游管理中所担负的职责和发挥的功能是多方面的。为达到塑造旅游组织良好形象的目标而展开的具体活动和工作就是旅游公共关系的职能。从不同的角度来概括和阐述，一般包括四个方面：搜集信息、咨询建议、协调关系、塑造形象。

（一）搜集信息

信息是决策的前提，充分掌握信息是旅游组织成功决策的关键性因素。随着网络技术的突飞猛进，当今时代已是海量信息的时代，各种信息浩如烟海、相互交织。如何从纷杂的信息堆中搜集对旅游组织有用的信息，并及时进行加工处理，以供组织利用，就成为旅游公共关系所面对的首要问题，这也是旅游公共关系应担负起的最基本的职能。

1. 搜集信息的内容

根据公共关系在旅游组织中承担的角色和工作性质来看，搜集信息的内容主要包括旅游组织形象信息、旅游组织产品信息、旅游市场信息和社会环境信息。

(1) 旅游组织形象信息。旅游组织形象信息是相关公众对旅游组织在工作中的行为特征和精神面貌的总体评价。旅游组织形象信息主要包括以下四个方面的内容：

① 公众对旅游组织的直观评价。公众在和旅游组织实质接触之前，首先了解的是旅游组织的地理位置、交通状况、内外部装饰等。这种感官印象会成为公众对旅游组织的档次、规格的评价依据，甚至会成为其对产品、服务的推测依据。这种感受往往影响公众的第一印象。它能够帮助公众识别和记忆旅游组织的形象，犹如外包装，既可以让人“一见钟情”，也可以使人“望而生厌”。

② 公众对旅游组织管理水平的评价。旅游组织的管理水平体现在旅游组织的经营机制、目标定向、决策水平、机构设置、人力管理、资源调配、经营作风、市场预测等方面。由于旅游组织的管理水平直接影响到产品的质量和竞争力，因此这类信息表明的是公众对旅游组织形象的基本态度。

③ 公众对旅游组织成员的评价。旅游组织内部，上到组织领导，下至一线员工，他们的文化程度、工作能力、业务水平、人际关系、观念意识、工作作风等是组织生存和发展的重要主体条件，也是决定旅游组织形象的重要因素。

④ 公众对旅游组织文化的评价。旅游组织文化是组织员工共同的文化观念、价值准则、企业精神、道德规范、行为习惯和发展目标等，主要体现在组织成员的精神风貌和生活方式上。

(2) 旅游组织产品信息。旅游组织通过提供公众需求的产品来建立和公众的关系。产品信息与旅游组织的生存发展息息相关，是旅游组织调整经营方针和预测市场的依据。旅游组织产品信息一般包括相关公众对旅游产品的价格、性能、质量、用途和售后服务等主要指标的反映。

(3) 旅游市场信息。旅游组织必须根据旅游市场的信息变化调整策略方针，才能跟上时代的发展，在竞争中立于不败之地。旅游市场信息主要包括旅游市场需求与供给信息、价格信息、竞争对手信息、消费公众心理与消费习惯信息等。

(4) 社会环境信息。旅游组织是依托社会环境而存在的，社会环境的变化或多或少都会影响到旅游组织的生存与发展。国内社会环境信息包括:国家的大政方针、立法信息、社会政治动态、经济金融信息、科技文化情报、新闻舆论热点、时尚文化潮流、民俗传统风情等。国际社会环境信息包括:世界总体政治经济形势、国际局部政治动态,特别是客源国的对华政策、经济状况、政治变动等情况。

2. 信息的来源

(1) 组织内部。旅游组织的员工是直接与公众接触的人,他们的信息来自不同层次、不同环境的公众,是非常珍贵的第一手资料。加之旅游组织的员工又是本组织的成员,在一定程度上能够辨别信息的真实性,他们的建议是组织改善管理、协调与公众关系的重要参考资料。

(2) 组织外部。包括:

① 公众的反映。公众对旅游组织产品及形象的反映可以通过公众的选择、公众的使用情况以及公众的主动反馈(批评、抱怨、建议、赞扬)体现出来。

② 媒介信息的分析。通过媒介信息的分析,不仅可以了解国家的大政方针,为旅游组织的工作指明方向,还可以直接获取有关旅游组织生存发展的重大信息,为决策提供依据。

③ 政府文件的传达。政府文件中的某些行业政策可以使旅游组织了解发展的机遇以及存在的挑战,以便制定相应的发展战略。

④ 旅游同行的交流。旅游行业社会活动比较频繁,比如产品展销会、订货会、座谈会等,这些活动为同行间的交流提供了更多的机会,属于一种高效的信息渠道。

⑤ 网络的普及。随着网络的普及,越来越多的社会组织开始利用网络进行形象宣传、产品促销、顾客招揽、社会调查等,实现与公众的交流,获得相关信息。

3. 信息的搜集方法

公共关系信息的搜集方法有很多,可以利用观察法、访谈法、问卷法、普查法、抽样调查法、态度测量法、个案研究法、实验法等方法获得第一手资料,也可以通过报纸、电视、广播、书刊、文件、网络等渠道获得第二手相关信息。旅游业公关人员主要采取的方法有:社会调查、借助传播媒介调查、直接听取公众反映、举办各种会议和活动、聘请专家预测等。

(二) 咨询建议

咨询建议职能指旅游公关部门利用专业知识、经验以及科学的研究方法,对所搜集到的旅游信息进行分类、整理、研究、分析,提出供决策层选择的方案,直接帮助旅游组织作出科学的决策。从旅游公共关系整个的活动周期来看,咨询建议职能可以说是搜集信息职能的延伸,它更能凸显公共关系部门在旅游组织中的重要地位。因此,公关部门有时被称之为“智囊机构”、“顾问”、“参谋”。

1. 咨询建议的主要内容

(1) 关于旅游组织及产品形象的咨询建议

对旅游组织形象与旅游产品形象的咨询建议是旅游组织公关部门的核心工作。一旦组织及产品具有良好的知名度和美誉度,旅游产品或服务就很容易被消费者认可和接受,组织的无形资产就会大大增值。而在实际的组织及产品形象的形成过程中,组织对自身形象的评价往往和公众心目中对组织形象的评价不相符。因此，旅游公共关系人员应通过与公众的广泛接触，从不同渠道了解公众对组织及其产品、服务的期望和要求，经过分析整理，将有关信息及建议提供给组织决策层及有关部门，供其参考和作相应的决策调整，以不断完善组织形象以及产品或服务形象。

(2) 关于外部环境变动趋势的咨询建议

旅游组织在发展中需要遵循的一条重要原则就是适应环境。作为旅游组织而言，所赖以生存的环境变化了，其组织的决策和计划也应该作相应的调整，这样才会使组织与环境达成动态平衡，得到和谐发展。作为旅游公共关系人员，要时刻关注环境变化动态，客观判断，准确预测，及时为旅游组织决策层及有关职能部门提供环境变化趋势的咨询建议。

(3) 关于旅游组织方针政策和计划的咨询建议

旅游组织的决策层与管理者在制定未来的方针、政策和计划时，往往对本企业或本部门的情况考虑较多，容易从自身利益的角度作出决策、实施计划，而往往忽视了公众利益和需求，其结果不仅有损公众利益，而且往往最终导致决策、计划本身实施的失败。因此，任何旅游组织的任何方针、政策和计划除了要考虑组织自身的发展，还要符合公众的利益和需求。旅游公共关系人员要以事实为依据，从组织的长远利益出发，对旅游组织的决策和计划进行科学评价、预测，并及时向组织决策层及有关职能部门提供建议和咨询。此外，当决策、计划方案实施后，旅游公共关系人员还可以利用自己的公众网络和内外信息渠道，对正在实施的方案进行观察、分析和追踪监测，评价其实施效果，并将各种信息反馈给旅游组织的决策者，以便及时修正、补充、完善方案，提高实施效果，或为新的决策提供信息服务。

(4) 关于公众状态和需求的咨询建议

为了让旅游组织的决策层及时了解和掌握组织与公众的关系状态及变化，以便适时调整旅游组织的具体运营策略，公关人员需要定期或不定期地提供公众的变化动态，如内部员工的归属感、本旅游组织在社会上的口碑、公众对旅游组织产品的反映、新闻媒介对本组织的社会舆论、同行对本组织的评价等。公关人员还必须准确地理解公众的需求，掌握公众心理的变化，及时向决策层提供公众需求信息，并根据分析预测，提供咨询建议，以便于旅游组织有针对性地改进产品、改善服务，提高顾客的满意度和忠诚度。

2. 咨询建议的方法

(1) 编制旅游组织内外环境信息资料。主要指将各类信息分门别类汇集成册，形成组织动态专刊。

(2) 信息反馈会。在掌握大量有重要价值信息的基础上适时举行信息反馈会，向决策层和中层管理人员汇报，帮助决策层作出科学判断。

(3) 论证会与论辩会。在重大经营决策产生时，请有关专家就其决策方案进行可行性论证，还可组织相关部门员工参加评议，集思广益，多方论证，保证决策的科学性。

(三) 协调关系

旅游组织是由相互联系的各个要素构成的有机整体。同时，它也是社会大系统中的一个子系统。作为一个有机整体，它的各个构成要素间是紧密联系的；作为一个社会子系统，它又与其他组织或周围的环境相互影响。因此，旅游组织需要协调的，除了组织内部公众之间的关系，还有组织与外部公众之间的关系。

1. 协调内部关系，增强组织凝聚力

旅游组织的工作效率很大程度上取决于旅游组织内部员工之间以及各职能部门之间能否团结协作。在旅游组织内部开展公关活动，总体目标是要在旅游组织内部形成团结合作的模式和宽松舒适的工作环境。

(1) 协调旅游组织内部员工之间的关系

旅游组织内部管理者之间、被管理者之间、管理者和被管理者之间的关系，都属于组织内部员工之间的关系。一方面公关人员要做到下情上传，即及时向领导反映员工的意见、建议和要求，使领导了解员工对组织的态度，查找失误原因，制定改进措施；另一方面公关人员要做到上情下达，即要积极向员工宣传组织的政策变化及其原因，使员工理解并支持组织的举措，从而加强彼此间的联系和信任，使员工能够自觉配合管理者搞好旅游组织各方面的工作。

(2) 协调各职能部门之间的关系

作为一个有机整体，只有相互联系的各要素之间相互配合，才能实现效益的最大化。旅游组织的各职能部门之间只有保持信息的畅通，尽量避免矛盾，缓和冲突，增进团结与合作，才能提高旅游组织的凝聚力和竞争力。

2. 协调外部关系，建立和谐的社会环境

在社会信息化、经济全球一体化的发展趋势面前，旅游组织对外部环境的依赖越来越强。这种相互依存、相互依赖的关系，更要求旅游公共关系把外部公共关系的协调作为重点。公关人员应通过各种交际手段和沟通方式，协调组织与外部公众之间的关系，消除误会、化解矛盾、巩固已有的合作关系，创造和谐的外部环境，为旅游组织获得更好的生存发展空间。

(1) 建立畅通的传播沟通渠道

畅通的传播沟通渠道是协调好内外公众关系的基础。旅游组织可以通过传播媒介、专题活动或其他沟通手段，了解公众的需求和意见，在组织决策和活动中顾及他们的利益；同时，及时将旅游组织的生存状况、发展阶段面临的困境、能提供的服务、对公众的期望等各种信息告知公众，促进公众和旅游组织的相互了解，改变公众的消极态度，赢得合作的机会。

(2) 加强社会交往

对外关系的协调和维系，除了建立畅通的传播沟通渠道外，还须依靠各种直接的社交活动，为旅游组织广结人缘，建立广泛的社交关系。这种社会交往是旅游组织生存发展的需要，也是旅游组织获得社交信息、联络感情、增进了解、开拓业务的重要社会活动。社会交往的具体形式有很多，如公众联谊会、交际舞会、节日庆典、周年庆典、郊游野餐、沙龙活动、参观游览等。这些具体的交往方式，只要运用恰当，都有助于增进旅游组织与公众之间的感情，赢得公众的善意合作。

(四) 塑造形象

塑造良好的旅游组织形象是旅游公共关系的最终目标。随着商品经济的发展，旅游业的竞争已经从价格、促销的竞争转变为软性的竞争。这种软性的竞争是旅游组织整体形象的竞争，是品牌的竞争。良好的组织形象已经成为旅游组织获得持久竞争力的源泉。世界知名的连锁饭店“喜来登”、“假日”、“希尔顿”等在世界范围内成功扩张，究其原因都是其在旅游地公众心目中产生了强烈的品牌形象辐射。另外，塑造良好的组织形象能使组织吸引更多的公众，使公众对组织的产品和服务产生信赖、认可和支持；能够增强内部员工的归属感和荣誉感，为保留和吸引人才创造优越条件；还能帮助组织吸引更多更好的旅游投资合作者及经营协作伙伴，使组织更具发展的潜力和机遇。因此，旅游公共关系应以塑造形象作为自身最为重要的职能。

知名度和美誉度通常是衡量旅游组织形象的两个主要指标。为了使组织形象得到社会公众的认可，就必须扩大组织的知名度、提高组织的美誉度。

1. 扩大知名度

知名度是指社会公众对一个旅游组织的机构、产品或服务的知晓和了解程度，是评价其名气大小的客观尺度。它侧重于“量”的评价，即知道的人越多，知名度就越高。如果一个景区、一个饭店或一个旅行社的知名度太低，公众不了解它或了解得很少，那么该组织要开展包括业务活动在内的各种活动是十分困难的，组织的生存和发展也会受到影响。因此，知名度是组织开展各项活动的前提。根据组织的发展目标和特定公众制定出完整的计划，实施有效的活动扩大组织的影响、提高组织的知名度，这是旅游组织公关人员的一个重要工作内容。

扩大组织的知名度，从内容上看，可以从以下三个方面入手：扩大旅游产品的知名度、扩大旅游地的知名度和扩大旅游组织的知名度；而从方式上看，通过媒体宣传、广告宣传等方式都可以给公众留下深刻印象。

对旅游组织来说，只有高知名度显然还不能满足其发展的要求，因为知名度是个中性的概念，好与坏都可能引发知名度。有的组织知名度高，但是公众评价比较差。因此，一个组织不仅要让公众知晓，还要让公众称道，这才是完美的形象。

2. 提高美誉度

美誉度指一个旅游组织获得公众欢迎、接纳、信任的程度，是评价其声誉好坏的社会指标，侧重于“质”的评价。提高旅游组织的美誉度，首先要做的就是向公众提供优质的旅游产品和满意的服务，这是旅游组织最直接、最基本的美誉度，也是提高组织形象最有效的方式。其次，以举办和参与各种社会性、文化性、公益性活动为主要手段，塑造旅游组织的文化和社区公民形象，提高组织整体的社会美誉度。此外，提高旅游组织的美誉度不可忽视的一点是，必须及时纠正错误印象，消除“形象危机”。任何组织的活动难免出现差错和失误，有时会危及公众利益、损害组织形象，公共关系人员此时应挺身而出，及时采取一切可能的措施来挽救组织形象，尽量减少造成的损失。

任何旅游组织只有同时把扩大知名度与提高美誉度作为自身追求的目标，才能塑造良好的形象，两者缺一不可。高知名度和高美誉度是理想的良好形象的标志，是组织生存和发展的出发点和归宿点。

三、旅游公共关系的原则

旅游公共关系是现代社会旅游经济活动迅速发展的必然产物，是商品交换、市场竞争的客观要求,也是旅游营销活动中的一个必要环节。有序化的竞争需要共同遵守必要的规则,旅游公共关系活动同样也需要一些必须共同遵循的基本原则。旅游公共关系的基本原则,是旅游组织开展公共关系活动时所应遵循的行为准则和工作规范。

(一)以塑造形象为宗旨

旅游组织十分注重自身形象的塑造,饭店、旅行社不仅对代表"硬件"的外观形象颇为讲究,对代表"软件"的服务形象更为苛刻,绝不允许有损企业形象的事件发生。旅游企业从塑造形象到维护形象、完善形象,家家都有自己的"绝招",其中原因主要有三点:一是市场竞争激烈,企业开拓市场必须靠形象、营销、产品有机结合才能取胜;二是旅游业是窗口行业,自身形象的优劣直接影响客人对行业和企业的看法及评价;三是旅游业是劳动密集型服务行业,服务过程无中介,员工的个体形象就代表着企业的整体形象,因此必须重视对员工素质的培养。绝大多数饭店都设有专门的培训部,将培训员工作为企业的重要工作。如由喜来登饭店管理集团管理的北京长城饭店的培训部,就年年有计划、月月有重点、周周有考核,贯彻着名副其实的"饭店即学校"的旅游教育宗旨。

(二)以改善环境为目的

旅游组织历来重视协调好方方面面的关系,力求建立一种"天时、地利、人和"的生存环境。因此,其公关部要与媒介经常联络,随时提供组织信息;要与政府加强往来,汇报工作,以获取信息和政策支持;要与社区保持良好关系并承担社会责任;要在内部激励员工,挖掘劳动潜能,与股东保持良好合作,为企业争取滚滚财源。旅游组织改善环境的手段丰富多彩,如对外经常举办联谊会、恳谈会、记者招待会、舞会、工作午餐会等;对内经常开展员工生日晚会、员工节日聚餐、优秀员工旅游等,以此联络感情、增进友谊,争取各方面的支持与合作。

(三)以促进销售为目标

旅游公共关系的另一个典型特征是重视公共关系促销功能的应用。许多饭店都将公共关系部改为公关销售部,将公共关系的功能与对外营销、开拓市场、争取客源的销售功能合二为一。为了配合组织目标的完成,旅游组织的公关部可以经常开展公关专题活动。这些专题活动如蓝天彩云,衬托出旅游这个朝阳产业的灿烂形象。在旅游企业,公关营销理念早已生根开花,常常是公关鸣锣开道,营销粉墨登场;公关搭台,营销唱戏,构成了一道亮丽的风景线。旅游企业公关营销的工作内容包括:立足优质产品、塑造品牌文化、美化企业声誉、开展造势传播、进行全员销售等。而采取的公关营销方法有:捕捉市场需求、选择目标公众、掌握宾客心理、了解竞争对手、进行信息传递等。

(四)以建立关系为基础

旅游组织要十分重视对公众的情感投资,特别重视、尊重公众的需求,积极改进其与公众的相互关系,激发公众自觉自愿地参与旅游组织的活动,把旅游组织当作自己的娘家人。旅游组织应有意识地去影响公众,例如,对内部公众设置民主意见建议箱,对外部公众实行"收购点子"、"收购智慧"制度,开展征求组织标志、产品名称、广告词的活动,开展参与有奖活动等。在客观效用上,这种活动一方面有利于旅游组织集思广益,另一方面也能产生较大的公共关系效应。为此公关部要精心编织关系网,在政界、传播界、教育界、商业界广交朋友,使企业左右逢源、畅通无阻;对政界不断传播企业信息,加深政府对企业的了解，从而使其扩大对企业的资金投入与信息传递；对各种媒体的特征、宣传层面、媒体效能等了解得一清二楚，保持与媒体的联系，利用各种机会联络感情，不失时机地传播企业形象，争取舆论支持；注意与社区公民保持良好往来，平等待人，承担社会责任，为企业争得良好的口碑；与旅游教育界关系密切，通过旅游教育界获取人力资源和师资；与同行和商界更要来往频繁，经常举办工作午餐会、周末沙龙等活动，为彼此创造获取信息和争取合作的机会。

（五）以重视传播为特色

争取媒介的支持、看重舆论的力量是旅游公共关系的重要举措。旅游公共关系运用大众传播媒介来扩大旅游组织的影响，提高旅游组织的声誉。它不仅注重为旅游组织制造舆论，还十分注重组织内部媒介的传播，以此提高旅游公共关系传播的整体效应。例如，一些星级酒店，尤其是一些四星级、五星级酒店，不仅有自己的宣传册，还有自己的报纸、杂志，对自己的方针、策略、服务适时地进行宣传，既激发员工的积极性，又以其鲜明的特征吸引公众。除此之外，旅游公共关系还十分重视运用物品的信息传播功能，通过物品传达旅游组织的经营理念、经营特色，加深公众印象。另外，旅游公共关系十分重视传播过程中公众的互动反映，讲究传播的心理策略，在娱乐、餐饮、购物、居住环境的色彩搭配、物品摆放、房间布置以及景点设施的艺术处理等方面从不马虎，力求做到清新、典雅、和谐、娱人耳目、沁人心脾。

（六）以全员公关为保证

旅游组织是由不同个体、不同部门和不同机构共同组成的有机整体。公共关系工作是由旅游组织内部的公关部及其人员承担的，但公共关系工作的成功开展却需要组织内部不同岗位的人员的配合，需要使公共关系渗透到组织的每一项活动之中。根据旅游行业经济性、服务性、窗口性、劳动密集型的特征，旅游组织对员工素质要求高，必须进行全员公共关系教育与全员公共关系培养，从而使每位员工在本职岗位上能够自觉维护组织形象，能够通过每位员工的言行体现企业形象，也能够利用每位员工的对外服务宣传组织形象。

（七）以创新审美为突破

旅游公共关系活动是一个塑造旅游组织形象的活动过程。标新立异的组织形象会使旅游组织获得更多公众的关注，在竞争激烈的旅游市场中立于不败之地。因此，塑造组织形象必须要有创新、有突破，注重对公共关系活动形式进行艺术化处理与加工，使其符合公众的审美心理，这样才能被人们所欣赏、接受。为了提高公共关系活动的文化品位，力求利用文化艺术活动赋予公共关系活动一种美的色彩，提高公共关系活动的艺术效果。要及时引入高科技设备，充分发挥人类科技成果在公共关系工作中的作用，无论是形象设计还是色彩应用、音响效果等，都与作品主题构成一个有机和谐的艺术整体，给公众一种美的享受，满足公众的心理需求。

本章小结

公共关系是一定社会经济条件下的产物。公共关系从起源到形成经历了巴纳姆时期、“揭丑运动”时期、艾维·李时期、伯纳斯时期和现代时期。公共关系主要由社会组织、公众和传播沟通三个基本要素构成。其中,社会组织是公共关系的主体,公众是公共关系的客体,传播沟通是公共关系的媒介。社会组织和公众是公共关系相互作用的双方,传播沟通是两者联系的纽带和桥梁。旅游公共关系虽起步较晚,但发展很快。在社会主义市场经济条件下,旅游组织的竞争不仅是旅游产品的竞争,更是品牌的竞争、组织形象的竞争,公共关系在树立旅游组织形象工作中发挥着极为重要的作用。有效的旅游公共关系可以帮助旅游组织顺利地进入竞争激烈的旅游市场,提高旅游市场占有率,能够强化旅游地及旅游产品在游客心目中的形象,促进组织与公众的双向沟通和交流,有效地传递信息。旅游公共关系具有搜集信息、咨询建议、协调关系、塑造形象等职能。要形成有特色的旅游公共关系,就要坚持以塑造形象为宗旨,以改善环境、促进销售为目的,以建立关系为基础,以重视传播为特色,以全员公关为保证,以创新审美为突破的原则,不断强化全员公关意识,并加强全员公关管理。

思考与探究

1. 有人说,广告比公关更加有效。你对此怎么看?
2. 为什么说公共关系工作的根本目的是塑造组织的良好形象?
3. 运用公共关系理论评析“好酒不怕巷子深”和“王婆卖瓜,自卖自夸”这两句话是否正确。
4. “水能载舟,亦能覆舟。”在公共关系中,为什么要非常重视公众?
5. 到一家设有公关销售部的饭店进行公共关系方面的考察,分析其公共关系的构成要素。
6. 调查本地的旅游组织,比如酒店、旅行社、景区、旅游局等开展公关活动的情况。

案例分析

案例分析一

2008年CCTV“小崔说事”节目现场

主持人:崔永元
嘉　宾:孙玉红(伟达公共关系顾问有限公司高级副总裁)
黄小川(迪思公关公司总裁)
胡百精(中国人民大学教师、博士、公关传播研究所副所长)
现场观众:大学生等观众若干

崔永元:有一个问题,你得回答一下,什么叫公关?

观众1:公关,那个如果说得俗一点就是像一些公司里面,进行一些商业活动,为了达到某种商业目的,就会成立公关部,然后会派一些长得比较好看的小姐之类的公关。

崔永元:我能听出来其实你对公关这个事不怎么“感冒”。

观众1:还好吧。

崔永元:你看你用的全是贬义词。

观众1:对。

崔永元:好,谢谢你。这位,什么叫公关?

观众2:就是为了沟通吧,我觉得。

崔永元:你用了一些好词,我觉得。

观众2:比如说一个企业它要跟它的客户沟通,那这个就是说建立一种良好的人际关系。我觉得这个可能是公关真正的目的。

崔永元:我们个人需要不需要公关?

观众2:当然需要,因为我们每个人都生活在这种社会当中。所以说我们也需要,就是说和周围的人一起交流或者什么的。

崔永元:政府需要不需要?

观众2:政府当然需要,比如说中国跟其他国家,国与国之间也要沟通。

崔永元:谢谢你。好,你也参与一下回答这个问题。

崔永元:我问得更直接一点吧,比如你毕业以后会不会去做这个行业?

观众3:应该不会。

崔永元:为什么呢?

观众3:我觉得我不适合。

崔永元:这个行业需要一些什么样的人呢?

观众3:首先他应该就是沟通能力会比较强。

崔永元:你就很棒。真的。

观众3:谢谢,我觉得他还有就是他最重要的是他有一定的应变的能力,他面对就是突发情况所以他应有一种应变的能力。

崔永元:我觉得你也很棒,你根本没有想到我到这来会问你。

观众3:是。我觉得是。

崔永元:对,但是我觉得你的回答非常好,你都不紧张。

崔永元:我给你介绍到这样一家公司做公关小姐好不好?

观众3:不好。

崔永元:这是个贬义词吗?

观众3:不是,只是我觉得可能跟我的人生理想不一样。

崔永元:我来给你们介绍三位业内人士,他们都是做公关工作的,今天他们比较悲痛可能。伟达公共关系顾问有限公司的高级副总裁孙玉红女士,欢迎她。(掌声)中国人民大学的胡百精先生,迪思公关公司的总裁黄小川先生,欢迎他们,请坐。孙女士刚才你在那个地方听到他们的回答了。

孙玉红:对。

崔永元:不是特乐观。

孙玉红:我非常感谢给我们这个机会,能够把这个公关说明一下。

崔永元:给您一点时间,23秒,给大家讲讲公关是做什么的。

孙玉红:字典上这么说的,叫作建立和传播一个人或者一个组织正面公共形象的专业工作,是一个专业工作。

崔永元:全是好听的词是吧。

孙玉红：全是好听的词。

崔永元：是吧，对。胡先生就经常去给企业讲，你给大家讲一下，四个字给大家解释清楚，公关小姐是做什么的。

胡百精：首先要了解公关小姐得知道公关先生，我父亲从来都对别人讲，我是教传播学的教师，不是教公共关系的教师，因为他没办法对他的同龄人解释清楚，贴在电线杆子上面的"公关先生"这四个字，和他的儿子从事的公共关系教学工作有什么区别。

崔永元：没区别，是一回事。

胡百精：那么我用一句话，一会儿如果有机会还再解释，我一直在讲公共关系是一个主体和他的利益相关者之间的对话行为。谢谢。

崔永元：黄先生您说，普通的公众是不是也具备一定的公关能力，只不过他们不知道。

黄小川：所有的人都有公关能力，但我们认为公关实际上是一个人的内部和外部环境沟通的过程，大家都知道广告，广告实际上是让人家知道你，但是公关呢，是让人家爱上你。

崔永元：你有没有感觉到，直到今天公众对这个公关公司，或者公关行业还有很深的误解。

黄小川：这个我是感触特别深，我们公司里面，因为我们现在全国有400多位员工，其实绝大多数都是女性，而且她们也是受过良好的教育，也有从国外留学回来的。但是她们有一个很大的问题，她们出去租房子的时候，她们说公关人家不租给她们，但是说是做广告的就没问题了，其实实际上就是公共关系，包括公关在咱们中国的认知确实是有一个比较明显的误区，实际上来讲就是把公关等同于广告，那其实这个也不一样，刚才我讲过，一个广告可能更关注的是这种创意层面，还有包括这种单一诉求，公关可能更多地在这种层面，它不一样，一个是可信度也不一样，形式也不一样，那还有一个，其实大家可能经常碰得到的，就是说把它庸俗化为这种简单的关系，拉关系。

（资料来源：央视网）

请根据以上情境，讨论分析：

1. 什么是公共关系？
2. 如何正确认识公共关系？
3. 公共关系有什么职能？社会组织做公关有何意义？

案例分析二

希尔顿酒店在其《优质服务指南》中对员工提出了详细的服务要求，比如与客人交流时的语言、表情、态度要求；客人等候服务的时间或等候员工向其解释的时间不超过3分钟；若客人的要求你无法完成，须立即联系其他员工，并告知客人将由谁为他服务及估计完成服务的时间；客人的留言、传真或包裹应于10分钟内送至房间或与客人取得联系；对曾下榻过希尔顿酒店的客人，酒店根据其习惯提供服务；在酒店商场关门后，仍须提供剃须刀、牙刷、牙膏、隐形眼镜、药水等用具；对客人提出的任何特殊要求，应毫不犹豫地给予通融，提供方便，如果不可能办到，提出合适的变通办法。

欧洲顶级酒店之一的佩斯都大酒店也是靠细节成就传奇的典范。酒店有一系列的豪华套房，也有巴黎最大的普通间。每个房间的装修都有所不同，水晶吊灯、波斯地毯，每一幅挂画都是真迹原作。浴室从大理石墙面到拖鞋，都是精心准备的，窗帘和装饰用的布料也是著名品牌。一般酒店有一位"金钥匙"已经是非常骄傲的事情，佩斯都的6位门房都是"金钥匙"。客人离开酒店，几个月后再入住时，会发现他们忘记带走的东西全都放在原处，当时翻开的书，还是原封不动地打开在那一页，烟盒也在原处。客人的特殊要求，从喜欢的房间格局到睡觉需要几只枕头，全记在了服务员的脑子里。

东京大仓酒店在电脑里记录每位客人的特殊爱好和生活习惯；饭店提供夜间熨衣服务；设有为客人提供打印、翻译等服务的服务大厅；饭店的图书馆备有商业出版物和录像带；免费提供多功能会议厅的使用。

结合本章内容和以上案例，讨论分析：为什么塑造组织的良好形象依靠全员公关？如何理解全员公关？

第二章

旅游公共关系的行为主体

章前导语

旅游组织是经济组织，也是服务组织。在旅游公共关系行为过程中，旅游组织决定着旅游公共关系状态，主宰着旅游公共关系行为，是旅游公共关系的主体，旅游公关工作的开展都是围绕着旅游组织来进行的。从公关工作的具体执行来看，公共关系部和公共关系人员是直接的执行者，从这个意义上来讲，公共关系的主体还包括公共关系机构和公共关系人员。要树立良好的组织形象，有效开展公关活动，旅游组织必须科学设置公关机构，配备具有较高素质和能力的公关人员，使公关工作经常化和职业化。

本章导学

【学习目标】

理解旅游组织的含义和特征，了解主要的旅游组织类型；
掌握旅游组织形象的内容，能根据实例评价旅游组织的形象；
了解公关部在旅游组织中的地位和作用，能根据实际情况选择合适的公关部形式；
了解公关公司和公关社团；
了解旅游公关人员的素质要求，能通过案例分析明确公关人员的素质和能力。

【关键术语】

旅游公共关系主体　旅游组织　旅游组织形象　知名度　美誉度　公共关系部　公共关系公司　公共关系社团　旅游公关人员

第一节　旅 游 组 织

社会组织为了不断适应环境的变化产生了公共关系行为，现代组织的公共关系行为职能化、专业化的结果便形成了公共关系的专职机构和专职人员。公共关系的组织机构是专门执行公关任务、实现公关功能的行为主体，是公共关系工作的专职机构。广义的旅游公共关系主体是指任何有目的、有系统地组织起来，具有特定功能和任务，具有社会行为能力的旅游组织，也即广义的旅游业，是旅游相关企事业单位的集合体。狭义的旅游公共关系主体主要指专门执行公共关系职能的旅游组织内部的公关部、外部的公关公司和公关社团及相关人员。

一、旅游组织的含义与特征

（一）旅游组织的含义

旅游组织是指旅游行业内按照一定的目的和系统，有计划地组建起来的社会组织。旅游组织作为旅游公共关系的主体，在整个旅游公共关系运作中居于核心地位。旅游组织的性质、特点不同，公共关系工作的内容也有所差别，其根本目的是通过开展公关活动使旅游组织与公众之间实现良好的沟通，传播旅游组织的知名度和美誉度，从而为旅游组织营造良好的生存和发展环境。

（二）旅游组织的基本特征

1. 整体性

旅游组织是由各种要素构成的一个有机整体，同时又是处于整个社会大系统下的一个子系统，各要素和系统有机组成和相互配合，共同实现组织的目标，以提高组织的效益和塑造良好的整体形象。旅游组织中的旅行社、饭店集团、景区景点等都是由许多分支机构或若干下属组织组成的。整体性的特征决定了内部的各个分支机构或个体必然要相互协调、相互依赖、相互配合。

2. 目标性

任何组织的建立都是为了实现某种目标,组织的发展过程是组织的目标不断实现的过程。旅游组织有各个领域的目标,目标是旅游组织赖以生存和发展的前提,也是维系旅游组织内部成员的凝聚力和增强团队精神的必要条件。

3. 多样性

旅游活动本身具有综合性特点,涉及吃、住、行、游、购、娱等各个环节。作为各个环节的专业供给者,旅游组织多种多样。旅游组织的多样性,决定了它们具有不同的性质和职能,但它们之间存在着不可分割的必然联系,都是旅游产业链上相互依赖、相互支持的不可或缺的环节。

4. 竞争性

旅游业作为第三产业的重要组成部分,不仅种类多,数量也十分庞大,整个行业的竞争日趋激烈。特别是在中国入世后,国外的旅游组织如旅游饭店管理集团、旅行社等纷纷抢滩中国旅游市场,这一方面推动了行业的发展,另一方面也进一步加剧了市场的竞争。

二、旅游组织的类型及公共关系工作的特点

按照旅游组织所承担的社会职能、工作内容和目标,可以把旅游组织分为以下几类:

(一) 旅游企业

旅游企业是具体安排和组织实施旅游活动的企业,其共同的目标是为旅游者提供商品和服务,以满足他们的需要。如旅行社、旅游饭店企业、旅游景区、旅游交通运输部门、旅游商店等。旅游企业担负着开拓市场、制定计划、组织客源、协调接待、组织实施等方面的具体责任,其工作头绪多、涉及面广、影响大。旅游企业的形象不但对本企业的发展有重要作用,而且对旅游地的整体形象也有直接的重要影响。因此,旅游企业公共关系工作意义重大,是旅游公共关系最重要的主体类型。

旅游企业公共关系工作的特点:依靠沟通信息、协调关系、决策咨询等公关手段,塑造企业良好形象,以优质产品和良好服务来赢得客源市场,求得自身的生存和发展。旅游企业的公共关系活动主要是通过具体的服务来体现的,所以又叫作"服务型公共关系"。

(二) 旅游行政管理部门

旅游行政管理部门是国家和地方政府专门负责对各种旅游方面的事务进行管理的职能部门,具有对旅游业实施计划、指导、监督、管理、协调和服务等职能。主要包括国家和地方的旅游局、旅游事业发展管理委员会和其他各种旅游管理机构的派出机构等。旅游行政管理部门作为政府部门的代表,对旅游业的发展起到统领全局的作用,虽然不是具体操作旅游活动的经营单位,但是对旅游活动却有着很大的影响力和控制力,担负着旅游事业的宏观管理责任,直接控制着旅游事业的发展方向,因此也是一种特殊类型

的旅游公共关系主体。

旅游行政管理部门公共关系工作的特点：沟通政府部门与旅游者和旅游企业的关系，开展旅游市场的调研、规划设计和对外宣传促销，开展国际性的旅游公关活动，协调区域内外各方面的关系。旅游行政管理部门的公共关系活动主要是通过管理来实现的，所以又可以叫作"管理型公共关系"。

（三）旅游社会团体

旅游社会团体主要是指各种民间旅游业组织，如旅游行业协会、商会等。这类组织虽然大多是由具有某种共同利益的旅游组织自发组建，但对于协调本行业内部关系、保护成员的利益、维护自身权利、规范成员行为起到了积极的作用，同时也为成员之间的相互交流与沟通搭建了平台。作为社会团体，要发挥桥梁和纽带的作用，通过举办各种年会、交流会、研讨会以及发行内部刊物等形式协调各成员之间的关系，这些活动的本身就具有明显的公共关系性质，因此也是旅游公共关系的行为主体之一。

旅游社会团体公共关系工作的特点：加强政府、主管部门和企业之间的联系沟通；组织旅游系统或行业范围内的机构、企业、教育单位之间的联系交流；开展国内外和行业内外的交往活动，互通信息、互相协调，不断开拓旅游市场。旅游社会团体往往起到旅游经营组织和管理组织所不能起到的作用，由于其公共关系活动主要是通过协调来完成的，因此又叫作"协调型公共关系"。

从广义上讲，各类旅游企业、旅游行业协会、旅游学术团体、旅游行政管理部门、旅游教育和培训等部门都可以算作旅游组织。而从狭义的角度理解，旅游组织主要包括旅游饭店、旅行社、旅游景区和旅游交通部门。

三、旅游组织形象

（一）旅游组织形象的含义

公共关系的根本目的就是帮助组织塑造良好的形象。对于旅游组织来说，形象是其开拓市场、吸引顾客的重要法宝。从公共关系学的角度出发，形象是公关主体与公众之间形成的一种心理关系。所谓旅游组织形象，就是公众对旅游组织的总体评价，是旅游组织的表现和特征在公众心目中的反映。公众对旅游组织的评价会直接影响他们的行为，所以对于旅游组织来说，必须要重视自身形象的塑造。

（二）旅游组织形象的内容

1. 产品形象

公众对于旅游组织的了解主要是通过产品和服务开始的，并在使用产品和享受服务的过程中不断形成对旅游组织的感性化和形象化的认识。因此，那些能够提供品质优良、造型美观的产品和优质服务的旅游组织，总是能够赢得良好的社会形象。

2. 环境形象

环境形象是旅游组织形象中最外在的、最直观的要素。环境形象主要是指旅游组织的工作场所、办公环境、组织外貌和社区环境等，它反映了整个旅游组织的管理水平、经济实力和精神风貌。作为第一次与旅游组织打交道的外部公众，旅游组织的内、外部环境直接影响着他们对旅游组织的评价。

3. 员工形象

员工形象主要通过职业道德、文化修养、精神风貌、举止言谈、仪容仪表和服务态度等方面体现出来，是旅游组织形象人格化的体现。外部公众对于旅游组织的了解大多是通过员工进行的。可以说，人人都是旅游组织的形象大使。服务产品的生产过程不同于其他实物产品，员工的素质、服务水平直接影响服务产品的质量，所以员工形象十分重要。现在很多旅游组织都通过严格选拔、加强培训等手段来不断改善员工的形象。

4. 社会形象

社会形象是旅游组织社会责任感的重要体现。旅游组织要树立良好的社会形象，既有赖于与社会广泛的交往和沟通，实事求是地宣传自己的社会形象，又要在力所能及的条件下积极参与社会公益活动。良好的社会形象会使旅游组织在公众的心目中更加完美，使之增强对旅游组织的认同、理解和尊重。

（三）旅游组织形象的评价维度

评价旅游组织形象的两个基本维度是知名度和美誉度。知名度是一个组织被公众知晓、了解的程度，它是从量的方面评价旅游组织名气大小的客观尺度；美誉度是一个旅游组织被公众信任、赞许的程度，它是从质的方面评价旅游组织社会影响好坏程度的指标。按照这两个维度，我们可以把旅游组织的形象分为四种状况：一是知名度低，美誉度高；二是知名度高，美誉度高；三是知名度低，美誉度低；四是知名度高，美誉度低。

处于第二种状况的旅游组织形象是最为理想的，是旅游公关人员努力的方向和目标，比如喜来登、波特曼丽嘉等酒店就属于这种状况；对于处于第一种状况的旅游组织来说，可以通过口碑效应来吸引顾客，让更多的人了解组织的产品和服务，提高其知名度，使组织形象向第二种状况转化；对于第三种状况的旅游组织来说，这是一种十分不理想的状况，如果公众对于组织的认知停留在这个层面上，将对组织的发展不利，所以要内外兼修，在提高产品和服务质量的同时，提高自己的知名度，设法改变公众对组织的不利态度；对处于第四种状况的旅游组织来说，这也是一种不理想的形象认知，虽然组织的名气较大，但是公众对组织的产品服务、政策、行为等持反对、否定的态度，长此以往，组织的形象、地位势必要向第三种状况转化，所以要设法找到组织存在的问题，并加以修正和完善，改变组织在公众心目中的不良印象，使其向第二种状况转化。

（四）良好组织形象的作用

良好的组织形象是组织在长期的生存、发展过程中逐渐积累起来的，是重要的无形资产。旅游产品所具有的无形性、不可储存性等特点决定了旅游者无法事先通过试用和试验来达到对产品的认同和接受，只能是根据产品的知名度和美誉度来进行判断、选择。

良好的组织形象有利于组织开拓市场，吸引更多的客源。在现代市场经济条件下，旅游产品非常丰富，旅游者选择的余地也越来越大，那些信誉好、质量佳的旅游企业对旅游者的吸引力更大。在开拓市场的过程中，如果旅游企业能够凭借良好的组织形象形成一定的品牌效应，那么，这种品牌效应将会起到维护和提高顾客忠诚度的作用，进而能够吸引更多的客源。

良好的组织形象有利于增强组织的向心力和凝聚力。旅游组织的知名度、美誉度越高，说明其内部的员工工作士气越高。反过来，良好的组织形象又会进一步增强员工的自豪感，组织就像磁石一样吸引着员工，员工也乐于为这样的组织工作，从而增强了组织的向心力和凝聚力。旅游行业的员工流动性较高，而相当一部分人会选择那些著名旅游企业，所以争当“最佳雇主”是塑造组织形象的重要内容。

四、旅游组织的工作任务

（一）双向沟通信息

信息的双向沟通包括收集整理外部信息和向外传播组织信息两部分内容。首先，调查研究，收集信息。只有了解到组织环境信息并预测其变化趋势，才能合理制定和调整组织目标，有针对性地开展公关工作。其次，向外传播组织信息。通过各种传播媒介和沟通活动，将组织的信息及时、准确、有效地传播出去，可以争取公众对组织的了解，提高组织的知名度和美誉度。

（二）参与决策管理

公共关系职能部门应协助组织决策层建立科学、务实的管理体系，制定切合组织实际的战略方针，选择最佳的行动方案，以期顺利实现组织的目标。公共关系职能部门虽不是直接决策者，却是协助决策者科学决策的重要参谋。

（三）协调内外关系

旅游公共关系主体的工作对象是公众，公众可以分为内部公众和外部公众。公共关系的目的在于“内求团结，外求发展”，因此，协调好组织与公众之间的关系，争取公众对组织的理解与支持，使组织与公众之间的关系处于一种和谐的状态，为组织创造一个“人和”的环境就显得尤为重要。

（四）培训教育员工

组织形象和声誉的好坏直接关系到组织的成败。良好形象的建立从根本上说要靠全体员工的共同努力，靠全体员工一点一滴良好行为的积累。组织的形象必须依靠全体员工良好的素质来保证，这就要求公共关系职能部门对员工进行经常性的培训，培养全员的公关意识，使每一位员工时时处处以自己良好的素质维护组织的良好形象。

（五）扩大社会交往

通过社会交往，可以为组织广结人缘，建立广泛的横向联系，以弥补大众传播的不足，获得大量来自公众对组织评价的反馈信息。

第二节 旅游公共关系机构

一、公共关系部

（一）公共关系部的含义

公共关系部(Public Relations Department)这一名称在国际上被普遍采用，简称公关部。在旅游组织中，为了完成公关工作的具体任务，就需要有一个专门的部门来行使公关职能，没有这样一个专门的机构来筹划和组织，旅游公关工作就难以开展。公共关系部是指在旅游组织内部设立的以专门从事公共关系工作为职能的机构，是旅游公共关系活动的具体策划者和组织者，在我国有多种称谓，如公关策划部、传播企划部、市场推广部、公关宣传部、公关联络部、公关与新闻办公室、公关营销部、客户关系部等等。

（二）公共关系部的地位和作用

公共关系部在旅游组织中的地位表现在六个方面，即信息采集中心、对外宣传中心、公众协调中心、环境监测中心、趋势预测中心和公关培训中心。

公共关系部将采集的信息分门别类储存起来，建立内容丰富的信息系统；通过筛选整理，将信息提供给旅游组织的决策层，并根据对信息的分析提出整改建议；在信息的整理分析过程中注意总结某些要素的变化规律，预测某种趋势发生的可能性，为旅游组织赢得宝贵的发展机遇；根据旅游组织制定的目标制定宣传计划，运用各种传播手段与公众进行沟通；认真对待公众的反馈，及时协助旅游组织解决出现的问题。在公共关系活动的所有环节，都要密切关注社会环境的变化，随时向决策人员提供具有参考价值的信息。此外，公关意识的培训应贯穿公共关系活动的整个过程。

其作用表现为：

一是“采集”作用。利用自身丰富的关系资源，广泛地采集信息，为了解现状、预测发展趋势、制定整改方案提供信息基础。

二是“表达”作用。采用各种表达方式，向公众宣传旅游组织的政策，解释旅游组织的行为，获取公众的理解、信任、支持和合作。

三是“平台”作用。旅游组织与内外部公众良好关系的获得，都是通过公共关系部这个平台的协调沟通实现的，其目标是“内求团结，外求发展”。

四是“顾问”作用。公共关系部虽然不是一线的营运部门，也不是决策部门，但它是旅游组织的参谋部、智囊团。管理人员制定重要决策时，要参考公共关系部提供的解决方案。

（三）公共关系部的日常工作

1. 常规工作

公共关系部的常规工作，是指公共关系部为了实现旅游组织的总目标和公关目标，在日常组织运行中所从事的一般性工作。大型公关活动的成功，离不开公共关系部常规工作的充分准备。常规工作的主要内容有：参加旅游行业内部、旅游组织内部各种管理会议，了解旅游业各领域发展现状和发展趋势；观察旅游组织内部员工的情绪状态，及时发现问题；每日从各种信息渠道监测旅游组织内外环境的各种动态，广泛采集、采编信息并向新闻媒体发送各类与组织相关的新闻稿、图片和相关信息；协助音像制作人员制作音像制品，并保存音像资料；同新闻媒体、上级主管、旅游行政管理机构、有业务往来的公关顾问公司、广告公司以及特殊公众保持密切联系；选拔、培训、考核旅游公共关系专门人员；筹划、设计、监制旅游组织的各种宣传品和纪念品；代表旅游组织接待各种来访，接受旅游公众的投诉。

2. 定期活动

公共关系部的定期活动，是指在一个长期的计划中，需要公共关系部按照惯有的工作程序和规律反复开展的相关活动。主要内容有：制定、检查和调整旅游公共关系调查计划；了解市场营销和市场竞争状况；协助制定促销计划，进行促销宣传活动；物色宣传题材，研究宣传计划，与新闻媒体联系实施宣传；保存和更新旅游组织高层管理人员的新闻基本资料；编辑、出版分别以外部公众、内部公众为读者对象的出版物；编写旅游组织年度报告；组织安排内部员工的集体娱乐活动，促进组织内部沟通；利用重大节日组织专题活动，与外部公众联络感情；定期反馈，作出阶段性分析评估。

3. 专题活动

指公共关系部针对一些特殊性事件，为增强宣传效果，集中人力、物力、财力而进行的专门性公关活动。主要内容有：组织、布置和指挥旅游组织的开业仪式和周年庆典；策划、组织和委托公共关系展览，委托制作有关旅游组织情况的各种音像、宣传品，负责编制节目和播放；设计、委托制作旅游组织的标志、吉祥物等视觉形象物；策划和监制旅游公共关系广告，举办纪念性的专门活动；协助社会组织在本机构场所内举办社会性活动；代表旅游组织参加社会赞助活动；策划和安排"新闻制造"活动，办好记者招待会；处理突发事件和危机事件，对专门性的公共关系活动效果进行评估。

（四）公共关系部的设置模式

旅游组织中的公共关系部一般有以下几种常见设置模式：

1. 高层领导直属型

高层领导直属型即直属于旅游组织的最高层领导，直接向最高决策层和管理层负责的模式。公关部具有较大的沟通权限，可以直接与最高管理层沟通，并代表最高管理层与其他部门沟通，直接介入决策，同时又具有相当的独立性和自主权，而且机构比较精简灵活。

2. 部门隶属型

部门隶属型即公关机构附属于旅游组织的某个职能部门，可隶属于传播沟通业务较集中、较繁重的部门。所以可能归属于销售部门、广告或宣传部门、联络接待部门、办公室等。这种类型的公共关系部一般会在小型旅游组织中出现。

3. 部门并列型

部门并列型是将公共关系部放在与其他职能部门相同位置上的模式，其特点是能与其他部门保持密切联系，并互相支持。这种类型的公关机构在旅游组织中地位较高、权力较大，反映了公关业务在旅游组织中的独立性和重要性。一般来说，只有较大型的旅游组织（如旅游企业集团）才需要或可能这样来设置公关机构。

4. 部门兼职型

部门兼职型是把公关部与营销部或广告部、宣传部等工作性质相似的部门合为一体，或将公共关系职能分解到各个部门，由各个部门中有关人员开展与本部门有关的公关活动的模式。公关职能易受其他职能的干扰，不能专业化地从事公关工作。

（五）公共关系部的优势和缺点

1. 公关部的优势

了解内情。旅游组织内设的公关部对本组织的业务和人事比较熟悉，开展工作能够有的放矢、切合实际，比较顺利。

便于协调。公关部或直接受管理层的指导,或直接与旅游组织内部各部门沟通,便于调整和协调工作。

效率较高。公关部的工作具有持续性,保证了公共关系工作持续稳定的进行。

成本较低。内设的公关部便于控制预算和成本投入。

2. 公关部的缺点

公关部的工作容易受到组织内部因素的制约,难以完全做到客观公正。公关部的工作一般仅局限于所属的行业,与外界的交往受到一定程度的限制,给公共关系工作的拓展带来一定的局限性。公关部的人员有可能是从别的岗位上调过来的非专业人员,由于缺乏专业训练,会直接影响企业公共关系工作的水平。

二、公共关系公司

(一) 公共关系公司的含义

公共关系公司,又称为公共关系咨询公司、公共关系顾问公司、公共关系事务所,简称公关公司,是由专业的公共关系人员组成,专门从事公共关系咨询或接受客户委托为其开展公共关系活动,并收取费用的营利性组织。公共关系公司的基本职能是对客户的一切影响公众利益的活动予以指导、建议和监督,帮助客户与社会公众之间进行双向信息交流沟通,为客户建立美好的声誉和形象。公关公司是独立于组织之外的公关机构,其产生条件、工作内容与公关部是一致的,实际上是公关部工作的社会化和专业化,也可以说它是雇主的"院外公关部"。

知名公关公司有:奥美公关(国际)、中国环球、蓝色光标、博雅(国际)、传智整合、普纳营销、际恒公关、爱德曼(中国)、伟达(国际)、罗德(国际)、宣亚国际、万博宣伟、嘉利公关、信诺传播、迪思传媒、福莱国际(国际)、安可顾问、注意力、海天网联、智扬公关、凯旋先驱(国际)、灵思传播、新势整合等。美国权威的公关资讯机构 The Holmes Report 根据经营业绩对全球 250 家专业公关公司进行排名,蓝色光标位居第 75 位,是中国本土公关公司中唯一的入选者。

(二) 公共关系公司的特点

1. 拥有大量信息。公共关系公司有专门收集信息的人员,有专门从事调查研究和信息分析的专家,拥有不同领域的大量信息,这是公共关系公司开展业务的一个基本条件。

2. 满足不同需要。公共关系公司无论在人力和物力方面,还是在技术知识和经验方面都占有明显的优势,其提供的业务能满足不同层次、不同类型的公众提出的公共关系方面的各种需求。

3. 科学预测变化。公共关系公司有庞大的信息库、专业的公共关系队伍,并与很多社会组织有密切联系,在知识和技术上可以互通有无、互相支持,可以对客户关注的领域或方向提供比较科学的预测。

4. 具有专业水平。公共关系公司拥有一批具有高超专业技能的公共关系专家,他们有丰富的理论和实践经验,可以提供专业水平的服务,并且可以策划、实施高层次、大规模的公共关系活动。

5. 分析客观中立。公共关系公司与一般的社会组织没有利害关系，不受社会组织的各种内外因素的干扰，可以客观地为客户进行分析，向客户提供服务。

6. 业务范围广泛。为了方便和别的城市或国家的公共关系公司进行业务交流，公共关系公司往往会在许多地方设立分支机构，信息传播快、覆盖面广。

（三）公共关系公司的类型

1. 专项业务服务公司

是以各种专业人才、技术和设备为客户专门提供各种公共关系技术服务的公司。例如为客户进行形象调查、为客户制定和实施公共关系方案、为客户设计公共关系广告、为客户组织公共关系主题活动等。这类公司以其专业性的技术和创造性的服务赢得顾客。

2. 特定行业服务公司

是为特定行业提供公共关系服务的公司。如专门为旅游业、工商业、金融财政部门提供推广业务，以及促进经营、维护合法权益、树立良好形象等业务。

3. 综合服务咨询公司

以分类公共关系专家（如媒介关系专家、消费者关系专家、社区关系专家、员工关系专家等）和公共关系技术专家（如演说专家、出版专家、民意测验专家、宣传资料专家等）为主体组成。这类公司经济实力较为雄厚，业务范围广泛，能为客户提供多方面的综合性的服务。

（四）公共关系公司的工作内容

公共关系公司的业务范围很广，能参与任何方面的公共关系事务，并提出建议、提供服务。

1. 咨询诊断。咨询诊断即总体的公关项目咨询，为客户企业或产品形象调查作公关诊断、设计公关规划、提供专业化的公关顾问，为客户形象设计和决策作参谋。

2. 联系沟通。即协助客户与有关公众联络沟通，建立和维持良好的政府关系、社区关系等外部关系。

3. 收集信息。即为客户收集有关市场信息、民意测验资料及政治、经济等社会情报。

4. 新闻代理。即为客户策划新闻传播，如撰写新闻稿件、组织新闻发布会等。

5. 广告代理。即为客户设计、制作公关广告、企业广告及广告投资计划、效果检测分析等。

6. 推介产品。即协助客户为推销产品营造有利的市场关系。

7. 会议服务。即为客户计划、组织大型会议，如信息研讨会、经验交流会、公众对话会等。

8. 策划活动。即为客户策划、组织各种专题公关活动，如周年庆典、挂牌仪式等。

9. 礼宾服务。即为客户安排、组织重要的外交活动，如贵宾到访、大型宴会等。

10. 印刷制作。即为客户设计、编制、印刷各种文字宣传资料和纪念品，如宣传画册及企业标志、徽记等。

11. 音像制作。即为客户制作影片、录像带等视听材料。

12. 培训服务。即举办公共关系和传播人员的技术培训班,培训公关人员和特定的传播人员。

(五)公共关系公司的优势和缺点

公共关系公司观察分析问题具有客观性,提出的建议和方案具有权威性,信息来源更具广泛性,公关活动整体规划经济核算。其缺点是专业咨询策划费用较高,运作成本较高。

鉴于公共关系公司所提供的服务具有上述特点,旅游组织在聘请公关顾问时要注意以下几个问题:选择有专业水准及良好品德的顾问;信任顾问,为其提供真实准确的资料;与顾问保持良好的沟通与合作,定期邀请顾问出席情况分析会和决策会议;尊重顾问的判断意见,虚心听取忠告,不予采纳时要给予详细说明;以防为主,不要出现了危机再临时找顾问;聘请顾问应相对稳定,因为双方的合作默契需要一个磨合期。

三、公共关系社团

(一)公共关系社团的含义

为适应公关事业蓬勃发展的需要,近几年来大量公共关系社团相继成立。公共关系社团是从事公共关系理论和实务研究、学术探讨、咨询服务、教育培训、国际交往等活动的非营利性的群众组织,它对推动会员积极参加公共关系活动、促进公共关系事业的发展起到积极的作用。

(二)公共关系社团的类型

公共关系社团主要有以下几种类型:

1. 综合型社团组织。主要是指不同地域范围的公共关系协会,如中国公共关系协会和各省市、地区公共关系协会。其主要任务是联络会员、组织专业培训、开展联谊活动、编辑出版刊物、建立公共关系网站等。

2. 学术型社团组织。主要包括公共关系学会、研究会、研究所等学术团体。这些社团组织除聘请少量专职人员负责日常工作外,还聘请著名学者、专家、顾问担任理事、研究员、客座教授。学术型社团组织一般立足于服务社会、以人为本,注重思想建设,致力于公共关系理论的教育与研究,积极开展科研活动,加强会员沟通联系,开展公益活动,自觉实践公共关系、推动公共关系的发展。

3. 行业型社团组织。主要包括各行业、各部门、各系统成立的社团组织,一般从属于各行业的行业协会。主要开展适应行业公共关系发展需要的形象塑造、对外宣传、专业培训等各项活动。

4. 联谊型社团组织。主要是指公共关系联谊会、俱乐部、沙龙等社团组织。主要作用是促进成员之间的信息交流和情感交流,建立良好的人际关系。

(三)公共关系社团的工作内容

1. 联络会员。公共关系社团有自己的会员,社团应该经常与会员保持密切联系,并与其他公共关系社团保持纵向和横向的沟通和交往,形成联系网络。

2. 制定规范。制定、宣传公共关系从业人员职业道德的准则并检查执行情况,这是公共关系社团的一项基础性工作,也是衡量公共关系社团正规化的重要标准。

3. 专业培训。公共关系社团将专业培训作为一项经常性的工作。社团本身就是一所培训学校。

4. 普及知识。公共关系社团有义务向公众宣传和介绍公共关系的基本知识,向社会提供公关咨询服务,并且为会员提供在公关技巧和管理方面深造的机会。

5. 编辑出版。编辑出版公共关系方面的书籍、报刊是宣传公共关系的重要手段。

第三节 旅游公共关系人员

一、旅游公关人员

(一) 旅游公关人员的概念

在欧美国家,对公关人员的称呼有 PR Practitioner(公共关系从业人员)、PR Man(公关人员)、PR Officer(公关官员);亚洲一些国家和地区有公关小姐、公关先生之类的称呼。旅游公关人员指的是专门从事旅游组织公众信息传播、关系协调与形象管理事务的调查、咨询、策划和实施的人员,不包括业余或兼职的公关人员。公关人员是公关组织机构的主体,是公共关系活动的实际承担者。

(二) 旅游公关人员的构成

旅游公关人员一般包括:调查分析人员、计划人员、传播人员、文秘人员和设计制作人员。公共关系部人员最好能够一专多能,按岗位需要配备。各类专业人员设置的比例、数量应根据公共关系部在组织中的地位、重要性和工作任务的多少来进行调配,达到人人有事做、事事有人做。

二、旅游公关人员的任务和职责

(一) 组织内部关系协调

旅游组织内部关系包括员工关系、股东关系、部门关系以及上下级关系。具体工作包括:利用内部媒介加强与员工的沟通;组织各种娱乐活动,增进员工之间的感情,增强组织凝聚力;组织公共关系知识的培训,培养内部员工"全员公关"的意识;编辑出版内部刊物,让员工及时了解组织内外部情况;创建内部沟通渠道,搜集员工意见,做到上情下达和下情上达;及时了解各部门之间的情况,在部门之间起到传达消息的作用;为决策层提供决策参谋意见;为组织培养公共关系人才。

(二) 组织外部关系沟通

旅游组织外部关系主要包括游客关系、政府关系、媒介关系、社区关系、同行业关系。具体工作包括:及时了解旅游者的消费偏好和消费趋势;时刻关注政府的政策以及与旅游业有关的各项法律法规的出台,并注意与当地政府保持密切的联系;积极争取新闻媒介、出版机构的配合;积极参加社区活动,争取社区公众的理解和支持;处理好与同行业者之间的关系,在竞争与合作中寻求组织的发展。

(三) 开展专题公关活动

具体工作包括:组织安排有关开幕仪式、周年庆典及其他纪念活动;举办记者招待会,安排领导者与新闻媒介的接触;举办展览会,组织外部公众对组织机构的参观;开展广告宣传活动，编辑并印发有关的外部刊物；做好民意测验、社会调查活动等。

三、旅游公关人员的素质和能力

随着现代文明的不断进步，对公共关系人员的要求也越来越高，他们需要不断地更新知识结构、提高业务能力、进行自我完善，并且不断地为组织塑造崭新的、完美的、符合时代特点的新形象。旅游公关人员是旅游组织良好形象的打造者，也是开拓市场的先锋。他们是旅游组织的代表，也是公众的顾问，他们的能力和素质直接影响着旅游组织的形象和公共关系活动的成败。因此，旅游公关人员需有较高的思想水平和业务能力。

具体来说，旅游公关人员主要应具备以下素质和能力：

（一）良好的个人修养

旅游公关人员个人修养水平的高低往往是树立旅游组织良好形象成功与否的首要因素。提高自身修养是每一位旅游公关人员的必修课。具体地讲，良好的个人修养包括个人形象、高质量的工作作风、高标准的职业道德三个方面。个人形象主要应做到谦虚有礼、说话得体、表情自然、不卑不亢、落落大方。高质量的工作作风包括富有进取精神、高效率、计划性强以及踏实细致等方面。高标准的职业道德包含四个方面的含义：一是要忠于职守，有强烈的职业责任感；二是要实事求是，有诚信的工作作风；三是要顾全大局，有强烈的社会责任感与公关意识；四是要遵章守法，遵守组织内部的规章制度和国家的法律、法规。

（二）健全的心理素质

具有健全的心理素质，才能适应多变的环境。这一点对于旅游公关人员来说尤其重要。健全的心理素质主要体现在知己自信，具有开拓精神、良好的自控能力以及灵活的应变能力。旅游公关人员的内在品质即心理素质一般包括：具有独当一面的工作能力；充满干劲，具有开拓进取精神，敢于大胆创新；思维敏捷，兴趣广泛，对事物变化反应敏感，且充满想象力和创造力；讲究职业道德，诚实可信；头脑清醒，解决问题有魄力；宽容开放，能“异中求同”，与各类人员建立良好关系；处事沉稳，有不急不躁的自我克制力；待人接物真诚、热情；同时，应是一位称职的管理人员，既善于出主意、想方法，又有实干精神，具备坚忍不拔的毅力。

（三）广博的知识储备

旅游公共关系工作的性质决定了旅游公关人员应该涉猎多方面的知识，培养多方面的爱好。一名合格的旅游公关人员只有修养深厚、知识广博，才能在各种场合与各种公众交往的过程中应付自如。具体要求：一是要通晓公共关系学的基本理论和实务。旅游公关人员除了要精通旅游公共关系的基本理论知识，还要熟悉旅游公共关系的基本实务知识。旅游公关人员如果没有专业知识，就很难适应瞬息万变的市场情况。二是知己知彼，懂得心理学。公关工作是和人打交道的一种工作，旅游公关人员如果能够正确分析各种各样的复杂心理现象，归纳总结出其中的规律，并把它运用于公关实践中，那么，其工作效率便会日益提高。三是要熟知法律。公关工作必须依法进行，要遵守国家的法律、法规，不以权谋私，不知法犯法。四是既博又专，不断学习。旅游公关人员对与旅游公共关系密切相关的学科知识都应有相应的了解，而且应该随时吸收新知识，不断丰富和发展自己。

（四）过硬的执行能力

过硬的执行能力包括：一是敏锐的洞察能力。能够及时关注来自相关公众的各种信息，对市场明察秋毫，能够从现象中看出本质，从普通的资料中发现重点，发现潜在的问题，捕捉一切对本组织发展有利的或不利的信息。二是较强的信息分析和处理能力。公关工作实质上是一种信息工作，因此旅游公关人员必须有较强的信息分析和处理能力，以及较强的逻辑判断能力，善于从一些普通的资料、数据或信息中分析出存在的问题，善于从杂乱的现象中分析出变化的规律。三是较高的组织领导能力。旅游公共关系活动是旅游公关人员与旅游组织内外部公众相互交流的过程，公众的需求和态度也是有差异的。因此，任何旅游公共关系活动的开展，都需要旅游公关人员精心组织，制定详细可行的策划方案和具体的落实措施。四是高超的应变能力和自控能力。旅游公关人员要和各种人物打交道，工作对象复杂并各有其特点，必须有耐心、有能力，善于自制、自控，并持以豁达、大度、宽厚、谦和的态度，能够容忍公众的误解和不恭，耐心、诚恳、心平气和地解决问题，机智果断地处理事务。五是有效的表达能力。优秀的旅游公关人员能够运用最有效的表达方式将组织信息和组织形象传播给目标公众。旅游公关人员需要有扎实的文字功底、较强的文字和语言表达能力，从而提高公关工作的效率。六是良好的策划能力。开展公关活动必须先进行周密的安排，策划是公关工作的起点，没有策划就没有公关活动方案，就没有方案的实施。良好的策划能够“化腐朽为神奇”，收到事半功倍的效果。七是出色的社交能力。衡量一个旅游公关人员能否适应现代社会需求的标准之一，就是看他是否具备善于与他人交往的能力。旅游公关人员要有善解人意的性格和具有感染力、吸引力的个性，能得到公众的尊重与信任；要懂得不同的礼仪和习俗，运用各种社交手段，扩大交际范围，建设良好的工作环境。八是持续学习的能力。旅游公关人员应该善于思考和总结生活和工作中遇到的问题，在失败中吸取教训，在成功中获得经验；学习他人的长处，克服自身的不足；在理论上思考方法，在实践中摸索技巧；在过程中历练，在前进中成长。学会在生活和工作中积累知识、增长能力，不断充实和完善自己。

四、旅游公关人员的培养

（一）旅游公关人员的培养模式

旅游公关人员的培养主要有院校教育、社会教育、企业培训三种模式。

1. 院校教育模式

20世纪以来，公关作为一种职业得到迅速发展，进而推动了院校公关教育的发展。大专院校已成为公关教育和研究的主要基地。随着我国公共关系事业的迅速发展，院校公关教育也得到了快速发展，从1986年深圳大学正式开设公关课程以来，到目前，几乎所有的高校都开设了公共关系必修或选修课，并有多所高校开设了公关专业。

2. 社会教育模式

社会公关教育是院校公关教育的有益补充。社会公关教育的形式多种多样，有长、短期培训班和函授教育等；各类公关培训机构也是多种多样的，有公关培训学校、礼仪学校、文化传播学院和公关咨询公司培训部以及社会团体等。培训教育一般理论性课程较少，主要讲授公关活动过程中一些实用性和操作性技能。学员经过培训，能够很快熟悉公关工作，进入角色。这些培训机构能够迅速培养大批普通公关人员。

3. 企业培训模式

旅游企业培训部和公关部对旅游公关人员进行必要的培训和辅导，使他们能较快提高业务能力。这种模式较前两种模式具有适合企业实际、进入角色快、不影响工作安排的特点，但理论性和系统性相对不足。

（二）旅游公关人员的培养方法

旅游公关人员的培养方法主要有：

1. 实践操作法

又称岗位培训法，是旅游公关人员边工作边提高的培养方法。这种方法是在工作中进行的，针对性和实效性较强，对于旅游公关人员从实务中提高公关能力和水平有较大帮助。

2. 示范演示法

由优秀旅游公关人员进行示范，学员模仿学习的培养方法。这种方法能帮助学员有效掌握公关技巧。其最大优点是能使学员以最快的速度进入角色。

3. 理论讲授法

理论讲授法是传统模式的培养方法。优点是可同时培训多位学员，不必耗费太多的时间和经费，理论性、系统性较强。缺点是学员参与性较差。

本章小结

本章着重介绍了旅游公共关系的主体构成、旅游公关机构设置和公关人员的素质要求等内容。旅游组织是旅游公共关系的主体。旅游组织主要由旅游企业、旅游行政管理部门和旅游社会团体所构成。旅游组织必须重视自身形象的塑造。旅游组织公共关系工作是一项经常性、长期性的工作，在旅游组织中，为了完成公关工作的具体任务，需要有专门的公共关系部门和人员来行使公关职能。公共关系部是旅游组织内部设立的以专门从事公共关系工作为职能的机构，它是旅游公共关系活动的具体策划者和组织者。公共关系部在旅游组织中的地位表现在六个方面，即信息采集中心、对外宣传中心、公众协调中心、环境监测中心、趋势预测中心和公关培训中心。公共关系公司、公共关系社团是公共关系职能社会化、专业化的具体表现。公共关系公司是为客户提供公共关系服务的专业性营利性组织。公共关系社团是从事公关理论研究和实务活动的非营利性组织。旅游公关工作要达到塑造组织良好声誉、做好组织内外沟通、扩大组织影响、促进组织发展的要求，就必须使用和培养修养良好、心理健全、知识广博、能力过硬的旅游公关人才。

思考与探究

1. 有一家五星级饭店新设了公共关系部，开办伊始，该部就配备了豪华的办公室、漂亮迷人的公关小姐、现代化的通讯设备……但该部部长却发现无事可做。请结合本章内容思考该公关部到底出了什么问题，公关部应该做些什么。

2. 调查本地一家旅游企业(酒店、景区、旅行社等)公关部门的机构设置及岗位职责。

3. 某旅行社公关部自企业建立初期就成立了，但主要的工作就是迎来送往。小张是该公关部的一名职员，他认为公关部的作用没有得到很好的发挥，决定向总经理提建议，你认为他应该从哪些方面来提建议？

4. 如果让你制定一份旅游企业公关部的年度工作计划，你觉得应该包括哪些方面的内容？

5. 某饭店要招聘公关部专业人员，请你帮助设计一些面试的问题，要求能够表现出应聘人员的公关从业素质。

6. 人们常说："公关人员应当有企业家的头脑、宣传家的技巧、艺术家的气质和外交家的风度。"谈谈你对这句话的理解。

案例分析

案例分析一

揭秘普京背后的公关公司

2011年4月，一名美国记者问了当时任俄罗斯总理的普京一个非常讨好的问题："您是政界最酷的男人吗？"当时的访问内容刊登在了《户外生活》杂志的网站上。此次采访是由美国公关公司Ketchum安排的，该公司自2006年以来负责为俄罗斯打造形象。9月，Ketchum又完成了一次成功的公关，促成普京的一篇评论文章登上了《纽约时报》。而当前俄罗斯和美国的代表正开始在日内瓦讨论如何促使叙利亚放弃化学武器。

普京的这篇文章在华盛顿掀起波澜。普京在文中以调解人的口吻，批评美国倾向在国际争端中使用"蛮力"。美国众议院议长博纳(John Boehner)称，这篇文章让他感觉"被侮辱了"，白宫则称，普京利用了在俄罗斯不存在的新闻自由。

呈交美国司法部的文件显示，Ketchum通过为俄罗斯服务，得到了超过2500万美元的收益。此外，2007年以来，该公司通过为俄罗斯国有天然气公司Gazprom作宣传，得到了超过2600万美元。

美国司法部文件显示，2007年，Ketchum代表与《时代》杂志人员多次会面，成功游说后者将普京评为"年度人物"。此外，Ketchum人员还呼吁国务院弱化对俄罗斯人权纪录的批评。该公司还曾接洽撰文细述俄罗斯不良人权纪录的记者。而俄罗斯一方面在国内压制人权，一方面努力提升在美国媒体中的形象。Ketchum还鼓励包括路透社记者在内的各方记者去采写关于俄罗斯贸易峰会、科技公司、高尔夫和摔跤赛事以及2014年索契冬奥会的文章。在接到路透社询问时，Ketchum的回复声明相当宽泛，称其与俄罗斯政府的合作侧重于"协调俄罗斯与西方媒体的关系，推动更广泛的对话"。

行业分析人士指出，外国政府是美国游说团体和公关公司的重要客户，即便相关企业为那些人权纪录欠佳的国家工作，只要将业务活动详细申报给美国政府，那就不算非法。

普京在《纽约时报》刊登的文中称，叙利亚危机促使他“对美国人民及其领袖直接发声”。他指出，美国应该通过联合国来对叙利亚发生的化学武器袭击作出回应。文章未提到俄罗斯曾阻挠联合国针对叙利亚采取行动。普京表示，叙利亚化学武器袭击可能是反抗力量所为。他抨击奥巴马的“例外论”。奥巴马曾表示，美国作为一个“例外的”国家，有责任针对阿萨德使用化学武器采取行动。普京说：“鼓励人们把自己看成例外，是极其危险的。”白宫对此作出尖锐回应，称：“俄罗斯鲜明反衬出美国的出类拔萃之处。与俄罗斯不同，美国在本国以及全世界捍卫民主价值和人权。”

博纳称普京的文章让他感觉受到了侮辱，还有其他议员亦表示强烈不满。一些外交政策分析人士则质疑，俄罗斯通过 Ketchum 进行的公关活动是否值得花这么多钱。

曾为克林顿政府和老布什政府效力的俄罗斯问题专家魏斯(Andrew Weiss)说：“俄罗斯为这些活动花了许多钱，目的就是改善在西方的形象。但我不确定这样的投资是否有很大回报。”

(资料来源：搜狐商学院)

1. 结合本章内容及案例说说公关部和公关公司各有什么特点。
2. 你觉得哪些公关工作由公关部来做，而哪些公关工作可考虑由公关公司来做？

案例分析二

在东京一家公司里，有位公关小姐专门负责为来往的客户购买车票。她常替德国一家大公司来日本的经理购买来往于东京和大阪的车票。不久，经理发现一件有趣的事：每次他去大阪的时候，座位总是靠在右侧的窗旁，而从大阪回来时，又总是在左侧的窗旁。经理先生很纳闷。这位小姐笑着回答：“车去大阪时，富士山在您的右边，返回东京时，山又到了您的左边。我想外国人都喜欢日本富士山的壮丽景色，所以我特地买了不同位置的车票。”经理听后十分感动。他想，在这样一些细微的小节上，日本人都能够想得这么周到，跟他们做生意还有什么不放心！

这位公关小姐身上体现了哪些公关意识？你能从中得到什么启示？

第三章

旅游公共关系的目标公众

章前导语

公共关系也称作公众关系，旅游公共关系的工作对象就是其目标公众。只有了解目标公众，才能制定正确的目标、策略和方法，旅游公关工作才能建立在科学的基础之上。旅游公关活动具有明确的指向性，它要求公关工作要围绕一定的对象来开展。其工作对象不仅有政府部门，还有其他社会组织、社区居民、内部员工和股东、顾客，甚至还有竞争对手。公众是旅游组织赖以生存和发展的基础，没有他们，旅游公共关系就成了无源之水、无本之木。因此，我们需要正确认识旅游组织的公关对象，了解他们的特点、心理和需求，并通过有效的沟通与之建立良好关系，营造有利于旅游组织发展的内部和外部环境，为旅游组织发展奠定良好的基础。

本章导学

【学习目标】

掌握公众的基本概念，了解公众的一般心理和行为，认识确定目标公众的重要作用；

了解旅游公共关系内部公众的含义、基本特征，知晓内部公众的分类，掌握各种内部公众关系的处理策略；

了解旅游公共关系外部公众的含义、基本特征，了解外部公众的种类，掌握顾客公众的特点及顾客关系的处理策略，掌握政府公众、媒介公众、社区公众、名流公众、国际公众关系处理的方法，熟悉同行关系的处理策略。

【关键术语】

公众　旅游公众　首要公众　稳定公众　顺意公众　潜在公众　内部公众　外部公众　员工公众　股东公众　顾客公众　媒介公众　政府公众　社区公众

第一节　旅游公众及其分类

一、旅游公众的概念及特征

（一）旅游公众的基本含义

从公共关系学的一般意义上说，公众即与公共关系主体利益相关，并相互影响和相互作用的个人、群体或组织。“公众”这个概念涵盖了公共关系工作的所有对象，凡是公共关系传播沟通的对象都可称之为公众。因此，公众是公共关系对象的总称。

旅游公众是与旅游组织相互联系、相互作用的个人、群体和组织的总称。凡是与旅游组织有利益关系的个人或组织都可以称为旅游公众。旅游公众是旅游公共关系的对象，即旅游公共关系客体。在旅游公关活动中，利益是连接旅游组织和相关公众之间的纽带。

“水能载舟，亦能覆舟。”这个古老的比喻，形象地说明了旅游组织与旅游公众之间的关系。如果把旅游组织比作舟，旅游公众就好比水，当旅游组织与旅游公众的关系和谐时，舟就能够顺水前行；否则，逆水行舟，不利于企业的经营。“天时不如地利，地利不如人和”强调的也是同样的道理。任何组织的发展都离不开公众的支持，旅游公众是旅游组织生存发展的基础。“公众的声音是上帝的声音”，旅游公众能为旅游组织的发展建言献策，为旅游组织的管理决策提供依据。当前旅游市场的竞争日趋激烈，只有那些服务质量好的旅游企业才能够吸引更多的客人，旅游公众是促使旅游组织提高服务质量的力量源泉。

（二）旅游公众的基本特征

1. 群体性

旅游组织面对的是广泛的公众群体，旅游组织和公众群体形成的公众关系和公众舆论构成了旅游组织赖以生存和发展的公众环境，其涵盖面非常广泛。旅游组织的生存和发展都离不开一定的公众环境。旅游组织对任何一类公众的疏忽都可能致使公众环境的变化，产生对组织不利的负面影响。因此，旅游组织在开展公共关系活动时，不能只注意其中某一类公众，而忽略了其他公众，应该把所有公众当作一个整体看待，用系统的观点理性分析和对待各类公众。

2. 同质性

同质性是指在旅游公众中，由于共同的目的、需求、意向、问题等，一群人或组织有相同或类似的态度和行为。例如：某饭店由于菜肴质量问题，导致在此进餐的消费者发生食物中毒，从而使这些本来互不相识的人面临一个共同的问题，即同质性的利益关系，他们共同关心的是饭店对此恶性事件的处理及对个人利益的维护。旅游公众的同质性决定了旅游组织公关工作的出发点是分析公众，在分析的基础上划分类别，研究各类公众的性质、特点、需求特征等，并根据研究结果制定工作计划，提高公共关系活动的效率。

3. 多样性

旅游公众的存在形式是多种多样的，既可以是个体，也可以是群体，还可以是团体或组织。不同的旅游公众在性质、组成、数量、范围、发展阶段等方面也不尽相同。不同的旅游公众对旅游组织的态度也是各不相同的。旅游公众的多样性决定了旅游公共关系的沟通方式和传播媒介的多样性。

4. 可变性

社会环境是一个动态可变的系统，处于其中的旅游公众也是不断变化的。旅游公众的性质、形式、数量、范围和存在形式会不断发展变化。比如，顾客对旅游企业提供的服务感到不满而进行投诉，旅游企业通过积极有效的处理最终取得了顾客的谅解。在这个过程中，逆意公众转化为了顺意公众。旅游公众的价值观念、消费行为、思维方式也会发生变化。如政府出台有关“黄金周”放假的规定，使有条件外出的旅行人数猛增。政治、经济、文化、军事等社会环境的变化也会引起旅游公众的变化。旅游公关人员必须以动态的、发展的眼光认识和看待旅游公众，根据旅游公众的变化制定相应的对策。

5. 相关性

旅游公众的相关性是指旅游公众与旅游组织在利益上存在着相互影响、相互制约的关系。旅游公众的意见、观点、志向和行为对旅游组织具有实际的或潜在的影响和制约，甚至决定着旅游组织经营的成败。旅游组织的决策和行为对旅游公众也具有现实的或潜在的影响力，即对旅游公众的动机、态度具有可导性。旅游组织开展公关活动的关键就是寻找和确认这种相关性，运用各种公关方式或手段来影响或改变旅游公众的行为，防止不利于组织发展的旅游公众行为出现。

二、旅游公众的分类

旅游公关工作如果没有目标公众，就是无的放矢。其结果不仅是公关对象不明确，而且所制定的公关策略、方法也会因缺乏针对性而影响公关工作的实际效果。因此，旅游公众的划分是开展旅游公关工作的前提和基础。旅游公众的构成是复杂的，在制定公关目标、策略和方法时，必须对旅游公众的构成进行分析，了解旅游公众分类标准和方法，从而正确认识自己的旅游公众对象。

（一）旅游公众的类别

1. 按旅游公众对旅游组织的重要程度分类

根据对旅游组织的重要程度，可将旅游公众分为首要公众和次要公众。首要公众，是指在特定时期对旅游组织的生存、发展和公共关系活动成败有着重大影响、起着决定性作用的公众。比如，酒店的VIP客人就是首要公众。这类旅游公众是旅游组织公共关系工作的重点对象，旅游组织必须高度重视，要投入大量的人力、物力和财力来维持、改善和巩固与这部分旅游公众之间的关系。

次要公众是指对旅游组织的生存和发展有一定影响，但并不起决定性作用的公众。这类旅游公众数量较多，而且在一定条件下也有可能转化为首要公众，因而次要公众也不能放弃。

2. 按旅游公众与旅游组织关系的稳定程度分类

根据与旅游组织关系的稳定程度，可将旅游公众分为临时公众、周期公众及稳定公众。临时公众是指因旅游组织某一临时因素偶尔形成的公众，其多数是第一次知晓旅游组织的人群。如因优惠活动而参加旅行社调查活动的顾客、因天气原因暂住酒店的顾客等。旅游公关人员一定要主动抓住时机向他们宣传自己，给这些临时公众留下良好的印象，赢得他们的信任和支持。周期公众指按一定规律和周期出现的公众。如定期到某地度假的游客、节假日在饭店聚餐的顾客等。周期公众的出现是有规律的、可预测的，其中一部分有可能转化为稳定公众。旅游组织可根据这类旅游公众的规律性作好必要的准备，有计划地开展公共关系活动。稳定公众是指与旅游组织有稳定的、持久的合作关系的公众。如酒店长住客、回头客及旅行社的长期合作单位等。这类旅游公众由于兴趣、爱好、习惯等因素的影响，比较集中地与旅游组织建立某种稳定的联系，是旅游组织的基本公众。旅游组织往往对稳定公众采取一定的优惠政策和保证措施，以示亲密关系，同时运用各种方法保持与这类旅游公众的良好关系。

3. 按旅游公众对旅游组织的认同程度分类

根据对旅游组织的认同程度，可将旅游公众分为顺意公众、逆意公众和中间公众三类。顺意公众，是指对旅游组织的政策、行为、产品和服务持认同、赞赏和支持态度的公众。一般来说，与旅游组织长期交往的客户均属顺意公众，是旅游组织赖以生存的基本公众。在某些情况下，顺意公众会成为旅游组织的代言人。旅游组织应当维持和发展与顺意公众之间的良好关系，运用他们良好的"口碑效应"宣传本组织的产品。逆意公众，是指对旅游组织的政策、行为、产品和服务持否定态度的公众。中间公众，是指对旅游组织的政策、行为、产品和服务持中间态度和观点，或意见不明朗的那部分公众。旅游组织的公关工作就是要尽量减少逆意公众，转变其敌对态度，即使不能使其成为顺意公众，也应争取其成为中间公众；另一方面要努力做好与中间公众的沟通工作，争取他们对组织的好感，引导他们成为顺意公众，防止他们向逆意公众转化。

4. 按旅游组织对旅游公众的态度分类

根据旅游组织对旅游公众的态度，可以将旅游公众分为受欢迎的公众和不受欢迎的公众以及被组织追求的公众。受欢迎的公众是指主动接近旅游组织，乐意与旅游组织合作并能给旅游组织带来利益或存在共同利益的公众。例如，自愿投资的股东、赞助商，为本组织作正面宣传的新闻媒体等。旅游组织要保持与他们的密切联系，加强和巩固与他们之间的融洽关系。不受欢迎的公众是指那些违背旅游组织的利益和意愿，对旅游组织构成现实或潜在威胁的公众。如许多旅行社都把业内列在“黑名单”上的人作为不受欢迎的公众，拒绝为他们提供服务；很多高星级的酒店也不欢迎那些衣冠不整和带宠物的客人；旅游景区更是把那些随意破坏文物古迹、污染自然环境的客人视为不受欢迎的公众。对于这类旅游公众，旅游组织应采取审慎的态度，尽量向他们阐明旅游组织的态度，保持适当的距离，以避免或减少他们对旅游组织的反对态度。被组织追求的公众是指那些符合旅游组织的利益和需要，但他们却对旅游组织知之甚少或不感兴趣的公众。如对于旅行社来说，“银发市场”是很有潜力的市场；对于一个商务酒店来说，那些大公司中经常进行公务旅行的职员就成了他们追逐的对象。对于这类旅游公众，旅游组织要通过多种渠道与他们取得联系，加强沟通，争取他们为旅游组织带来利益。

5. 按旅游公众受旅游企业影响程度分类

根据受企业影响程度，可将旅游公众分为非公众、潜在公众、知晓公众和行动公众。非公众是指既不受旅游组织的影响又不对旅游组织产生任何作用及后果的公众。潜在公众是指与旅游组织有关系但其本身并未意识到问题存在的公众。由于潜在公众在一定条件下可能与旅游组织发生利害关系，因此公关人员要未雨绸缪，加强预测，做到防患于未然，将问题解决在萌芽状态。知晓公众是指明确意识到了问题的存在，希望了解信息，并希望问题能够解决的公众。如当饭店、旅行社因工作、服务不周到而给客人带来不便，客人对这一问题表示关注或表现出不满时，旅游公关人员就应采取积极主动的姿态，及时了解问题，并将问题发生的原因及解决措施及时告诉客人，以满足其知晓心理，使客人对饭店、旅行社产生信任，从而化不利为有利。行动公众是指在意识到问题的存在后采取行动，并强烈要求旅游组织解决问题的公众。行动公众由知晓公众发展而来，他们不仅意识到问题的存在，而且开始采取行动来解决他们和旅游组织之间存在的问题。这时，旅游公关人员对客人提出的投诉、索赔等问题要及时解决，其反应不能停留在语言或文字上，而必须有实际行动。面对行动公众，除采取相应的行动外别无选择。

通过长期的研究，我们认为根据旅游公众与旅游组织的归属关系来对旅游公众进行分类比较恰当。按照这种分类方式，可以将旅游公众分为内部公众和外部公众。内部公众就是处于旅游组织内部与其有归属关系的员工，同时还包括员工的家属和股东。他们与旅游组织联系最直接、最密切，是旅游公关协调中最基本、最主要的公众，与旅游组织是部分与整体的关系。外部公众是与旅游组织不存在归属关系，但是与旅游组织有密切关系或利益关系的公众。外部公众主要包括顾客公众、媒介公众、同行公众、政府公众、社区公众和国际公众。

（二）确定目标公众的作用

1. 有助于确定旅游公关调研和形象评估的范围

旅游公共关系工作是从调查研究开始的。要正确评估旅游组织形象，确定公共关系问题，首先必须确定目标公众。只有这样才能避免因公众环境不清而造成旅游公关工作的盲目性和不必要的浪费。

2. 有助于制定正确的公关政策和设计成功的公关方案

正确的政策和成功的方案是旅游公关活动的灵魂。科学的决策和周密的策划是建立在对目标公众的了解和分析基础之上的。通过对目标公众的把握，可以为制定不同的政策、策划有针对性的方案提供依据并指明方向。

3. 有助于旅游公关活动的有效组织和正常运行

旅游公关工作的成功，要靠组织实际的公共关系活动来体现，传播沟通活动的许多环节都离不开对目标公众的认真研究和分析。

4. 有助于科学评价旅游公关工作的效果

只有确定目标公众，才能准确判断公关工作的针对性、适应性、有效性，才能正确收集公众的评价和反应，才能准确分析公共关系传播的效果。

第二节 旅游公共关系内部公众

一、内部公众的含义和特征

内部公众是旅游组织内部沟通、传播和协调的对象，与旅游组织关系最密切，是旅游公共关系最重要的目标公众。内部公众的素质、能力和状态直接关系到旅游组织工作效能的发挥，也直接影响旅游组织在生存和发展中的竞争能力，因此“内求团结”是旅游公共关系工作的起点，其目的是有效增强旅游组织成员的主体意识和形象意识。

（一）内部公众的含义

内部公众是旅游组织内部与旅游组织具有法定关系的人群集合体。旅游公共关系的内部公众主要包括旅游组织内部的员工、全体股东和员工家属。内部公众既是旅游组织内部公共关系工作的对象，又是其外部公关工作的主体，是与旅游组织自身相关性最强的公众。

内部公众是构成旅游组织的最基本单元，是旅游组织赖以生存和发展的基石，同时也是旅游组织唯一具有能动作用的生产要素，是旅游组织一切活动的具体策划者和实施者。旅游组织的生存离不开其内部公众，内部公众也需要在旅游组织的工作中实现自己的价值。

（二）内部公众的基本特征

1. 身份双重

内部公众，既是旅游组织对内公共关系的客体，又是旅游组织对外公共关系的主体，具有双重身份。一方面，当旅游组织实施对外公共关系活动时，由内部公众进行具体的运作，内部公众的言行、素质和能力代表旅游组织的形象，在这个过程中，内部公众承担着活动主体的角色。另一方面，旅游组织必须对内部公众开展公共关系活动，增强他们对组织的认同感和归属感，激发他们的工作热情，调动他们工作的积极性，在这个过程中，内部公众扮演着活动客体的角色。这种双重身份是内部公众区别于外部公众最为显著的特征。

2. 相对稳定

相对外部公众而言，内部公众的构成具有一定的稳定性。外部公众的形成，往往是由于他们与旅游组织存在着利益关系，当利益关系消失后，其外部公众的身份也就随之被其他身份所替代。而内部公众则不然，内部公众与旅游组织具有合约关系，至少在合约范围内，两者的关系是相对稳定的。如果旅游组织为员工的发展提供了足够的空间和条件，则员工不会考虑跳槽。而股东也是与旅游组织利益休戚相关的，为了获得自己的投资回报，他们势必要密切关注旅游组织的发展，长期与旅游组织保持联系。内部公众的这种稳定性特征，为旅游组织目标的实现提供了保障。

3. 易于管理

旅游组织的发展离不开内部员工的努力，而员工的发展也离不开旅游组织的整体环境。内部公众有责任和义务在工作中自觉规范和约束自己的行为，为旅游组织营造和谐有序的环境。旅游组织可以利用其权威性，制定各种规章制度来约束员工的行为，使其行为向着有利于旅游组织的方向发展。如果员工的行为损害了旅游组织的利益，旅游组织可以利用规章制度对其进行惩罚。因此，相对于旅游组织的外部公众来说，内部公众比较易于管理。

二、内部公众关系及公众策略

（一）员工公众

员工是旅游组织的构成人员，包括一线服务人员、行政后勤人员、管理人员等。员工是旅游组织与外部接触的触角，其言谈举止不同程度地代表着组织形象，时常站在对外公关的第一线。当旅游组织内部员工的积极性被广泛调动起来时，他们就会积极主动地充当对外公关人员的角色，这时旅游组织对外公关的成功才有最大保障。

1. 员工关系的重要性

员工是旅游组织的基石。员工不仅是内部公共关系活动的重要公众，也是外部公共关系活动的重要力量。员工关系是旅游组织最重要的内部公共关系。良好的公共关系应从内部做起，而良好的员工关系是整个旅游公共关系工作的起点。良好的员工关系有利于营造和谐的内部发展环境。无论是公共关系活动的开展，还是组织经营目标的实现，都离不开员工的积极参与。良好的员工关系能够激发员工的潜力和热情。员工是旅游组织中唯一有生命力的生产要素，是旅游组织的核心所在。融洽而和谐的氛围能够激发员工的工作热情，使他们积极地投入工作，寻求新的方法提高工作效率，以灵活的方式与公众进行沟通交流。良好的员工关系有利于提高主体意识和形象意识。对于旅游组织来说，员工是服务工作的直接承担者，他们与客人接触的机会较多，员工自身的素质和水平的高低会直接影响客人的感受，进而会影响旅游组织的服务质量。因此，只有让员工满意，才能让客人满意。旅游业是一项服务性行业，员工的工作强度大，报酬相对较低。如果员工不能够从组织那里得到足够的关心和理解，往往会对工作失去兴趣，甚至会选择离开组织。良好的员工关系有利于增强旅游组织的凝聚力。随着我国旅游业的蓬勃发展，旅游业中的竞争也愈演愈烈。旅游组织在激烈的市场竞争中求得生存和发展的一个最基本的前提，就是内部员工的团结合作。良好的员工关系有利于旅游组织培养员工的团队精神，增强组织凝聚力，形成组织文化，从而提高组织的市场竞争力。

2. 建立良好员工关系的目的

旅游公共关系工作的目标之一就是“内求团结”，“内求团结”是旅游公共关系工作的起点，也是“外求发展”的基础。围绕实现这一目标，首先要培养员工对组织的认同感，即通过信息双向沟通，使员工更好地理解和自觉执行企业的各项规章制度和措施；第二要提高员工对工作的责任感，要使员工认识到组织重视每一位员工的贡献，珍惜每一位员工的创造性，从而调动广大员工的工作主动性和积极性；第三是培养员工工作的自豪感，要使员工知道自己所在的组织在社会上、同行业中的地位，知道组织所取得的成绩及对社会、国家的贡献，了解组织的发展愿景，从而激励员工为维护组织良好的社会形象而努力工作；四是培养员工对组织的向心力和归属感，关心员工福利，重视员工发展，充分发挥员工的才能，让员工体验到组织的温暖，强化员工与组织之间的感情联系。

3. 处理员工关系的基本策略

(1) 满足员工的物质需要。物质基础是生活的基本保障，对员工来说至关重要。员工物质方面的需要主要包括工资、奖金、津贴、提成以及各种福利。第一，制定科学合理的分配制度和奖惩制度，真正做到“劳有所得、多劳多得、多能多得、奖惩得当”，从分配制度上保证合理性、公平性和激励性；第二，增加员工收入，改善员工福利。应该根据社会的发展、员工需求的增长，通过各种手段和方式，使员工的收入不断提高，并改善各种福利措施，如提供带薪假期、改善工作环境、提高医疗住宿保障等，以此提高员工的工作积极性。

(2) 满足员工的精神需要。在员工的基本物质需要得到满足之后，精神层面需要的满足更能提高员工的工作积极性，因为希望获得尊重和实现自我价值是每个正常人的心理需求。这是挖掘劳动潜能、调动员工积极性的重要手段。

① 尊重、信任员工。人力资源是旅游组织最宝贵的财富，管理者必须重视每一位员工。管理者对员工要时时表现出关心，不能对员工歧视或随意摆布。同时，管理者要重视对员工的激励，对员工取得的每一点成绩和进步都应给予及时、充分的肯定、表扬或奖励，要大力宣传员工的成绩，树立先进典型。

② 提高管理的透明度，鼓励员工参与决策。员工对于旅游组织的向心力和凝聚力，在一定程度上取决于组织对员工的信任。而旅游组织向员工表示信任的最佳方式，就是提高管理的透明度，让员工参与到组织决策和管理中。员工感觉受到重视，会更加忠诚于组织，为组织利益服务。旅游公共关系工作本身是一项开放性极强的工作，需要集思广益。旅游组织要重视信息的双向沟通，就是我们常说的“上情下达”和“下情上达”，内部公关要充分利用信息的双向沟通，使管理者与员工达成相互理解。信息共享是形成内部良好公共关系的关键，如果员工对组织情况不了解，特别是对与员工切身利益相关的情况不了解，或者高层管理者对员工的情绪、意见、要求、建议全然不知或一知半解，那就必将形成管理者与员工之间的隔阂。旅游组织应采取多种形式，让员工了解

组织的发展动向，如经营销售业绩、服务质量状况、管理层人事变动、奖金福利政策、客人及外界对组织的评价等情况，使其参与到组织决策中来。员工只有充分了解组织的情况，才能与组织同呼吸、共命运。另一方面，公关部门也需将员工的情绪、意见、愿望、要求以及合理化建议等及时归纳综合，反映给最高管理层或有关部门，以作为管理者决策的依据。

③ 为员工提供各种培训和深造机会。从员工个人发展角度分析，每一位员工都希望得到职位提升，以满足自己受人尊重的需要以及个人价值实现的需要。作为旅游组织，应该为员工规划职业生涯，根据用人需求和员工职业发展意向，通过开展培训和岗位轮训、鼓励支持员工学习深造及参加职业资格考证等形式帮助优秀员工进入关键岗位。

④ 关心员工个人生活，增进感情交流。作为社会的个体，员工都有被人关心、受人重视的需要，旅游组织应针对这方面的需要，开展有关公共关系活动。例如，建立员工俱乐部，让员工在业余时间参加活动，增进相互了解；组织集体娱乐活动，如郊游、联欢会等，为员工提供丰富业余生活和交流情感的机会；主动为员工解决住宿、医疗、保险方面的问题，关心员工家属，解除员工工作的后顾之忧等。

(3) 营造独特的、共同认可的企业文化，培养员工与旅游组织荣辱与共的归属感与向心力。设计旅游组织的口号、歌曲、徽章及制服等，增强员工心理、精神上的归属感；通过广告、捐款等形式参加一些社会公益活动，提高组织的知名度和美誉度，激发员工的自豪感；举办周年庆典、展览会、成果报告会等活动，展现组织近年来的发展成就，感谢员工的支持和合作，以鼓舞士气；定期邀请员工家属到组织参观访问，介绍组织的历史和成就以及员工家属在组织中的地位及所起的重要作用，感谢他们的支持，以取得今后更多的合作。

(二) 股东公众

股东即投资者。股东关系是旅游组织与投资者的关系，它涉及旅游组织的财源即投资来源，因此也是一种重要的内部公共关系。在我国，股东公众主要有以下四类：持有可转让、买卖的股票形式的个人股东，他们分散在社会的各个阶层，不直接参与经营，但关心组织的决策与发展，关心组织的盈亏变化；购买本组织股票的员工；以组织为单位开展多种经济联合或集资入股而产生的集体股东；中外合资企业、中外合营企业中的国家股东、集体股东和个人股东。

1. 建立良好股东关系的目的

股东拥有部分股票债权资本，他们的利益与旅游组织的利益息息相关。他们既是旅游组织的支柱、财源和经济基础，又是旅游组织活动最热心、最积极的关心者和赞助者。因此，如何改善与维护旅游组织与股东的良好关系，对于旅游组织的成败具有极大的影响。建立良好股东关系的目的，在于通过加强旅游组织与股东之间信息的双向沟通，争取现有股东和潜在投资者对组织的了解和信任，创造有利的投资环境，稳定已有的股东队伍，吸引新的投资者，不断扩大组织的财源。旅游组织公关部门的任务，就是要想方设法树立组织在股东心目中的良好形象，积极促进组织与股东之间的信息交流，鼓励股东关心组织的经营活动，积极投身到组织活动中来，并为组织的建设和发展出谋划策，而不是袖手旁观，坐分红利。

2. 处理股东关系的基本策略

股东是旅游组织的财源，分散在社会各阶层、各行业，信息灵敏，也是旅游组织的信息源。股东都希望通过旅游组织的经营，获得自己的投资回报，因此，他们对旅游组织的经营情况都会比较关注，常常成为旅游组织的宣传员和推销员。所以，作为旅游组织，应该充分认识到股东的主人翁地位，既要把他们当作“自己人”看，又要自觉开展针对股东的公共关系活动，以维持与他们的良好关系。

(1) 建立良好股东关系的关键在于旅游组织要尊重股东的主人翁地位，及时与其沟通信息。股东购买了旅游组织的股票，就是旅游组织的主人，自然希望及时了解旅游组织的信息。旅游组织应当及时、主动地将与股东切身利益密切相关的经营、管理、分配等信息向广大股东公布，提高旅游组织的透明度，获得股东的支持。在涉及有关大额资金的运用和组织发展的重大问题上，应让股东及时知晓，并主动征询他们的意见。可以通过主动致函、召开会议、邀请股东体会新产品等形式，加强信息沟通与交流，充分保障股东的知情权。

(2) 吸引和鼓励股东参与组织的经营活动。旅游组织在让股东享有信息知晓权利的同时，还应吸引和鼓励股东参与组织的经营活动。鼓励他们多多关心组织的运行情况，为组织献计献策，提供合理化建议；通过良好的公关服务，吸引他们对组织的兴趣，坚定对组织的信任，使他们成为组织良好形象的宣传员。

(3) 维护股东的基本权益。一方面是保护股东的经济利益，及时发放红利。另一方面是要完善股东大会、理事会、监事会管理机制，听取股东关于组织建设的意见，实施科学管理，接受股东对旅游组织的各项经济活动的监督，使股东资金有所回报。

(4) 增加感情投资。股东对旅游组织来说，不仅是投资者，同时也是消费者。从公关角度看，不应将股东关系仅仅当作财务关系来对待，而应将股东视为企业的主人，是企业的内部公众和最可靠的顾客群。旅游组织应该经常走访股东，加强彼此之间的感情联络，利用股东的广泛的社会关系来扩大组织的知名度与美誉度，争取扩大客源，提高社会效益和经济效益。

(三) 家属公众

家属是员工的工作后盾。家庭在有着 5000 年文明的中国有着更深层次的含义。员工工作的动力很大部分来源于家庭的激励，员工获得的很大部分回报是回馈于家庭。所以，要想员工工作得更好，没有后顾之忧，就要多关心其家庭，给予足够的关爱与帮助，往往会有出其不意的效果。

旅游组织在处理与家属公众的关系时，可采取以下措施：在不涉及个人隐私的情况下，收集员工家属的基本信息，如生日、职业、家庭状况、就学就业情况等，及时给予关心与帮助。在组织与家庭利益冲突的时候，尽量周全考虑，多考虑家庭的实际情况。

第三节 旅游公共关系外部公众

一、外部公众的含义和特征

社会组织的高度分化，使任何组织都无法脱离社会环境而独立存在。层次不一、种类复杂的外部公众是旅游组织生存发展的重要外部因素。外部公众的理解和支持,是现代旅游组织正常运转的必要条件。旅游组织除了要处理好内部公众关系之外,还需要处理好与外部公众的关系,争取外部公众对组织的理解、信任和支持,建立有利于组织发展的外部公众环境。

(一) 外部公众的含义

外部公众是指与旅游组织不存在归属关系,但有着密切联系和一定利益关系的个人、团体和组织。虽然外部公众不如内部公众与旅游组织之间的关系那么密切,但是,由外部公众组成的外部环境却在时刻影响着旅游组织的生存和发展。因此,他们是旅游组织公共关系的重要目标公众。

(二) 外部公众的基本特征

1. 构成复杂

旅游组织不仅要和涉及吃、住、行、游、购、娱等各个方面的机构打交道,还要和具体的外部公众个体和群体建立联系。构成外部公众的客体在种族、性别、年龄、文化水平、风俗习惯、收入水平、工作环境等方面各不相同。这些因素决定了旅游组织公共关系工作的复杂性。

2. 动态变化

外部公众与旅游组织不存在归属关系,没有合约上的限制和约束。外部公众往往是由于与旅游组织之间存在一定的利益关系而形成的,当这种利益关系结束时,这一公众也就不再是旅游组织的外部公众。旅游组织与其外部公众之间的关系总是处于一种动态的发展变化之中,任何一个旅游组织所面对的外部公众的性质、形式、数量和范围都会随着旅游组织主体条件和外部环境的变化而变化。

3. 需求多元

旅游组织外部公众的构成是复杂的,复杂的外部公众对旅游组织的需求和期望也不尽相同。旅游组织在协调公共关系时要考虑到公众需求的多样性,尽量满足各个公众群体的各种需求,获得社会的认可,提升组织的形象。

4. 不易管理

旅游组织对外部公众的活动没有任何直接指挥和控制的权力,它不可能像对待内部公众那样,可以制定一些规章制度来对其进行约束。因此,旅游组织的外部公众具有不易管理的特征。这就要求旅游组织不能消极被动地等待,而应该积极主动地开展公共关系活动,满足外部公众各方面的需要,争取他们的理解和支持。

二、外部公众关系及公众策略

(一) 顾客公众

在现代社会,顾客泛指一切物质产品、文化产品及服务的购买者、消费者,是与组织直接产生利害关系的外部公众。旅游组织的顾客公众是指购买和使用旅游产品或服务的个人、团体或组织。顾客公众是与旅游组织具有直接利益关系的外部公众,是旅游公共关系的重要目标对象。

1. 对顾客公众做好公共关系的意义

良好的顾客关系能够为旅游组织带来直接的经济利益。一个组织的存在价值，很大程度上在于其产品或服务能否得到顾客的接受和欢迎，旅游组织尤其如此。目前，旅游市场的竞争日趋激烈，旅游组织的经济效益需要在市场上实现，而顾客就是市场，有了顾客才有市场。虽然与顾客的沟通并不等同于市场经营中的销售关系、直接的买卖关系，但良好的顾客关系的确有利于组织的市场销售关系的构建，能够给组织带来直接的利益。因此，顾客公众是组织公共关系对象中利益关系最直接、明显的外部公众。顾客关系是组织市场经营的生命线。

良好的顾客关系要求组织将顾客的利益和需求摆在首位，通过满足顾客的需求来换取组织的利益。在与顾客打交道的过程中，争取他们的关注和理解是至关重要的。在争取顾客的注意力、影响顾客的消费选择和消费行为的市场信息传播竞争中，公共关系日益成为疏通渠道、理顺关系、清除障碍、联络感情、吸引公众、争取人心的传播手段。

良好的顾客关系体现组织正确的经营理念和行为。旅游组织的性质决定了其必须树立"顾客至上"、"顾客是上帝"的经营管理理念，其一切政策和行为都必须以顾客的利益和需求为导向，而这种经营理念和行为必然表现为良好的顾客公共关系，即旅游组织在市场公众心目中具有良好的声誉和形象。比如，一些世界著名的旅游饭店集团之所以能够受到顾客的青睐，就是因为它们树立了"以客为先"的经营理念，通过完善的个性化服务和超值服务赢得了顾客的尊重，正是这种良好的顾客关系诠释了它们的服务理念。

2. 处理顾客关系的基本策略

(1) 确立"顾客就是上帝"的观念，强化为顾客服务的思想。从思想和行动上将顾客放在第一位，把尊重和维护顾客的权益作为自己工作的准则之一，旅游组织的一切经营行为都必须以顾客的利益和需求为导向，把顾客放在首位，努力满足顾客的需要。

(2) 提供优质产品和服务。旅游产品主要是以无形服务的形式表现出来，是顾客评价衡量服务质量的重要标准。在市场经济条件下，旅游组织必须以顾客需求为导向，不断创新产品，为顾客提供一流的产品和一流的服务。

(3) 加强与顾客的沟通，做好市场调查。日本著名企业家松下幸之助认为："强烈的顾客导向是企业成功的关键。"顾客需求是无限的、多样的，受地区、性别、年龄、文化素养、经济能力、价值观念等多种因素的影响，不同层次的顾客具有不同的消费心理和消费习惯。因此，只有了解顾客的需求意愿、消费心理、消费习惯和对组织的意见，才能搞好市场预测，使产品和服务更好地满足顾客的需求，使顾客感到满意，对组织产生好感。旅游组织应该积极疏通与顾客之间的沟通渠道，通过各种形式向顾客征询意见，改进工作方法，提高服务质量。

(4) 制定有针对性的顾客关系计划。根据旅游组织的政策、产品、服务、顾客的数量、类型、特点以及旅游组织的资源，制定切实可行的顾客关系计划，其内容包括：根据顾客消费特点撰写产品和服务说明书；向顾客宣传组织整体形象，包括产品、服务的动态等；检查向顾客所作的宣传和说明，确保真实性；提出改进员工服务态度和质量的具体措施；进行顾客关系调查，分析顾客意见，提出改进方案等。

(5) 及时妥善处理顾客投诉。处理顾客投诉是旅游组织公关工作的重要内容之一。一旦出现投诉,旅游组织应按一定的程序,以积极、友好的态度,慎重、耐心、诚恳地解释和解决实际问题,平息顾客的不满,稳定顾客的情绪,最大限度地减少或弥补顾客的损失,尽量缩小纠纷引起的不利影响。处理投诉时要特别注意:接待人员首先要诚恳、耐心地倾听,要在感情和心理上理解投诉者;顾客倾诉之后,接待人员应对顾客表示感谢;在查清事实的基础上,与顾客交流意见,达成谅解,要尽量令顾客满意;发现顾客投诉具有普遍意义,并且还有更多顾客不明真相时,要刊登启事,尽快纠正差错,弥补顾客的损失。

(二) 媒介公众

媒介公众是指新闻传播机构及其工作人员,如报社、杂志社、广播电台、电视台及其编辑、记者。新闻媒介是信息的把关者(Gate Keeper)、传播时代的"无冕之王",对旅游组织信息的传播及舆论导向具有至关重要的作用。媒介公众是旅游公共关系工作对象中最敏感、最重要的一部分。

1. 媒介公众的重要性

新闻媒介是旅游组织与广大公众沟通的重要中介,又是旅游组织需要特别争取的公众对象。从对外公共关系实务工作的层次来看,新闻媒介往往被置于最显著的位置,甚至被称之为对外传播的首要公众。正像一位酒店职业经理人所说的:"我的成功七分得益于酒店,三分得益于媒体。"

新闻媒介能帮助旅游组织传播形象,创造无形资产。新闻媒介具有传播速度快、覆盖面广等特点,对推销和塑造旅游组织的形象具有重要作用。许多企业往往通过电视、广播反复播放其广告或有关信息,使自己的形象在消费者心目中牢牢扎根。新闻媒介能帮助旅游组织矫正舆论导向,排除误解与障碍。新闻媒介具有权威性、客观性、及时性、独立性等特点,通过新闻传播,能使某个人或某个企业一夜成名,妇孺皆知;也可使某个人或某个企业臭名远扬,一败涂地。

2. 处理媒介关系的基本策略

"加强联系、密切合作、以诚相待、一视同仁"是维系良好媒介关系的原则。

(1) 加强与新闻媒介的联系,增进相互了解。旅游组织只有经常保持与新闻媒介机构的接触,才能促进双方信息的沟通交流,增进彼此之间的感情,并建立良好的关系。旅游公关人员要主动保持与新闻界的联系,定期寄送有关资料,并经常组织一些参观、访谈、游览、联欢之类的活动,适时召开记者招待会、新闻发布会,向新闻界提供有关企业的重要信息。

(2) 了解新闻媒介的工作特点。了解各类新闻媒介的职业性质和工作特点,熟悉各种新闻媒介关注的领域、报道特色、面对的公众、发行时间和渠道、发行地区和数量、流通渠道以及编辑风格等,甚至要掌握一些记者和编辑的爱好,这样才能在与新闻界打交道时做到得心应手。

(3) 主动正确对待新闻媒介。无论是规模大、名望高的新闻媒介,还是规模小、名望低的新闻媒介;无论是曾经报道过旅游组织成绩和正面形象的新闻机构,还是报道过本组织问题和负面形象的新闻机构,都应该一视同仁,公平对待。

(4) 主动引起新闻媒介的关注,支持与配合新闻媒介的工作。旅游公关人员可以通过主动撰写、投送新闻稿,及时发现新闻,善于制造新闻等方式,引起新闻媒介的关注。在日常同新闻媒介的接触中,要主动配合新闻媒介的工作,为其提供采访的机会,提供事实的真相,对其工作表示充分的理解和支持,以此换取新闻媒介对旅游组织工作的支持。

(三) 同行公众

1. 处理好同行关系的意义

同行公众是指旅游组织的合作者和竞争者。在现代市场经济条件下,竞争与合作无处不在,这是由资源的稀缺性所决定的。无论是竞争还是合作,对旅游行业的整体发展都是至关重要的。良好的同行关系有利于保障公众利益,有利于保障旅游组织的利益,有利于促进行业的共同发展。

2. 处理同行关系的基本策略

(1) 端正态度,更新合作与竞争观念。旅游组织的生存和发展离不开其他组织的支持与合作,旅游组织之间应遵循互利互惠的原则互相合作,努力达到"双赢"的局面。另外,竞争不代表你死我活、两败俱伤,相反,竞争是市场发展的动力。在现代社会,没有合作就没有整个行业的发展,而没有竞争,整个行业就失去了活力。因此,合作与竞争同等重要。

(2) 制定相关法规政策,营造公平的合作与竞争环境。旅游组织之间的合作虽然是以共同利益为基础的,但是由于各个组织都有各自的利益和目标,因此,在合作过程中,双方之间难免会产生矛盾。行业之间可以通过完善经济合同制来明确各自的权、责、利关系,以确保各个旅游组织自身经济利益的实现,正确处理各种可能发生的纠纷和矛盾,促进合作关系在法律制约下更加稳固、和谐。此外,旅游行业有关部门应该确定一些各组织都应遵守的竞争原则,如坚持竞争者之间的地位、机遇平等性原则,不搞地方保护主义,事业上的竞争不妨碍正常的交往、合作和理解;坚持竞争的优胜劣汰的原则;坚持竞争的合法性和正当性,对于非法、恶意竞争,应给予惩罚和制裁等,保证竞争公平而有序地进行。

(3) 遵循平等互利的原则,促进共同发展。无论竞争还是合作,旅游组织都应该把相互之间的关系建立在平等互利的基础之上,在工作中相互理解、相互信任、相互尊重、相互支持、相互帮助,在和谐的合作和竞争环境中,共同努力奋斗。在合作中求生存,在竞争中求发展,争取实现各个组织的共同发展。

(四) 政府公众

1. 政府公众的重要性

政府公众是指政府各行政机构、各级官员和各职能部门的工作人员,即旅游组织与政府沟通的具体对象。任何组织作为社会系统的组成要素,必须服从政府的统一管理。旅游组织作为独立的实体,与各级政府职能机构有着不可分割的关系。只有符合社会经济的发展要求,才能得到政府在财政、税收、信贷等方面的支持,政府的认可和支持具有高度权威性和影响力。政府还是一个有效的协调机构与信息库,它通过有效手段,协调旅游组织与其他社会组织在经营中发生的冲突与摩擦。在政府的帮助下,旅游组织可以寻找合适的合作伙伴,以加速自身的发展。政府与旅游组织之间是一种行政领导、指导协调、检查监督、扶持服务的关系。旅游组织协调好与政府关系的目的,就是为了更好地争取政府各职能部门的支持和帮助,为组织形成有利的政策、法律和社会管理环境。

2. 处理政府关系的基本策略

(1) 遵纪守法,顾全大局。充分认识政府职能;认真研究、准确掌握、坚决贯彻政府的政策、政令、法规,使组织的一切活动在政策、政令、法规许可的范围内进行;及时、全面、准确地掌握政府的有关方针政策,从宏观上自觉接受政府的调控和指导;要注意政策、政令、法规的变动情况,随时调整组织的目标、计划和公关活动。

(2) 主动承担社会责任。除了追求经济利益外,还要承担组织的社会责任与义务。积极投身社会公益事业,积极利用本身劳动密集型企业的优势为下岗人员提供更多的就业机会等,帮助政府解决难题,树立和改善组织在公众心目中的形象,获得政府公众的理解和支持。

(3) 保持联系,注重沟通。旅游组织应向政府有关部门及时提供信息、通报情况,保持经常的沟通,让政府部门熟悉本组织、了解本组织,争取政府对组织的支持和帮助,获得有利于组织发展的更多机会。

(五) 社区公众

1. 社区公众的重要性

社区公众是指旅游组织所在地的区域关系对象,包括当地的管理部门、地方团体组织、左邻右舍的居民百姓。社区关系亦称区域关系、地方关系、睦邻关系。社区是一个组织赖以生存和发展的基础,“天时、地利、人和”是任何一个组织获得成功的必要条件。只有与所在社区的个人、群体或组织处理好关系,旅游组织才能够谋求更大的发展。社区关系直接影响着旅游组织的生存和发展环境,社区如同旅游组织扎根的土壤,没有良好的社区关系,旅游组织就会失去立足之地。良好的社区关系有利于塑造旅游组织良好的公众形象。社区可以为旅游组织的发展提供充足的劳动力资源,旅游组织的发展也能够促进社区就业问题的解决,双方可以实现“共赢”。社区是旅游组织相对稳定的购买力市场。

2. 处理社区关系的基本策略

社区公众属多层次、多种类且分散型的社会公众,要搞好社区关系,必须抓住共同利益这个根本。

(1) 与社区采取睦邻友好政策,做好信息沟通工作。通过各种方式,将本组织的宗旨、发展目标、管理状况等传递给社区公众,增加组织的透明度,争取社区公众对组织的支持与合作。及时收集社区公众对本组织形象的反映,在了解社区公众看法的基础上,客观地分析本组织的外部形象。

(2) 积极参加社区的公益活动,主动解决社区困难,为社区的发展尽职尽责。在适当时机进行资助或赞助活动,如改造社区环境、发展福利事业、赞助文化和体育事业、支持办学等等。利用适当的时机,邀请社区公众参观本组织,或邀请他们参加联谊活动,请他们为组织的发展献计献策,为组织赢得较好的口碑。及时了解社区的需求信息,尽力提供可能的帮助,向社区开放本组织中的一些服务设施和娱乐设施等。

(3) 主动承担必要的社会责任和义务,爱护社区,在社区的物质文明和精神文明建设方面发挥重要作用,为社区造福。旅游组织应加强自身完善,不做有损社区利益的事情,如对废水、废气、废物等的处理一定要妥善,防止环境污染。

（六）名流公众

名流公众是指那些对于公众舆论和社会生活具有显著影响力和号召力的社会名人,比如政界、工商界的首脑人物,科学、教育、学术界的权威人士,文化、艺术、影视、歌坛和体育方面的明星及时尚人物,新闻出版界的舆论领袖等等。他们人数虽少,但传播的作用很大,能迅速聚焦舆论,影响力很强。通过名流公众去影响公众和舆论,往往具有事半功倍的效果。建立良好的名流关系的目的,是借助名流公众的知名度扩大组织的公共关系网络和公众影响力,提升组织的社会形象。

旅游组织可以利用名流公众的知识和专长为组织发展建言献策。名流公众往往具有一定的知识和专长,旅游组织与名流公众建立良好的关系,能充分利用他们的见识、专长为组织的经营管理提供有益的建议。

旅游组织可以利用名流公众的关系网络为组织赢得客源。名流公众在社会上的影响力是其他普通公众所无法匹敌的,他们大多具有广泛的人际关系网络,旅游组织可以凭借他们的社会资源为自己吸引和招徕更多的客源。有些名流公众虽然不能够直接为旅游组织提供客源,但由于他们与社会各界有广泛的联系,或对某一方面的关系有特别重大的影响,旅游组织便能通过他们与有关公众对象疏通关系,扩大社会交往范围。

旅游组织可以利用名流公众的声望提高组织的知名度与美誉度。名流公众往往具有一定的社会声望,旅游组织通过与他们建立良好的关系,就能够凭借其在社会上的影响力而提高自己的知名度和美誉度。旅游组织,特别是著名的旅游饭店有很多接触名流公众的机会,对于这些企业来说,要很好地抓住这样的良机,通过为名流公众提供高质量、完善的服务来赢得他们的认可,并通过他们的影响力来提高企业的美誉度。

（七）国际公众

国际公众主要指旅游组织在旅游公共关系活动中面对的不同国度和不同文化背景的外国公众对象,包括对象国的企业、政府、媒介、商人、旅游者等,其中主要是旅游者。旅游者来华的主要目的是观光旅游,他们来自世界各地,具有一定的经济实力。从传播学角度讲,他们是积极受众。从公关的角度看,他们是旅游公共关系的行为公众。旅游业被称为窗口行业,更应在国际旅游者心目中树立良好的国际形象。旅游组织要争取国际公众的了解、理解、认可和支持,塑造良好的形象,创造良好的国际声誉。此外,在华工作的外国专业人员、在华投资的外商及驻华机构的工作人员也是旅游涉外公关的重要对象。由于他们对我国了解程度较深,并具有自己的独到观念及看法,旅游组织与他们建立良好关系,争取他们的信任、好感与支持,将使自己从中受益。

旅游组织要将自己的经营特色、技术力量、独到的经营观念和独特的外观形象,通过各种渠道和富有创意的传播手段,在国际上亮相,引起国际公众的注意,并使其留下深刻印象,使组织的知名度、美誉度得到提高。旅游组织涉外公关活动还要注意监测对象国政治、经济、市场、社会舆论、公众需求的变化等,在监测的基础上进行分析、预测,为组织制定总体目标和决策提供咨询依据。旅游组织还要随时搜集、汇总各种信息情报,编纂和印刷旅游企业专刊,制作和发行宣传材料,加强宣传攻势,在旅游主要客源国多举办公关宣传活动,吸引更多的国际旅游者,开拓国际旅游入境市场。

本章小结

公众是公共关系学中的一个重要概念，是公共关系对象的总称。旅游公众是与旅游组织相互联系、相互作用的个人、群体和组织的总称。旅游公众是旅游公共关系的对象，即旅游公共关系客体。在市场经济条件下，旅游组织必须重视公众的利益、了解公众的意见、满足公众的需求，树立公众意识。旅游组织公众对象的构成非常复杂，公关工作的首要任务是要区分公众类别，明确目标公众，在此基础上制定组织的公关策略和方法。旅游公共关系目标公众可以分为内部公众和外部公众。内部公众主要包括旅游组织内部的员工、全体股东和员工家属。外部公众主要包括顾客公众、媒介公众、同行公众、政府公众、社区公众、名流公众和国际公众等。这些目标公众各有特点、各有作用，旅游组织只有协调好与各类目标公众之间的关系，才能赢得组织生存、发展和壮大的良好空间。

思考与探究

1. 为什么要对旅游公众进行分类？一般有哪几种分类方法？

2. 旅游组织的目标公众有哪些？他们各自对旅游组织有什么影响？

3. 请你帮助某五星级酒店制定一份内部员工沟通制度。

4. 有客人投诉保洁人员在给饭店大堂地面打蜡时，不设护栏或标志，以致客人摔倒造成骨折。假如你是该饭店的公关经理，如何处理这件事？

5. 假如你是某旅游景区的公关人员，要联系当地一家知名报社报道企业本季度主打旅游产品，你将做哪些准备工作，和对方如何打交道？你希望报社报道的内容、形式是怎样的？

6. 以当地某一旅游企业为例，分析该企业有哪些社区公众，写一份如何处理好与这些社区公众关系的建议书。

案例分析

案例分析一

煎饼果子店如何做到年入500万？

煎饼果子店如何做到年入500万？

10多平方米的煎饼店，13个座位，煎饼果子能从早卖到晚，猪蹄需提前预约，限量发售，新浪微博粉丝量将近25000，成为新浪微博营销的典型案例。开店10个月，按目前的收益推算，“黄太吉”一年能实现500万元的流水，被风投估价4000万元人民币。

据《经济参考报》报道，“黄太吉”几乎利用了所有社会化媒体平台营销，不止微博、大众点评，还有即时通讯工具，如微信、陌陌，通过这些途径来订餐和推送促销信息。

卖煎饼是赫畅的第三次创业。赫畅今年32岁，先后在百度、谷歌、去哪儿网等公司任职。在开“黄太吉”传统美食店卖煎饼之前，他从未从事过任何与餐饮相关的行业。但他的互联网背景，给这个煎饼果子店打开了一条不同寻常的营销之路。

时尚人士遇上煎饼果子

在互联网行业待过的赫畅，穿着时髦，开着跑车，一般人不会想到，他对煎饼果子情有独钟。赫畅说这源于他从小就爱吃，自己也会做饭，吃自己做的东西是一件挺幸福的事，所以一直梦想着拥有一家餐馆，能够呼朋唤友，结识很多人。因为忙，这个梦想一直被搁置着。

在职场上经历了三家互联网公司之后，他慢慢觉得，民以食为天，其实大众消费或者餐饮业还有很多机会。于是赫畅思索着，为什么肯德基、麦当劳这样的洋快餐能在中国经营这么多年，发展得那么好，这可能得益于他们简单的食品形态。比如汉堡，两片面包，中间夹什么都可以，千变万化，但非常容易标准化。比萨一张面饼，上面撒什么就是什么，也是千变万化又能标准化的食品。但是中餐的流水线作业就很难，炒菜的火候、口味很难掌握到每份都相同。能否在中餐中找到类似汉堡和比萨那样既能不断拓展口味，又能做到规范化标准化生产的食品形态呢？按照这个思路，赫畅很快想到了“中国式汉堡”——煎饼果子。

找到了合适的产品，接下来就是定位，赫畅将目光锁定在CBD的白领身上。当过白领的赫畅深有体会，天天为每顿饭吃什么头疼的上班族，对食品的要求主要在于是否物美价廉、卫生放心，同时还要对这种食品有熟悉感，不能稀奇古怪，而是要接地气。此外还要有些附加值，这就要求就餐环境舒适、品牌有格调。

而选择煎饼果子为主打产品面临着三项挑战。第一是，豆浆油条、煎饼果子常规来讲是早餐，怎么能从早卖到晚？大家会不会频繁光顾？第二是，做高品味的煎饼果子成本投入比摊位高，所以单价就会比一般的高，消费者会不会接受？第三是格调问题，如何让百姓化、平民化，甚至可以说有点“土”的煎饼果子登上大雅之堂？讲究情调的白领会不会接受？

为了应对各种问题，赫畅一一出招。

首先“黄太吉”将营业时间定为早上7点到夜里2点半，推出夜间同步外卖活动，并打出海报“夜的黑，我们懂”。

品质上，坚持用无明矾现炸油条做馅，而不是很多摊位上的薄脆。赫畅认为，正宗的煎饼果子是夹油条的。有油条，配以现磨豆浆，剩下的部分豆浆点一下做成豆腐脑。这样就有了煎饼果子系列产品“黄太吉”的“老四样”。之后为了丰富口味，加入了东北卷饼。大家喜欢吃四川风味，于是又推出了“麻辣个烫”和四川凉面。针对爱吃肉食的吃客，店里还有限量定时供应的秘制猪蹄。CBD的女孩子很多，“黄太吉”就又开发了两款甜品南瓜羹和紫薯芋头泥，这就是整个产品系列。有主食、饮料、甜品，产品系列化，也标准化了。白领们一边上网，一边品甜食，格调一下变得优雅起来。白领们在舒适的用餐环境中吃着放心的食品，对食品的价格并不敏感，很少有人关注到食品价格到底是多几块钱还是少几块钱。

然而最难的是，如何做到让写字楼里的白领觉得，在“黄太吉”吃煎饼果子和在星巴克喝咖啡是一样的，赫畅为此费尽了脑筋：在店面装潢上略带港式茶餐厅的格调；背景音乐包含了流行、爵士、蓝调等；店面陈设中除了盆景，还有来自世界各地的新奇玩意儿，比如来自华盛顿国家天文博物馆的阿波罗登月杯、来自巴黎的斑牛雕塑、来自日本的招财猫、来自纽约的爱因斯坦玩偶。此外还有各种文案接地气的宣传招贴，免费 Wi-Fi，会提醒顾客怎么行车，店内还有停车攻略，教你怎样短停躲避贴条，而如果不幸被罚老板会送上南瓜羹安慰。

煎饼果子里吃出的情调

“所有汉堡、比萨都是纸老虎！”“在这里，吃煎饼，喝豆腐脑思考人生。”小店的广告语趣味性强，新潮、时尚，贴近年轻人生活。逢节日的各种推广使之与消费者互动频繁：儿童节店员 COSPLAY，“端午节不啃不快乐”的猪蹄广告，“爸气十足”“父亲节带老爸来送煎饼”，这些都成为微博玩家分享的新奇的“素材”，让吃煎饼果子、喝豆腐脑、啃猪蹄成了一种时尚。

“开奔驰送煎饼外卖”一度是微博上被热炒的话题，“黄太吉”的知名度也被打响。

“如果了解我们，就知道这不是噱头，做噱头可以租车，那台车就是我家自用的，坦白说最大的原因是想省钱，直接拿过来就用了。”不过这倒是成了“黄太吉”的卖点，够起订金额，老板开豪车送餐，北京国贸周边是 120 元，远点是 200 元，三里屯附近是 260—300 元。“很多人看见我们很开心，好像我们不是送餐员是明星，看见我们就拍照，看到老板娘开奔驰送餐，觉得是件很酷的事情，很好玩。”

80 后们都有一颗未泯的童心。儿童节那天，“黄太吉”又一次展现了它的“酷”，成人戴红领巾入店用餐赠煎饼果子，而店员们有扮蜘蛛侠的，有扮超人送餐的，赫畅则戴了个星球大战的大头盔。将煎饼果子卖出这么多花样，赫畅认为给别人带来快乐才能提升品牌价值。

小煎饼店到了赫畅手中俨然走的是国际范儿，有了主打产品和精准定位，要想扩大影响力、提高客户认可度，就要使品牌有与众不同的性格。赫畅将“黄太吉”的性格定义为“文艺酷”：“我理解的文艺是很细腻的情感，慢一点的节奏，轻柔的感觉，能把小事做到极致，润物细无声，这就是文艺。”

“所谓的酷，就是我们能把一件看起来很无聊的事情做得很有意思，比如说我们现在买了两台摩托作送餐车用，我们还有两辆跑车送餐，我们把送餐箱子用各式各样的贴纸贴得很好玩，那天有人在网络上评价说，‘能把事情变酷，是一种能力，黄太吉具备这种能力’。”

因为特色，赫畅的煎饼果子做成了一个品牌，把吃煎饼果子做成了一种时尚，让用户体验到这是一种很酷、很潮的事，让食客觉得在“黄太吉”吃煎饼和在星巴克喝咖啡感觉是一样的。

（资料来源：《21 世纪经济报道》2013 年 6 月 25 日）

结合本章内容和以上案例，讨论分析：

1. 如何吸引顾客公众？

2. 在与顾客打交道的过程中，首要的问题是什么？

3. 如何打造忠诚顾客?

案例分析二

星河丽思卡尔顿酒店姜饼屋传播善心

日前,深圳星河丽思卡尔顿酒店总经理康伟文先生正式启动连续第二年举行的"爱心筑建圣诞姜饼屋"慈善捐赠活动的仪式。丽思卡尔顿将引以为豪的"社区成长足迹"与圣诞节日相结合。11月25日起至12月30日,酒店客人以及市民只需人民币108元即可购买一块姜饼砖,酒店的糕点师将在现场协助客人用这些带着祝福的姜饼砖在酒店大堂组建一座独一无二的爱心姜饼屋。这座爱心姜饼屋带着美好的祝福在酒店大堂传播善心,通过投身公益活动使节日变得更加独特难忘。随后酒店将于12月31日将售卖所得款项全额捐赠给深圳市民爱特殊儿童福利院,在这个充满爱意的节日里,以实际行动传播善心,让这个圣诞更有意义。"我们很荣幸再次把'社区成长足迹'与传统的圣诞节日融合起来。"深圳星河丽思卡尔顿酒店总经理康伟文先生表示,"此次'爱心筑建圣诞姜饼屋'的活动,除了可以帮助民爱特殊儿童福利院的小朋友之外,还让'爱心筑建圣诞姜饼屋'这个慈善捐赠活动成为酒店的一项传统。"

(资料来源:《深圳晚报》2011年12月1日)

结合本章内容和以上案例,讨论分析:

1. 这种公关活动对酒店来说有何意义?
2. 旅游企业要与社区形成良好关系应开展哪些公关工作?

第四章

旅游公共关系传播

章前导语

传播是公共关系工作的重要手段，是公共关系的基本要素，是促进公众了解和信任组织的一种手段。能否有效地利用各种传播媒介，是旅游组织成功开展各种公共关系活动的关键。旅游组织必须运用传播这一手段与社会公众相互沟通、相互了解和相互适应，运用巧妙的信息传播去影响公众，引发公众行为，造就有利的舆论环境。系统研究公共关系传播，对于卓有成效地推进旅游组织的公关工作有着十分重要的意义。

本章导学

【学习目标】

掌握传播的含义、基本特征、类型；
学会根据不同传播媒介的特点，选择适合特定公共关系活动的传播媒介；
了解旅游公共关系传播中的影响因素；
初步掌握传播效果分析方法。

【关键术语】

传播　公共关系传播　人际传播　组织传播　大众传播　传播媒介

第一节　旅游公共关系传播的基本知识

旅游公共关系活动从本质上说是一种信息传播活动，它是旅游组织开展公关活动、营造组织环境的手段，离开了传播，旅游组织就难以与旅游公众发生联系。

一、传播的含义

传播译自英语 Communication，源自拉丁语 Communis(Community)，原意为通信、传达、交流、交换、沟通等，通常指人与人之间通过一定的符号进行的信息的双向交流与共享的过程。传播是伴随着人类的诞生、发展而发展的，是人类普遍存在的一种社会行为，世界有了人类就有了传播。我们听、我们看、我们说，甚至我们想，这些都是在传播或被传播。从某种意义上说，人类就是在传播活动中发展起来的。

旅游业是一个开放性、服务性行业，无论是旅游饭店、旅行社、旅游景区还是旅游交通部门，都需要与公众进行良好的沟通，否则，就会影响到服务的质量和组织的形象。旅游公共关系传播是指旅游组织与旅游公众之间通过一定的媒介和渠道，达到信息交流、融通和分享的活动和过程。

二、传播的基本特征

传播作为信息交流的过程，主要具有以下特征：

(一) 社会性

传播是人类为维持社会生活而进行的一种社会行为，任何传播行为都离不开社会，人类社会也离不开传播行为。公共关系传播正是现代社会组织同各界社会公众、社会环境进行信息交流的活动。

（二）双向性

传播是双向互动性行为。传播者在向传播对象传播信息时，也随时接受来自对方的反馈信息，并不断地调整自己的传播行为，因此传播是一种双向、互动、循环的作用过程。

（三）工具性

信息传播是人们相互联系的工具和纽带，人们通过传播加强联系和沟通。公共关系人员利用传播原理、传播手段为社会组织服务。

（四）广泛性

传播行为无处不在，无时不有。小至日常生活琐事，大至报道信息、宣传政策、传授知识、国际交往等，都需要进行传播。公共关系人员要借助不同的传播方式，巧妙地传播信息。

（五）共享性

传播活动的过程就是将信息分享的过程。传播不同于传递，传递是将某物送出去，而传播则是实现共同拥有。最有效的传播就是能与传播对象共享信息内容，从而在立场、观点、行为等方面达成共识。

三、公共关系传播的类型

传播是实施公共关系的手段，根据传播途径的不同，可以分为几种基本类型：自我传播、人际传播、组织传播、群体传播和大众传播。旅游公关活动的各个环节涉及各种传播方式。下面列举几种常见的传播方式，并分别阐述它们的公共关系意义。

（一）自我传播

1. 定义及特点

自我传播又称自身传播，是发生在一个人体内的一种信息交流活动，是人受到外界信息刺激后，在头脑中进行的传播活动。其表现为自言自语、自问自答、自我发泄、自我陶醉、自我斗争和沉思默想等。自我传播是个人内心的思想活动，是一切传播活动的基础。

2. 自我传播的公关意义

公共关系人员要具有自我意识和自我觉醒，要正确认识自我，正确对待自我，经常完善自我，从而更好地代表组织处理公共关系。

（二）人际传播

1. 定义及特点

人际传播是在两者或两者以上之间进行的直接交流、传播信息的行为。人际传播包括面对面的人际传播和非面对面的人际传播两种情况。前者如交谈、讲课、举行报告会等，后者如打电话、写信等。它是最常见、最普遍、渗透人类生活一切方面的一种最基本的传播方式，也是人与人社会关系的直接体现，是组织传播和大众传播的基础。

罗洛夫在《人际传播社会交换论》中指出人际传播是一种社会交换，社会交换的主要是六种资源：物品、金钱、服务、信息、地位、爱，而人际传播交换的主要是后三种资源。人际传播具有交流充分、反馈及时、信息真实、达到以情动人的传播效果等优点；缺点是：传播范围小，传播的影响力有限，不能满足大规模的传播要求。

2. 人际传播的公关意义

人际传播有利于双方交流充分，便于加深相互之间的了解，增进感情。

（三）组织传播

1. 组织传播的定义

组织传播就是各种相互依赖关系结成的网络为了应付环境的不确定性而创造和交流信息的过程。具体而言，组织传播是组织内部成员之间、组织与组织之间、组织与外部环境之间交流信息的活动。组织传播可以沟通、疏导组织内部上下之间、成员之间的关系，建立、发展组织与组织之间的联系。

2. 组织传播的特点

组织传播有特定的主体，活动具有公众性，传播对象多且复杂，传播具有明确的目的性和可控性。组织传播是旅游组织联系内外公众，疏通与密切各种关系的重要手段，也是公共关系传播的主要方式。

3. 组织传播的形式

组织传播包括组织内传播和组织外传播两种形式。

（1）组织内传播

专指组织内部的信息交流活动，这种传播的目的是加强组织内部的联系与协作，使组织成员团结一致，提高组织的整体绩效。按组织内传播与组织的关系密切程度可以分为：组织内传播的正式传播和组织内传播的非正式传播。前者是指信息沿着一定组织关系（部门、职务、岗位以及隶属或平行关系）和环节在组织内流通的过程，一般分为横向传播和纵向传播，横向传播双向性强，互动渠道畅通，而纵向传播则有单向流动的性质，又分为上行传播和下行传播两种；后者是指信息越过组织内的权力等级和制度限制，自由地向任何方向运动的过程。组织成员借此满足自身的社会需要，如私下交流、个人互访等。

（2）组织外传播

组织的存在与发展，要依赖于组织与外部环境之间的物质、能量和信息的交流。这种交流实际包含着信息流或物质流的输入和输出两个过程。就信息输出而言，宣传活动是一种比较常见的信息传播活动，如公关宣传（新闻发布会）、广告宣传和组织形象识别系统（CIS）宣传等。

4. 组织传播的公关意义

组织内部成员的关系通过交流达到和谐，是组织与外部交流顺畅的基础。组织与外部环境通过传播达到和谐，也有利于组织的健康发展，树立组织的良好形象。组织与公众沟通，很大程度上依靠信息传播，组织与公众之间的误解也往往是由于信息不畅造成的。

（四）群体传播

1. 定义及特点

是指人们在某一小群体范围内进行的信息传播活动，如专题报告演讲会、展览会、大型演出活动等。其优点是传播速度快、范围大、反馈及时，易于创造热烈气氛和舆论，形成轰动性传播效果。

2. 群体传播的公关意义

公关人员要与公众进行沟通，群体传播是最常应用的手段。一般情况下传播的对象都是有目的性和共同兴趣的，更能达到传播的效果。

（五）大众传播

1. 定义及特点

“大众传播”概念首次出现于1945年11月在伦敦发表的联合国教科文组织宪章中。杰诺维茨在1968年提出，大众传播由一些机构和技术所构成，专业化群体凭借这些机构和技术，通过技术手段（报刊、广播、电视等）向为数众多、各不相同而又分布广泛的受众传播符号的内容。梅尔文·德福勒（Melvin L. DeFleur）则认为大众传播是一个过程，在这个过程中，职业传播者利用机械媒介广泛、迅速、连续不断地发出讯息，目的是使人数众多、成分复杂的受众分享传播者要表达的含义，并试图以各种方式影响他们。职业传播者是指报社、电视台、电台、杂志社、出版社、制片厂等新闻单位和出版发行单位。

公共关系的大众传播，是指专业化的媒介组织运用先进的传播技术和产业化手段，以社会上一般大众为对象而进行的大规模的信息生产和传播活动。它以大众报刊的出现为标志，之后经历了电报、电影、广播、电视、网络传播技术的进步，已渗透到社会的各个角落。

大众传播是影响力巨大的信息传播，是公共关系工作中最常见的、最现代化的传播类型。这种传播方式具有如下特点：

(1) 广泛性

大众传播拥有大量的受众，涉及不同的地域、不同的阶层，分布在不同的空间和地点，相互之间没有紧密联系；大众传播能在短时间内使很大范围的社会层面获得信息，其传播的速度非常快、覆盖的范围相当广。无论从时间还是空间效果来看，大众传播均是影响力最大的一种传播方式。一个信息可以传播到一个地区、一个国家，甚至全球范围，从而产生巨大的影响，这是人际传播方式所不能比拟的。

(2) 间接性

大众传播过程是运用现代化的传播媒介如报纸、广播、电视等进行信息传播的，传播过程中传播者和受众不直接接触。

(3) 专业性

专业性指传播机构的高度专业化和传播手段的技术化。现代大众传播是个专业化很强的行业，由专业机构和专门人员从事，如报社、杂志社、电台、电视台和其中的记者、编辑们。同时，大众传播借助于现代印刷、摄影、电话、电传、无线电、激光等技术手段，机器复杂，操作难度和技术含量很高。

(4) 高效性

高效性指信息量大、传播速度快。大众传播使用现代传媒，大量、高速地复制和传递信息，网络和其他电子媒介同步传播使所有信息瞬间即至，具有强大的公众舆论影响力。所以，大众传播成为公共关系工作最有效的手段。

(5) 反馈难

由于大众传播多是单向的，缺乏直接和有效的反馈通道，所以反馈的过程比较长，很难得到及时、准确、充分的反馈。其受众广泛而不确定，针对性较差，且和传播者之间又没有直接的、即时的联系，因此，信息反馈间接而缓慢，传播者很难及时、准确地得到反馈。

2. 大众传播的公关意义

大众传播受众人数多、范围广，可以迅速地扩大组织的知名度。同时由于其客观性，大众传播容易获得公众的信任和认可。因此，公关人员要利用大众传播的特点，与公众建立良好的关系，树立组织品牌形象。公关人员不仅要熟悉传媒机构的特点，还要了解大众传播操作实务的规程，同时还要和编辑、记者建立良好的工作关系和个人关系。

以上几种传播类型存在着相互补充、相互渗透的关系，它们在信息传播的数量、质量、速度、范围、效果上相互补充和渗透，但不能相互替代。在公共关系工作中，应根据实际情况，选择不同的传播类型，有时也可综合运用各种传播类型，目的是为了取得最佳的传播效果。

四、旅游公共关系传播的作用

（一）及时传递信息

为了更好地让公众了解组织的发展动态，旅游组织公关部门不仅需要搜集信息，而且需要传播与组织发展相关的信息。这些信息包括与产品和服务相关的信息、与组织人事更迭相关的信息，还包括与组织重大决策相关的信息等。

（二）密切联系公众

旅游业是服务性的行业，顾客与旅游组织之间直接接触的机会多。为了提高员工的忠诚度和顾客的满意度，旅游组织需要与内、外部公众进行有效的沟通，了解内、外部公众的想法和对组织的意见、建议，同时，通过开展生动活泼的组织活动，吸引内、外部公众参加，联络感情，与他们建立良好的关系。

（三）化解公关危机

在当今的市场环境中，危机时有发生。危机对于旅游组织来说，既是挑战也是机遇。旅游公共关系传播过程中的危机主要表现为旅游组织与公众的争执、公众之间的纠纷、意外伤害以及其他一些难以预测的意外事件。在处理危机的过程当中，离不开内、外部公众的理解和支持，危机能否化解取决于旅游组织能否实现与组织内、外部公众的有效沟通，信息在这当中起着至关重要的作用。

五、旅游公共关系传播的基本要素

（一）传播的基本要素

依据传播的完整性要求，任何一种传播活动都必须包含下列基本要素：

1. 传播者

传播者是信息的提供者与发布者，又称“信源”，即信息的发源地。传播者的任务是搜集信息、筛选信息、加工信息、实施传播、收集和处理反馈信息等。在旅游公共关系传播中，传播者是旅游组织。

2. 传播对象

传播对象是指传播过程中信息的接收者和反应者。从信息运动的角度看，传播对象是信息的归宿和目的,故被称为信宿。公共关系中的传播对象一般是公众,既可以是社会组织,也可以是个人。

3. 传播内容

传播内容是指被传播的信息中所包含的意义,传播的实质是信息的沟通。在旅游公共关系传播中,传播内容大体可分为两类:一类是告知性内容,即向公众报告旅游组织的目标、宗旨、纲领、方针、经营思想、实力、行为、产品和服务质量等旅游组织的有关情况,使公众知晓了解;另一类是劝导性内容,即劝说、呼吁公众采取旅游组织所希望的某种行动,如参加旅游组织发起的某种活动、购买旅游组织的产品或接受旅游组织的服务等。

4. 传播渠道

传播渠道指的是传播的中介和途径,即"信道",是信息的搬运者,也是将传播过程中的各种因素连接起来的纽带,如报纸、电视、互联网等。

5. 传播反馈

传播反馈也称信息反馈,指传播对象接收到信息后,将自己的反应性信息传递给传播者的行为。传播者可以利用反馈来检验传播的效果,调整和改进下一步的工作。

(二) 旅游公共关系传播的基本要素

旅游公共关系传播的基本要素特指旅游组织在传播过程的基本要素。主要包括以下几个方面:

1. 旅游组织

旅游公共关系传播的主体是旅游组织,是信息的发出者,包括旅游饭店、旅行社、旅游景区、旅游交通部门等。旅游组织必须经常向那些与本组织的发展有某些直接或间接利害关系的人、群体和组织发布信息,主要目的是为了影响或改变公众的态度,有利于公众了解本组织的政策、目标和行为。

2. 目标公众

旅游公共关系传播的对象包括内部公众和外部公众。内部公众是指与旅游组织具有最直接、最密切的利益关系的内部成员,一般包括组织的投资者、经营者、管理者和基层员工等所有从业人员。内部公众是旅游组织赖以生存和发展的基石,是旅游公共关系工作中最基本、最主要的公众。外部公众是指与旅游组织不存在归属关系,但有着密切联系和一定利益关系的个人、团体和组织,主要包括顾客群体、客源机构、社区、新闻媒介、政府部门、同行单位、金融界等。旅游组织的生存和发展受外部公众环境的影响,因此外部公众也是旅游公共关系的重要目标公众。

3. 组织信息

组织信息是旅游公共关系传播的内容。旅游组织收集信息、处理信息,向公众发出信息,是旅游公共关系传播活动的主要工作。正确的信息、明确的表达以及适时的发出均体现了公共关系操作的高超艺术性。

4. 传播渠道

旅游公共关系有着丰富的传播渠道,既包括人际传播、组织传播,还包括大众传播等。旅游组织可以根据传播对象的特点、公关目标的要求以及旅游组织的经济实力,有针对性地选择传播渠道。

5. 反馈

旅游公共关系传播要与公众实现双向互动交流，对于旅游组织来说，公众的反馈是其继续传播的依据，公众对其服务提出的意见和态度是其今后改进工作的动力和方向。同时，公众的需求在不断发生着变化，要求旅游组织随时了解他们的心理需求，运用双向沟通的方式展开公关调查。

第二节 旅游公共关系传播媒介

传播往往只有通过媒介才能进行，在大众传播中，媒介更是必不可少。掌握传播媒介的特点和使用规律，对于旅游公关工作具有重要的意义。

一、传播媒介的基本概念

传播媒介，也可称为传播渠道、传播信道、传播工具等，是传播内容的载体。没有传播媒介，信息就无法实现传播。

传播媒介有两层含义：一是指传递信息的工具和手段，如电话、计算机及网络、报纸、广播、电视等与传播技术有关的媒介；二是指从事信息的采集、选择、加工、制作和传输的组织或机构，如报社、电台和电视台等。一方面，作为技术手段的传播媒介的发达程度决定着社会传播的速度、范围和效率；另一方面，作为组织机构的传播媒介的制度、所有制关系、意识形态和文化背景决定着社会传播的内容和倾向性。本节所讲述的旅游公共关系选择的传播媒介是指传递信息的工具和手段。

二、传播媒介的分类

（一）按传播媒介的物质形式划分

1. 符号媒介

语言、文字、图像、声音等在传播学中被称为符号，将它们组成特定的编码系统，则是符号媒介，包括语言媒介、文字媒介和技术媒介三种。符号媒介是现代社会运用最广泛的传播媒介，也是公共关系工作最重要的媒介。因此，公共关系人员必须具备一定的符号编码技术，如写作、设计等。

2. 实物媒介

实物本身就是传递信息的载体。实物媒介指实物中包含的信息，包括产品、公共关系礼品、象征物（吉祥物）等。实物媒介具有较强的可视性、可信性，但传播范围较小。

3. 人体媒介

人的谈吐、行为、服饰等都可传递一定的信息。人体媒介是一种特殊的传播媒介，易于建立双方情感，树立组织形象。

（二）按传播媒介的社会属性划分

1. 大众传播媒介

大众传播媒介指在社会分工中，专门负责向社会传播公共信息的各种媒介，如新闻媒介，政府有关统计、公报等。

2. 自控传播媒介

自控传播媒介指社会组织自己控制和掌握的媒介，如内部报刊、电视、广播、黑板报、宣传橱窗等。

3. 人体传播媒介

人体传播媒介是指借助于人的语言、行为、外在形象（表情、服饰、举止）、内在素质和社会影响作为信息传递的载体，如旅游形象大使、形象代言人、饭店“金钥匙”代表等。

三、旅游公共关系与传播媒介

旅游公共关系传播是信息交流的过程，也是旅游组织开展公共关系工作的重要手段。旅游组织是旅游公共关系工作的主体，旅游公众是旅游公共关系工作的客体，传播就是两者之间相互联系的纽带和桥梁。旅游离不开传播，离开了传播，公众无从了解旅游目的地、旅游景区、旅游组织形象，也无法吸引公众旅游。旅游作为一种与信息传播活动密切联系的产业和活动，对信息有着天然的和密切的依赖性，尤其是在现代社会，更是离不开无处不在的大众传播媒介。

传播媒介对旅游公共关系的作用是双重的，传播媒介不仅是旅游公共关系的重要手段，也是旅游公共关系的主要目标。旅游公关活动一方面要借助传播媒介来推广和造势，另一方面传播媒介又是旅游公关的对象和任务。旅游组织只有恰当地选好传播媒介，利用传播手段开展公关活动，才能赢得公众的好感和舆论的专持，才能提升知名度、美誉度，进而获得良好的经济效益和社会效益。信息传播不到位或者错误的信息传播都会给公众带来不良导向，从而降低旅游公关的效果，影响旅游组织形象。

四、旅游公共关系传播媒介

（一）印刷媒介

印刷媒介是指将文字、图片等书面语言、符号印刷在纸张等介质上以传播信息的大众传播媒介，如报纸、杂志、宣传册、传单筹。印刷媒介的信息量大，可对信息作较详尽的表述和表现；它易于保存及重复阅读，成本低廉，篇幅也不受限制。缺点是：传播信息时效性较差，不如广播、电视迅速、及时，同时不够形象、生动，并要求读者具有一定的文化水平和阅读能力，从而在一定程度上限制了其受众面。

（二）电子媒介

电子媒介主要是指广播、电视、电影、幻灯、录像等以电波的形式传输声音、文字、图像的传播工具。电子媒介如广播、电视等具有传播速度快、覆盖面广、适合不同文化程度的广大受众的优点。特别是电视，能同时传播音像、色彩、文字信息，综合了人的听觉和视觉效果，声情并茂，能引起观众的兴趣。缺点是限于特定的时间内，信息稍纵即逝，且制作成本高。

（三）新媒介

新媒介又可分为网络媒介和手机媒介，两类新媒介既有共性，又有个性。

1. 网络媒介

网络媒介作为一种新型媒介，结合了印刷媒介和电子媒介的优点，又克服了它们的弊端。网络的出现，改变了人类的传播意识、传播行为和传播方式，并影响到人类社会生活的方方面面。网络媒介代表了现代传播科技的最高水平，是人类传播史上的又一个里程碑。

网络媒介的优点：第一，超越时空，范围广泛：信息传播空间在电子空间进行，全天候开放，可以同步传播也可以异步传播，突破了时空障碍。第二，高度开放，尽显个性：信息量巨大、费用低廉，不分国界、不分民族种族，任何人都可以利用网络平等地获取信息和传递信息。BBS、网络博客、播客及微博的出现，使网络媒介成为一个平民化的大众传播媒介，传播的主动权不再为编辑和记者独有。旅游组织可以通过电子邮件、新闻讨论、博客或微博与公众进行讨论，并根据反馈优化传播内容。第三，综合媒体，双向互动：网络媒介兼有大众传播和人际传播的优势，可以在大范围和远距离进行双向互动，增加了传播中的反馈。

网络媒介的缺点：网络媒介也有很多弊端，例如虚拟社会信息真实性得不到保证、信息过度泛滥、有用和无用信息充斥在一起、存在个人信息安全问题等。

2. 手机媒介

手机媒介是以手机为视听终端、以手机上网为平台的个性化信息传播载体，常见的形式有手机短信、手机报、手机网站、手机音频广播、手机视频、手机电视、手机小说、手机博客和手机微博等。它是以大众为传播目标，以定向为传播效果，以互动为传播应用的大众传播媒介，被公众认为是继报刊、广播、电视和互联网之后的"第五媒介"。手机媒介是目前为止所有媒介形式中最具普及性、最快捷、最为方便的具有一定强制性的媒介平台。

手机媒介的基本特征：第一，多媒介融合。手机媒介融合了报纸、杂志、电视、广播、网络等所有媒介的内容和形式，成为一种新的媒介。手机媒介的传播方式也融合了大众传播和人际传播，单向传播和双向传播，一对一和一对多、多对多等多种形式，形成一张相对复杂的传播网。与此同时，手机还可以配合报纸、电视、广播、网络等媒介进行互动，利用媒介组合发挥作用，实现"全媒介"传播的新局面。第二，移动性与便携性。手机最大的优势是携带和使用方便。手机的便携性也使得信息的送达率达到最高。第三，传播范围广、速度快。手机媒介作为网络媒介的延伸，具有网络媒介互动性强、获取快、传播快、更新快及跨地域传播等特性。同步和异步传播有机统一，其传播受众极其丰富。第四，信息传播的即时性、互动性。手机媒介可以随时随地发出和接收信息，不仅可以进行个体间联络，还可以进行群体间联络，用户既是受众，又是内容生产者，具有传播者和受众高度融合等优势。第五，私密性与个体性。手机是"带着体温的媒介"，具有私密、随身的特点，并且手机媒介的信赖程度较高。同时，手机媒介消除了大众传播与人际传播的主从关系，使新闻传播更多地表现为个体行为。在新闻传播的速度和广度上，手机用户之间的人际传播已经不让于大众传播，特别是对于社会性突发事件和地震、海啸、疫病等灾害事件，手机用户进行人际传播常常比大众传播更迅速而广泛。

手机作为公共关系宣传的媒介也有明显的不足，例如存在虚假不良信息的传播、侵犯个人隐私、垃圾信息和信息安全等问题。随着3G时代的到来，旅游公关利用手机媒介进行旅游传播大有发展空间。

五、选择公共关系传播媒介的原则

（一）以实现公共关系传播目标为前提

在不同社会组织、不同历史时期，传播目标具有很大的差异性，在选择传播媒介时，不能千篇一律，一定要从实际出发。

（二）以满足传播内容为依据

不同的传播内容要选择不同的传播媒介。浅显的内容选择电子媒介，反之选择印刷媒介。内容侧重于声音，可选择广播；内容侧重于画面的呈现，可选择电视；内容比较专业，可选择杂志或书籍等；内容有一定的隐私性，可选择电话、书信、邮件、内部书刊；内容保密性弱，需广泛宣传，可选择互联网、电视、报纸。

（三）以传播对象实际情况为条件

公共关系传播对象具有差异性特点，传播对象的实际情况，比如文化层次、生活习惯、自然环境等都会影响传播媒介的选择。传播对象的文化素质较低，可选择广播或电视；文化水平较高，且传播的内容比较专业，可选择杂志或书籍；传播对象的人数极少，没有必要使用媒介来传播，以免浪费；如传播对象属于流动作业者，广播是最合适的媒介。

（四）以自身经济实力为支撑

充分考虑自身的经济实力，量力而为。不能因为传播媒介选择问题而影响组织其他工作的日常运行。一般情况下，电视所需费用最高，报纸次之，广播最便宜。

第三节　旅游公共关系传播效果

传播效果是传播过程的最终结果，也是对任何传播过程的总体评价。古人云："良言一句三冬暖，恶语伤人六月寒。"这句话从一定意义上说明了传播的效果。旅游公共关系工作其实就是一种传播沟通行为，其传播的目的是为了向公众传递信息，沟通感情，影响公众的态度和行为，最终顺应旅游组织的期望。因此，旅游公共关系传播的有效性，是以公众按照旅游组织意欲达成的结果而产生的情感、思想、态度和行为方面的变化为依据的。

一、旅游公共关系传播的层次

在旅游公共关系活动中，旅游组织通过传播与公众沟通，希望最终获得理想的效果。传播效果一般可以表现为向公众传递信息、联络感情、改变态度、引发行为四个层次。

（一）信息层次——传递信息

信息层次是公共关系传播最基本的层次。旅游组织通过各种传播媒介，将组织的信息传播给公众，让公众更多地了解组织，成为组织的知晓公众。

信息层次传播的首要任务就是提高旅游组织的知名度和美誉度。因此，在信息传播时必须客观真实，只有客观真实的信息，才能使公众更准确地了解和认识旅游组织，并对组织产生信任和好感。其次,要尽量加大信息传播的频率和强度,让更多的公众接收到组织的信息,从而受到强烈的信息刺激,形成深刻印象。

(二) 情感层次——联络感情

情感层次主要是针对知晓公众进行传播。通过旅游组织与公众之间的情感交流和沟通,使公众不仅了解旅游组织,还对其产生依赖感和信任感;使旅游组织对内部公众产生向心力和凝聚力,对外部公众产生吸引力和感召力。

情感层次是传播的中间层次,也是最为复杂的传播层次。首先,要善于借助新闻媒介的作用。作为大众传播媒介,新闻媒介容易使公众对旅游组织产生信任,影响力和感染力大。其次,要加强即时沟通和情感交流。例如,一封感人肺腑的信函、一段情真意切的欢迎词、一场热烈非凡的联欢会、一次盛情难却的答谢宴会都能够与公众更好地联络感情,达到以情动人、以诚动人的良好效果。第三,要掌握高超的传播技巧,运用专业的传播手段,以提高传播的效率,达到良好的传播效果。

(三) 态度层次——改变态度

态度决定一切。公众是旅游组织的支持者还是反对者,主要取决于公众对旅游组织所持的态度。公众在了解旅游组织的信息后,便形成了对旅游组织的态度或看法,这种态度或看法可能具有两种相反的趋向。人的态度一旦形成就具有相对稳定性,从而转化为心理定式,难以改变。因此,公共关系工作的任务就是要通过传播,使公众对旅游组织的态度产生正态趋向。

(四) 行为层次——引发行为

行为层次是传播的最高层次,公众对旅游组织形成了态度后必定产生相应的行为。当旅游组织形象良好、公众对旅游组织的态度积极友善时,要通过传播使公众对旅游组织产生积极的行为,如拥护旅游组织决定、购买旅游组织产品等。当旅游组织形象不佳、公众对旅游组织的态度消极抵触时,要通过传播改善公众对旅游组织的态度,抑制消极的行为发生,如员工消极怠工、旅游者向新闻媒介投诉等。

行为层次的传播要求目的性强、信息明确,便于公众采取行动。同时,要加强信息传播的即时性,要在公众行动前传播相关信息。

以上四个层次相互联系。信息层次是其他层次的基础,公众只有了解了旅游组织的信息后才能产生情感,进而形成态度,而态度又是行动的先导,不同的态度会引发不同的行动,因此必须做好每一个层次的传播。

二、影响旅游公共关系传播的因素

公共关系传播的目的就是促使人们的态度发生改变,对传播的信息产生认同感。改变人的态度总是与劝导者、传播的信息和被劝导者有关,因此,要想提高传播的效果,也要从传播者、传播的信息和传播媒介、传播对象等方面入手。

(一) 传播者

传播者是信息传播的起点,是实现有效传播的首要因素。

1. 传播者的权威性

传播者的权威性对于传播的效果有着重要的影响。影响传播者权威性的因素包括其专业性、社会地位、职业、年龄等。例如，专业的机构和专业人士传播的信息更容易被接受，也更容易改变人们的态度和看法。因此，在旅游公共关系传播时，应尽量请权威机构和专家学者发表意见或者进行代言，以增加公众的信任度。另外，传播者的知名度和社会影响力也会对传播产生重要影响，社会知名人士如体育明星、影视明星、社会名流等对传播都会产生巨大的影响力。

2. 传播者的客观性

传播者的立场、观点越客观、公正，越能够受到受众的认可。因此，旅游公共关系传播尽量选择持客观立场和观点、公信力强的传播者，如新闻媒体、公证机构等。

3. 传播者的亲和力

要想吸引人们的眼球，必须要选择那些亲和力强、受公众欢迎的人物来进行宣传。传播者的亲和力强、受公众欢迎程度高，传播效果就好；相反，传播者亲和力差、不受公众欢迎，则传播效果也不佳。因此，在选择传播者时，一定要考虑其亲和力和受公众欢迎的程度，尽量选择品德优秀、公众形象好的传播者。

（二）传播信息的可信度

在传播过程中，如果传播对象对传播者及信息的内容不信任，将严重影响传播的效果。一般来说，信息内容权威性越高，传播对象对之就越信服。旅游组织在作宣传时，都要利用其被国家旅游局评定的星级（等级）等来提高其信息的可信度。

（三）传播媒介

传播媒介是信息的载体，也是影响传播有效性的重要因素。因此，旅游公关人员先要了解和掌握各种传播媒介的特征，如其性质、传播范围、公众的认可度等，并根据旅游公共关系传播的需要选择恰当的传播媒介。

（四）传播对象

1. 研究传播对象的需求

旅游组织所面对的公众范围十分广泛，其内在需求也是千差万别，为了提高传播的效果，首先必须要对传播对象的特点有全面的了解，这样才能够做到有的放矢。

2. 了解传播对象的接受能力

传播对象的教育背景、年龄和所处的社会文化背景等都会影响到其对信息的接受能力。旅游组织要根据传播对象的实际情况来选择合适的传播媒介，同时还要兼顾传播对象对信息的接收习惯。

（五）时空环境

1. 时间因素

从时间的角度分析，真正衡量传播效果的是单位时间内所传播的有效信息量。要想实现有效传播，传播者首先要遵时守信，尤其是在人际传播时，姗姗来迟或者无故失约都会在公众的心理和情感上产生负面影响，影响传播效果。其次，要在有限的时间内把更多的信息传播给公众，要求传播者具有较强的信息加工能力和表达能力。第三，要掌握传播的时机。传播时机对传播效果也有一定的影响，应避免在人们连续紧张工作后或体力、情绪不佳时进行传播，因为这时人们的思绪比较零乱，难以有效接受信息。

2. 空间环境

从空间的角度看，传播信息总是在具体的物理空间环境之中进行，不同的空间环境会使人对信息有不同的感受，并产生不同的传播效果。如传播双方的距离、空间、氛围等都会影响传播的效果，为此，传播双方要保持一定的距离，要创造良好的交流氛围。

三、旅游公共关系有效传播的方法

改善传播效果的方法和技巧主要有以下几种：

（一）美化

美化就是给人物或事物加上一些美好的评价或修饰，从而使人产生一个美好的印象，因而无须验证就予以接受或赞赏。在政治宣传、文艺广告和商业广告中，我们常常可体会到这种手法。

运用美化的基本条件有：

1. 美化对象要可信，即具有被美化的条件。

2. 美化要适度，用词要慎重。过分美化或远离实际的胡乱吹捧是对传播对象的欺骗和耍弄，将导致传播的最终失败，使传播对象对传播者及其传播内容产生不信任感和逆反心理。

（二）典型示范

典型示范是指请具有一定声望、名誉或经验丰富的人对传播对象现身说法，来证明和评价人物、事物及观点。在各种广告中，我们常可以看到一些名人、歌星、影星、运动员在使用某种食品、药品及其他生活用品后，用自己的感受来证明这些物品"味道(效果)好极了"，目的在于利用"名人效应"来吸引和说服传播对象。

（三）引证

有选择、有针对性地引用名人、名家的名言、名句，或是列举已有公论的经典事例或理论，也是在公关传播中说服对方、增强传播力量的一种有效方法。这种方法有目的、有倾向性地引用一些对自己有利的事实、论点来证明自己的观点、方案或产品，无疑会产生一定的引导效应，让公众相信和接受传播信息。例如，在广告传播中大量引用权威部门或权威人士的鉴定意见，或引用大量数据，抛弃那些于己不利的意见和数据，这是引证的具体运用。

（四）重复与强调

重复就是让传播信息多次反复地出现，从而让公众记忆和接受。当一个观念被传播者不厌其烦地向传播对象多次灌输后，就会使对方产生条件反射，产生"不用想起，不会忘记"的效应。但要注意在一定时间段内，重复的次数不能太多、频率不能太高，否则，可能招致传播对象的反感甚至厌烦。

强调则是从加强信息的强度、对比度、新鲜度的角度入手，增加信息刺激的强度，以引起人们的选择性注意。如报纸上粗大的套红标题、高层建筑物上竖起的巨幅广告等。

（五）经验说明

事物发展的前车之辙总是后车之鉴。经验说明的方法就是让事实说话。在公关传播中，采用历史法、经验法、教训法、事实法和现身说法等方法，是效果最直接、可信度最强的一种方法。一般来说，只要有事实印证，就要把其他方法放在次要位置，因为用事实说话最有力。这也是最受传播对象欢迎的一种方法。

总之，恰当地运用一定的传播方法，能帮助我们克服各种传播障碍，准确、顺利地完成信息传递，获得理想的传播效果，实现公共关系计划，达到组织的目标。

四、传播效果的评价

传播效果是指传播者所发出的信息对传播对象的影响和传播对象对传播内容的反应；而传播效果的评价，就是指对传播对象受影响的范围和程度进行分析与衡量。对传播效果的评价可采取两种方法来进行：

（一）传播前评价法

这种方法是在传播前进行的一种事先评价法。公关信息都有一个特定的传播目标，传播前可根据这个既定的传播目标进行直接评价，即邀请部分受众对备好的几种传播方案（包括传播方式、媒体选择、传播内容、传播时间等）进行直接评价，比较哪一种传播方案与传播目标最为接近，各种传播方案的“形象差距”有多大，据此改进，最后确定实施最佳传播方案。

（二）传播后评价法

具体做法有两种：一是收集反馈意见，检查传播对象的接受程度，以评价传播效果；二是认识程度测试，抽样调查传播对象，让他们回忆信息的中心内容，以测定传播对象对公共关系信息的认识程度，找出传播目标的形象与公众认识形象的差距，以此来评价传播效果。

传播效果在很大程度上受到传播要素的影响制约，任何一个传播要素不能发挥正常功能，都会导致传播效果的失衡。因此，在评价传播效果时，应对传播诸要素的功能进行检测并作出综合性分析，以提高传播效果。

本章小结

本章着重介绍了传播的基本知识、传播媒介和传播效果等内容。传播是公共关系主体与客体联系的纽带和媒介，也是开展公共关系活动的基本手段。离开了传播，也就不会有公共关系活动的存在。因此，旅游组织的公关人员要了解和掌握传播的要素，了解各种传播媒介的特点，掌握各种传播的方法和技巧，使旅游组织的信息得到有效的传播，实现旅游组织的公共关系目标。

思考与探究

1. 旅游公共关系的传播要素有哪些？
2. 试比较分析几种公共关系传播媒介的长处和不足。
3. 旅游组织应当如何利用新闻媒介进行公共关系传播？
4. 网络作为一种新兴的媒体，如何利用它来进行网络公关？
5. 通过网络了解一下近三个月来媒体所关注的旅游行业新闻，选择两条进行分析，看看它们采用了哪些有效的传播方法。

6. 选择《中国旅游报》等报纸媒体，查询一下近一个月来有关旅行社和饭店企业的新闻，选择两条你所感兴趣的与同学和老师分享，并作出自己的评价。

案例分析

案例分析一

"广之旅东峻旅游文化广场"的成功经验

时下在广州，翻开报纸，打开电视机，或者听听广播，旅游广告铺天盖地。但对于旅游这一行业而言，仅仅靠各种报纸广告、宣传单、各式灯饰海报、礼品包装的宣传推广方式，难以在广告海洋里脱颖而出，难以形成一种立体式的概念，深入沟通旅游企业与受众之间的认识并在受众心里产生共鸣。而"广之旅东峻旅游文化广场"的成功，则引起了业界的注意。

当地旅游协会发动众多旅行社成立了"广之旅东峻旅游文化广场"，这是旅游业人士的一次大胆尝试。据介绍，之前，"广之旅"曾在东峻广场与宏城广场分别举办"潮汕旅游宣传周"、"西藏丝路传奇"自行车线路推介，得到市民的普遍认同。特别是"西藏丝路传奇"吸引了大量市民，原定一周的活动延长了半个月。这一成功增强了"广之旅"创办旅游文化广场的信心，"广之旅东峻旅游文化广场"也在此基础上顺利诞生。

短短几个月，旅游文化广场已成功举办了"清远旅游宣传周"、"韩国旅游宣传周"、"新加坡旅游宣传周"等活动。每次活动期间，广场以图片展览及户外大屏幕播放风光片的形式，向游客介绍当地的风光、民俗、古迹等，并设线路咨询、有奖问答、现场报名等，同时在各大报纸上刊出大幅广告及专版文章。电台、电视台的旅游专栏也播出当地的风光节目，而关于旅游周的新闻报道更是见诸广州各大小传媒。从而凭借一种以旅游文化广场为中心、以多项配套公关宣传方式为辅助的强大宣传攻势，在受众中产生较强的心理冲击力，为旅游地点提供了一个与游客直接面对面的机会，并增强了旅行社与客户之间的交流与沟通。

实践证明，几次旅游宣传周是非常成功的。其中"韩国旅游宣传周"开幕后20天里，就有超过500人到"广之旅"报名，仅8月底出发的"韩国首旅团"就有300名以上的团员，几乎垄断了广州的韩国旅游市场，而在"广之旅"东峻营业处报名的就超过70人。该营业处营业人员介绍，许多游客是在广场上观看了有关韩国游的信息之后，才转移目标参加韩国游的。

"广之旅东峻旅游文化广场"的成立及成功经验，在旅游界、传播界与公关界中都引起了较大的震动。有关人士分析，在当代商品经济发展的社会背景下，广告不应仅仅局限于促销，更重要的是在受众与企业之间形成沟通，有效地实现促销，有效地提高受众对企业形象与产品品牌的认知度。在广州，新建的各大商场，如天河城、宏城均留下一定的空间，供企业在此进行不定期的传播活动，被传播界称为"文化广场"现象，但专一主题的文化广场却仅有"广之旅东峻旅游文化广场"一家。该旅游文化广场负责人称，旅游文化广场这一新兴的传播方式已引起各地旅游界的关注，现在国内外已有多个地区的旅游管理部门和景区与广场达成初步协议，将陆续以广场为主场地，开展各地旅游宣传周及以旅游文化为主线的旅游摄影知识展、旅游出版物展等活动。

（资料来源：王湜《旅游公共关系》，化学工业出版社，2007年）

结合本章内容和以上案例，分析“广之旅东峻旅游文化广场”的公关活动运用了哪些公共关系传播媒介？

案例分析二

北京“互联网网民旅游消费”调查的启示

北京是中国互联网网民最多的城市（占人口的20%左右），其市场具有领先的示范效果。最近，中央电视台调查咨询中心针对北京中青年网民的旅游消费行为和使用旅游网站的行为进行了调查。这项“互联网网民旅游消费”调查结果显示，被调查网民了解旅游信息的最主要途径是媒体栏目介绍/广告（71.5%），其次为上网查询（25.6%），再次为亲朋好友介绍（20.8%）。可以看到，约有1/4的网民通过上网进行旅游信息的查询，网上查询已经成为网民了解旅游信息的一种主要方式。在了解旅游网站的相关信息和网址的方式上，被调查网民选择的主要方式为：媒体栏目介绍/广告（48.1%），搜索引擎（42.0%），网站链接（29.8%），朋友/同事介绍（25.2%）。从数据中可以看出，网上查询的方式已经开始接近传统媒体的信息渠道优势。那么，旅游网站作为新的旅游信息渠道，未来的发展趋势将会怎样？调查在问及未登录过旅游网站的网民时，有55.2%的网民表示将会登录旅游网站，有30.2%的网民表示不一定会登录旅游网站，有14.6%的网民表示不会登录旅游网站。

综合起来看，在已经登录和将会登录旅游网站的网民中，有3.8%的网民已经进行过与旅游相关的网上预订，有54.2%的网民表示将会尝试网上预订，有29.0%的网民不确定是否会尝试网上预订，而有13.0%的网民明确表示不会尝试网上预订。可以预见，在未来，与旅游相关的网上预订业务有着较大的发展空间。

（资料来源：杨哲昆《旅游公共关系学》，东北财经大学出版社，2011年）

通过此案例的学习，你对网络媒介有何认识，并从中得到什么启示？

第五章

旅游公共关系工作程序

章前导语

旅游组织公共关系人员在开展公关工作时,首先要考虑的问题是从何处入手、如何开展。要使公共关系工作卓有成效,就必须遵循一定的程序,分阶段、按步骤地开展。

1952年,美国公关界权威人士斯科特·卡特利普和艾伦·森特在其《有效公共关系》一书中,提出"组织与公众的良好关系必须经过精心的策划,必须经过特定的步骤和过程"。这一步骤和过程即公共关系调查、公共关系策划、公共关系实施和公共关系评估,我们通常称之为公共关系的"四步工作法"。其中,调查是公关工作的重要前提和基础;策划是公关活动的核心;实施是公关活动中实践性最强的一个环节,是一个信息传播的过程;评估为进一步开展公关活动提供依据。"四步工作法"是一个环环相扣、首尾相连的有机循环体。

本章导学

【学习目标】

了解旅游公共关系调查的意义、内容和各种调查方法；
掌握旅游公共关系调查的基本程序，学会撰写公关调查报告；
掌握旅游公共关系策划的程序与方法；
了解旅游公共关系实施的步骤；
熟悉旅游公共关系评估的内容、程序和方法。

【关键术语】

旅游公共关系调查　旅游公共关系策划　旅游公共关系实施　旅游公共关系评估

第一节　旅游公共关系调查

一、旅游公共关系调查的涵义

（一）什么是公共关系调查

公共关系调查是社会调查的一种表现形式，是指社会组织运用科学方法，搜集公众对组织主体的评价资料，进而对主体公共关系状态进行客观分析的一种公共关系实务活动。公共关系调查通过运用定性和定量的研究方法，准确地了解公众对组织的意见、态度和反映，发现影响公众舆论的因素，并从中分析和确定社会环境状况、组织的公共关系状态及其存在的问题，为组织制定切实可行的公共关系筹划方案提供客观的依据。

公共关系调查是全部公共关系工作的起点，它为公共关系目标的确立和公共关系计划的制定提供了基本依据，也为公共关系方案的实施提供了根本保证。

公共关系调查与市场调查在调查目的、调查对象和调查内容上有明显的区别，两者不可混淆。具体详见表 5-1。

表 5-1　公关调查与市场调查对比表

调查类型 / 比较项目	公关调查	市场调查
调查目的	了解与组织有关的公众意见、形象评估等，分析、研究公众对组织的整体要求	了解商品形象，分析研究购买者的需求与动机、购买意向与行为及购买后的感受等，以寻求维护和开拓市场的方法
调查对象	组织的相关公众	一般是商品的供求方、竞争者及其他相关部门
调查内容	组织的环境调查、组织知名度和美誉度的调查、公共关系活动调查和社会环境调查等	为达成市场目标所进行的社会环境调查及包括产品供应、购买需求、产品价格、竞争者状态、销售渠道及促销等的微观市场调查

（二）旅游公共关系调查的概念

旅游公共关系调查是为搜集有关旅游组织公共关系状况、公众需要和社会环境等方面的信息而进行的调查。旅游公共关系调查可分为一般性公共关系调查和特殊性公共关系调查。一般性公共关系调查是公关工作调查，通过了解情况、掌握资料，来制定公关工作计划，目的在于发展组织自身。特殊性公共关系调查是公共关系事件调查，目的在于解决现实中存在的问题。

二、旅游公共关系调查的意义

任何一项重要的工作都离不开调查研究，公共关系工作更是如此，无论是对重大发展战略的科学决策，还是日常的公共关系工作，都始终贯穿着细致的公共关系调查。只有通过公共关系调查，才能获得大量丰富的、真实准确的、动态鲜活的信息，才能按照这些信息决定采取什么样的工作方针和决策。

（一）帮助旅游组织进行科学合理的决策

通过旅游公共关系调查，能及时掌握目标公众需求的变化特点，为旅游组织制定各项行动计划和进行科学决策提供依据。只有依靠调查研究，才能有效地防止计划的盲目性和决策的任意性，避免主观主义和形而上学，提高旅游组织的公共管理水平。

（二）了解旅游组织在公众心目中的形象地位

有效的旅游公共关系调查可以使旅游组织准确地了解其在公众心目中的形象地位，了解公众对组织的知晓程度以及对组织的评价，从而增强旅游公共关系活动的针对性。

（三）促进旅游组织及时把握公众舆论

公众舆论是指公众对共同关注的事物所持有的意见或评论，具有强大的影响力。积极的公众舆论有利于组织的发展，消极的舆论有损于组织的形象，甚至会造成组织的危机。通过旅游公共关系调查，监测公众舆论，有利于旅游组织及时采取行动，扩大积极舆论，缩小消极舆论。

（四）提高旅游组织的公关管理水平

通过旅游公共关系调查，能促进旅游组织不断改善管理，提高社会效益和经济效益。通过旅游公共关系调查，能够及时了解旅游组织在市场竞争中的地位，并通过对比调查，反映出综合管理水平上的差距，为提高旅游组织的竞争能力和管理水平指明方向。

三、旅游公共关系调查的内容

（一）社会环境调查

任何旅游组织的生存和发展都要受到社会环境的影响和制约，所以旅游组织必须对自己所处的社会环境进行调查分析，使组织能够适应环境的发展变化，以获得更好的发展。开展公关活动的社会环境分为宏观环境和微观环境两部分。

宏观环境调查是对组织所处的政治环境、法律环境、技术环境和社会文化的调查。旅游组织在开展公关活动前，应对社会、政治、经济形势进行冷静分析，对市场和公众的社会心理进行认真研究。在市场活跃或疲软的不同环境下，公关活动的内容和效果是大不一样的。

经典回顾 2005年初,引起全国关注的"苏丹红事件"无疑会对餐饮业产生巨大影响。一旦"涉红"被曝光,后果将极其严重。自出现"苏丹红事件"后,麦当劳对此十分关注,不仅立即进行了自查,更是积极协助有关部门的检查。当检查的结果表明麦当劳的所有产品不含"苏丹红"时,麦当劳才舒了一口气,而后积极策划相关的公共关系活动,一方面赢得了顾客,另一方面强化了企业形象。

微观环境调查是对开展公关活动的具体条件进行调查,包括活动的场地、设备以及有关规定等。公关活动的场地分为室内和露天,旅游公关人员事先要调查活动场地面积、人员数量、食宿场所和流动通道等。对于活动设备的调查,一方面要调查清楚活动所需家具的数量、档次,另一方面要调查电子设备(电视、音响、扩音器、投影仪、照明设备等)的数量和使用效果。

(二) 旅游组织自身状况调查

旅游组织的自身状况是公共关系人员的案头必备资料,无论是撰写新闻报道、解答公众提问、编写组织通讯、制作宣传材料,还是举办展览会、记者招待会,都需要随时查阅和引用这些调查资料。

旅游组织的自身状况包括:旅游组织的基本情况,如名称、性质、规模、机构设置、法人代表、资产规模、发展历史等;旅游组织的成员状况,如文化程度、年龄、性别、职务、职称结构等;旅游组织的运行状况,如业务和产品、经营目标、经营方针、管理模式、组织文化、市场状况、企业效益等;旅游组织的现状与发展趋势,如市场状况、市场优势与潜在危机、长远目标与规划等;旅游组织的形象,如形象状态、形象定位等。

所谓组织形象,就是社会公众对组织的全部看法和评价。旅游组织形象调查工作必须从三个方面进行:一是旅游组织自我期望形象调查;二是旅游组织实际社会形象调查;三是对前两种形象之间的差距进行分析。自我期望形象是公共关系所要达到的目标,而实际社会形象则是公共关系工作的出发点。

1. 旅游组织自我期望形象调查

旅游组织的自我期望形象,是指旅游组织自己所期望的在公众心目中建立的形象。它是旅游组织公共关系工作的内在动力、基本方向和目标。期望值越高,旅游组织要付出的努力就越大。对这一方面的调查分析应从以下两个方面入手:

(1) 领导层对旅游组织形象的期望

组织的决策者和领导者对组织形象的期望,对于组织目标的形成、组织形象的选择及建立具有决定性的意义。因此,要明确旅游组织形象,必须首先调查旅游组织领导层对组织形象的期望,通过研究他们所拟定的各项目标和政策,领悟领导层的决心和意图;通过研究领导层的思想和经营管理手段,预测出领导者对组织形象的期望水平和具体要求,以此作为设计组织形象的重要依据。

(2) 员工对旅游组织的要求和期望

员工是旅游组织赖以生存的细胞,一个组织的目标和政策必须得到广大成员的认同和支持,才能有效地转化为实际行动。因此,要通过调查分析,详细了解员工对组织的要求、看法及各种批评建议，了解他们对领导层提出的总目标的信心和支持程度，发动全体成员寻找组织的薄弱环节及改善措施。

2. 旅游组织实际社会形象调查

旅游组织实际社会形象，就是社会舆论和公众对旅游组织的认识和评价。旅游组织的员工和管理者对自身形象的估计往往带有主观色彩，容易产生片面性，并且多半估计过高。而社会公众对旅游组织的看法和评价往往较为客观，更能真实反映旅游组织的本来面貌。

一个组织的社会形象好坏，取决于它的知名度和美誉度的高低。通常采用知名度和美誉度两项指标来反映社会公众对一个组织形象的总的看法和评价。知名度是社会公众对组织认识、了解和知晓的程度，如公众对本组织的名称、标志、产品或服务等了解的程度和范围如何。美誉度是社会公众对组织信任和赞赏的程度，如公众是否喜欢本组织的产品、服务及销售方式；是否信任本组织及其员工、产品和服务，信任度如何。

3. 形象差距分析

将旅游组织的实际社会形象与自我期望形象进行比较分析，找出两者之间的差距，可采用“形象要素差距图”进行分析。缩小和弥补这个差距，是旅游组织今后一段时间内公共关系工作的目标。

（三）目标公众调查

旅游组织对目标公众的调查主要包括公众构成情况和公众评价情况。公众构成情况包括公众的范围、类型、特征，公众的需求、动机以及行为特征等。公众评价情况包括公众对旅游组织及工作的评价、对旅游组织的管理水准的评价、对领导行为的评价等。

四、旅游公共关系调查的程序

调查是一种过程，由相关的几个基本步骤构成。在调查进行中，这几个基本步骤都必须按照一定的程序施行，其目的就是确保前期调查的科学性和调查结论的可靠性。

（一）明确调查目的

这是旅游公共关系调查工作的第一步。调查目的不同，调查方法也不同。在开展调查活动之前，首先要明确调查目的，调查者通过对旅游组织面临的现实的公共关系问题进行探讨，根据实际需要，确定调查的目的。调查目的指导整个调查的总方向，制约调查的全过程，所以，只有明确调查目的，才能有针对性、有目的地进行旅游公共关系调查，避免盲目行动导致的工作失误。

（二）制定调查方案

旅游公共关系调查方案就是对某项调查本身的策划设计，包括以下内容：

1. 调查项目。就是要明确向被调查者了解一些什么问题。

2. 调查提纲。对调查项目进行科学的分类和排列，将所要调查的问题详尽地列举出来，使调查任务具体化。如为了解旅游组织员工情况，就需要了解员工年龄、学历、工作经验、工作报酬等问题。

3. 确定具体的调查范围、调查对象以及调查对象的选取方法。如对员工的调查是针对整个旅游组织还是技术阶层或管理阶层，是采用普查的方法还是抽样的方法等。

4. 确定调查方法。在制定调查方案时，应规定采用什么组织方式和方法取得调查资料，具体调查方法有访谈法、观察法、问卷法和实验法等。调查采取的方式、方法不是固定和统一的，往往取决于调查对象和调查任务。大、中型调查往往采用多种调查方式和方法。

5. 明确调查实施部门及人员分工。在方案中要明确调查活动的承担部门及人员分工，并制定对调查人员的培训计划。

6. 经费预算。在进行调查经费预算时，一般需要考虑以下内容：

(1) 调查方案设计费和策划费；

(2) 问卷设计费(包括测试费)、印刷费、装订费；

(3) 抽样设计费、实施费；

(4) 调查实施费用(包括试调查费用、调查员劳务费、受访对象礼品费，督导员劳务费、异地实施差旅费、交通费、误餐费以及其他杂费)；

(5) 数据录入费(包括问卷编码费、数据录入和整理费)；

(6) 数据统计分析费用(包括统计费、制表费、作图费以及必需花费等)；

(7) 调查报告撰写费；

(8) 资料费、复印费等办公费用；

(9) 管理费、税金等。

在一个调查中，通常调查前期的计划准备阶段的费用安排占总预算的20%，实施调查阶段的费用安排占总预算的40%，后期分析报告阶段的费用安排占总预算的40%。

7. 确定调查时间、进度和地点。确定调查活动的起止时间和活动的具体地点。调查地点是指到哪里去调查，它通常与调查单位相统一。在设计调查方案的过程中，需要制定整个调查工作完成的期限，通常一项较具规模的调查活动，仅仅从问卷的印制到整个活动的完成，最少也要有45—60个工作日，一些大规模的调查会持续半年到一年。不过对于有时间性的调查或规模小的调查等，所需时间多少可以作弹性伸缩。

(三) 收集调查资料

收集资料是整个旅游公共关系调查工作的重点，其主要任务就是按计划的要求与安排，系统地收集各种资料(包括数据和被调查意见)。

调查资料通常分为原始资料和现成资料两类，其中原始资料也称第一手资料，是调查人员通过各种调查方法进行实地调查所取得的资料；另一类是现成资料，也称第二手资料，是由他人收集的现有的资料。

(四) 整理分析资料

整理分析资料是旅游公共关系调查过程中极为重要的一环。一般来说，通过调查所得到的资料还比较零散，并不能系统而集中地说明问题；某些资料还可能存在片面性与谬误等。因而，在取得资料后，必须对资料进行系统科学的整理和分析，去粗取精，去伪存真，分析综合，严加筛选，并合乎理性地进行推理。只有这样，才可能客观地揭示事物的内在联系，得出正确的调查结果。

资料的整理分析，主要包括以下工作：

1. 检查核对

检查核对包括检查资料是否齐全，是否有重复、矛盾甚至与事实不相符合的情况。一旦发现上述情况，要及时复查核实，并予以剔除、删改、订正和补充，即剔除错误的资料、删除重复的资料、修改订正有差错的资料、补充遗漏的资料。调查中检查核对的部分工作是在收集资料时就要完成的。一边收集，一边检查核对，这样便于及时进行订正和补充。

2. 分类汇编

资料经过检查核对后，为了便于归档查找和统计，还应按照调查的要求进行分类汇编，即进行分类登录，然后按类摘抄、剪贴、装订、归档，以备查阅；还可将整理后的信息输入电脑。整理资料数据要做到准确、清楚、及时，这是衡量信息资料价值的重要标准。

3. 分析论证

对分类汇编的资料进行分析，作出结论，并依据资料所得出的结论进行论证。分析一般包括定性分析和定量分析。所谓定性分析，是以资料或经验为依据，运用演绎、归纳、比较、分类和矛盾分析的方法找出事物的本质特征或属性的过程。所谓定量分析，是运用概率论和数理统计的测量、计算及分析技术，对社会现象的数量、特征、数学关系和事物发展过程中的数量变化等进行描述的过程。为了取得比较符合实际的结论，不仅要进行定性分析，而且要进行定量分析。要在定性分析的基础上尽量根据不同要求把资料量化，制成统计表或统计图，或计算百分比、平均值等，然后运用这些量化资料进行分析，力求对调查的事物有较深刻的认识，并把有关材料迅速提供给领导部门，作为策划的依据。成功的企业在日常公共关系工作中经常运用以上方法。

（五）撰写调查报告

撰写调查报告是旅游公共关系调查的最后程序。调查报告是旅游公共关系成果的集中体现。撰写调查报告的目的，是为制定科学的旅游公共关系计划方案提供依据，为领导者决策提供参考，寻求领导的支持和帮助。

调查报告是对调查过程的回顾和调查成果的总结，主要包括以下内容：

1. 调查题目、调查委托人、调查主持人、调查日期；
2. 调查的原因和目的；
3. 调查的总体对象；
4. 调查所采用的基本方法；
5. 调查的结果及有关数据、各种答案的比例；
6. 问卷回收率及抽样误差；
7. 分析结果；
8. 调查者提出的建议；
9. 附件，包括问卷样本、统计数据、背景资料等。

调查报告着重于用调查资料来阐述问题，用资料来支撑结论。撰写调查报告时，要实事求是，资料的取舍要合理，推理要合乎逻辑，同时还要在结构、主题、语言上下功夫。调查报告写好后要及时报送最高管理部门备案，供决策者决策时参考。

五、旅游公共关系调查的方法

旅游公共关系调查方法，是指为了达到旅游公共关系调查目的而采取的调查方式、途径、手段、措施以及基本技巧等。科学的旅游公共关系调查方法是进行有效调查的手段。要进行旅游公共关系调查，就必须掌握其调查方法。旅游公共关系调查的方法多种多样，根据不同标准可以划分为不同类别。下面我们介绍一些最为常见的调查方法：

（一）访谈法

访谈法又称访问法、谈话法，是社会调查中最古老、最常用的方法之一，是调查员根据事先预定的主题和内容，与调查对象进行面对面的访问和交谈的调查方式。

1. 访谈法的分类

（1）个别访谈法

个别访谈法就是同某些有代表性或者有深刻见解的个人进行交谈，从中获取信息，一般有两种方式：一是调查员按照事先拟好的调查大纲，逐项发问，让被调查者回答，后期记录整理；二是调查员通过与被调查者的自由交谈，了解所需的信息资料。这种方法有两个明显的缺点：一是耗时耗力；二是所获取的信息具有个别性，不能完全代表全体。

（2）小组访谈法

小组访谈法一般以6—8人为宜，在进行小组交谈时，要事先拟定交谈计划，要求调查员具有熟练的谈话技巧、善于启发引导、善于综合归纳谈话的内容，同时，又要做到边问边记。小组访谈法具有省力、省时又省钱，小组成员间相互激发，获得更有价值的材料的优点。缺点是小组谈话容易落入俗套，陷入一种开会式的形式中而了解不到真实的、有价值的信息。

2. 访谈提纲的设计

访谈提纲一般包括：访谈调查目的——为何谈，访谈问题设计——应该问什么问题，明确访谈对象——该问谁，确定访问员——由谁去访问，确定访谈时间、地点——何时何地访问，确定访谈记录方式——怎么记，确定访谈报告方式——怎么写。

（二）观察法

观察法是调查者进入调查现场，用自己的感官及辅助工具，观察和记录被调查对象的表现，从而获得第一手资料的调查方法。俗话说“耳听为虚，眼见为实”，观察法是通过调查亲眼所见来获取信息，信息的可信度比较高。

1. 观察法的特点

（1）制定周密的观察计划

公共关系调查的观察，作为调查者有目的、有计划的认识活动，与人们日常生活中随意的、无计划的观察活动不同，是在组织的调查目的和假设的指导下进行的，需制定周密的观察计划，对观察的内容、手段、步骤和范围作出具体的规定。

（2）利用一定的观察工具

观察法需要利用一定的观察工具。观察者除了通过眼看、耳听、手摸等感性认识活动感知被调查的对象，还要借助观察仪器，如照相机、摄像机、录音机等记录调查的结果。

2. 观察法的实施过程

(1) 制定观察计划与提纲。

(2) 设计观察监测记录表格。

(3) 进入观察现场,做好观察记录。

3. 观察法的优缺点

优点:观察法的最大优点是它的直观性、可靠性和灵活性。由于观察者亲自到调查现场直接与调查对象进行接触,有利于排除各种误会和干扰,从而获得第一手信息资料。缺点:观察法的最大缺点是它的表面性和偶然性。由于调查面相对狭窄,有时受到一定客观条件的限制,因此有可能出现某些片面性。此外,投入的人力较大。

(三) 文献调查法

文献调查法是指调查人员通过查阅各种文献,对媒介所传播的有关组织形象或组织发展信息进行调查、统计、分析的一种间接的调查方法。

1. 文献资料的分类

文献资料的类型主要有:

(1) 书面文献

书面文献是指用文字或数字记录的资料,包括各种公开或不公开发行的书籍、报纸杂志、信件、档案、报告、会议文献、统计资料等,是一种最广泛的文献资料的类型。

(2) 声像文献

声像文献是指运用录音、录像和摄影技术直接记录声音与图像的资料,包括电影、电视、录音、录像照片等媒介形式。

(3) 电子文献

主要是指用电子计算机阅读和查阅的文件,包括磁盘文献和网络文献。

2. 文献调查法的主要步骤

第一步,建立索引、查阅文献资料:使用文献调查法收集资料,文献就是调查对象,要注明调查对象的地址。在大量搜集与调查课题有关的各类文献资料的过程中,要利用检索工具查找资料或者请资料的管理者提供线索。在查阅文献时,要把文献发表或形成的时间、作者情况、出处等记录下来,以备查询。

第二步,鉴定、筛选:文献资料收集上来后,不能马上使用,要检查、判断资料的可信程度,从大量的资料中筛选出有价值的资料,进行分类。

第三步:归纳、总结:将分析研究的问题概括为简明的结论,形成较系统的观点,用文字报告的形式总结其成果和理论。

文献调查法是利用手头可以查找到的历年统计资料、档案资料、样本资料乃至报纸、杂志刊登的工商广告之类的第二手资料进行研究分析的调查方法。这种调查方法往往被人们所忽视,但事实上这是一种十分有效的调查方法。

3. 文献调查法的优缺点

文献调查法主要是书面调查,获取资料比较方便,受外界因素的干扰比其他调查方法都小,既省时省力,又节省开支,是比较经济的调查方法。文献调查法缺乏具体性、生动性;有些资料会因为当时撰稿人或记录者的倾向性而存在不真实的情况;调查者很难把所需要的资料找齐、找全。

（四）问卷调查法

问卷调查法是指由公共关系调查人员向调查对象提供问卷并请其填写，然后对回答结果进行分析的一种调查方法。问卷是一份精心设计的问题表格，用来调查公众的多种行为、态度和倾向。在旅游公共关系调查中，人们常常采用问卷的形式进行资料的收集和整理工作。

1. 问卷设计原则

不论设计哪类问卷，提问时都要做到：

(1) 问题要具体，不要笼统、抽象。

例如问："您认为中国旅游业的发展前途如何？"这样的提问太笼统。

(2) 问题用语要明白易懂，尽量不要用专业术语。

例如问："您的旅游动机如何？"此问题过于专业化。

(3) 问题要客观中立，避免倾向性。

例如问："你喜欢对人身体有益的旅游娱乐活动吗？"此问题带有一定的倾向性。

(4) 问题要单一，不要在一个问题里面问两种事情。

例如问："您的爷爷奶奶是否喜欢外出旅游？"如果爷爷喜欢旅游，奶奶不喜欢旅游，此问题难以回答。

(5) 问数字要准确，不要交叉。

例如问年收入，应列出："5 万元以下；5 万—10 万元；11 万—15 万元；16 万—20 万元；……"不应交叉。

(6) 选择题所列项目要互斥，不要出现包容。

例如问："你认为乡村旅游最适合哪类人群？"

A. 青年人　　B. 老年人　　C. 男人　　D. 女人

C、D 选项与 A、B 存在包容的情况。

(7) 不要用形容词、副词，尽量用量词。

例如问："您是否经常乘坐飞机？"对于"经常"这类副词，每个人的理解是不一样的。

(8) 所列项目要穷尽各种可能的情况，不能穷尽的要加一项"其他"。

2. 问卷的基本结构

问卷一般由前言、主体、结语三部分组成。

(1) 前言

前言是对调查的简要说明，它用于向被调查者解释调查的目的、性质，以及向被调查者作出必要的承诺（如保密等），说明回复答卷的时间和方法；还包括发起者、委托者、填写注意事项等。其主要目的一是引起被调查者的重视和兴趣，使他们愿意回答；二是打消被调查者的顾虑，使他们敢于回答。

(2) 主体

主体是问题的陈述和排列，是需要问卷设计者精心策划的部分。一般来说，主体包括两部分内容：一是被调查者基本情况，如被调查者的年龄、性别、职业、文化程度等，根据调查需要，选择列出，其目的是便于进行资料分类和具体分析。二是调查的主要内容和信息，是关于被调查者对某个事件、某个组织或某项产品的态度和意见的提问。

从被调查者回答问题的自由度来看，问卷又可分为封闭式问卷和开放式问卷。封闭式问卷是一种事先对问题确定了可供选择的答案的问卷，被调查者根据各自的情况进行判断，在其中选择一个或多个自认为恰当的答案。这种问卷多用来调查事实、态度、行为等方面的问题，一般有是非式、单项选择式、多项选择式等几种格式。而开放式问卷是一种自由回答的问卷，即只提出问题，不提供答案，答案由被调查者自由回答或填写。开放式问卷可以帮助调查者掌握较丰富的材料，扩展和演化对调查事物的认识，但由于答案不标准，不利于定量统计。（表 5 - 2）

表 5 - 2

调查问卷主要类型及举例

问卷类型		举例
封闭式问卷	是非式	你喜欢旅游吗？是（　） 否（　）
	单项选择式	该景区吸引您前来游览的主要原因是（　） A. 自然风光优美 B. 人文景观丰富 C. 价格合理 D. 交通便利 E. 服务设施完善
	多项选择式	你爱喝咖啡的理由是（　） A. 提神补脑 B. 一种习惯 C. 很时髦、很洋化 D. 说不清楚
开放式问卷	填空式	本次旅游与您同行的有几个人？（　）
	问答式	您认为该酒店还有哪些需要完善的地方？

（3）结语

简短地对被调查者的合作表示真诚的感谢，也可以征询一下对这次调查本身有何看法及感想。

3. 问卷的试调查

问卷的试调查是一个不可忽略的环节，可运用问卷在几十人的小范围内作试调查。它有两大好处：其一，可以找出问卷中存在的问题；其二，可以测试问卷的问题能否回答调查者所要了解的情况。

4. 提高问卷回复率的技巧

（1）争取高知名度、权威机构支持。主办调查的组织名气大、信誉好，问卷回复率就高。

（2）挑选恰当的调查对象。一般应选择有一定文字理解和表达能力、有较强的参与意识、较少接受问卷调查的对象。

（3）选择有吸引力的调查课题。调查的课题有吸引力，容易引起被调查者的兴趣，回复率可能很高。

（4）采用回复率较高的形式。发送问卷、访谈问卷回复率较高。

5. 问卷调查法的优缺点

优点：标准统一，形式规范，易量化，易比较，易获得大量信息；调查范围广，特别是利用网络问卷调查使地域范围更为广泛；一般采用匿名填写，信息真实性强，易于分析统计。缺点：问卷回收率较低，缺乏深度（问卷不能印得太厚、太长），难以搜集不能言表的材料等。

（五）抽样调查法

抽样调查法是从调查对象的总体中按照一定比例抽取一部分作为调查样本加以调

查，从而推算出总体情况的调查方法。

1. 抽样调查法的分类

抽样调查法可分为随机抽样法和非随机抽样法两种。

(1) 随机抽样法

随机抽样是采取一定的统计方法抽取样本，使样本的确定不受人们主观意志支配和干扰，总体中的每一个个体被抽样选定的机会是等同的。例如，调查者要在有1000个工作人员的学校里抽取50人的样本，就可以用他们工作证上的号码以20为间隔来抽取一个样本。随机抽样法又可以分为单纯随机抽样法、系统抽样法、分层抽样法、分群抽样法四种，在抽样调查中往往将以上方法结合使用。

(2) 非随机抽样法

采用随机抽样法抽取样本时，每一个个体被抽取的机会都相当，人为原因造成调查误差的可能性也比较小，但这种方法需要调查者掌握一定的抽样技术，所需时间较长，投入较高。因此，在旅游公共关系调查中，常采用便利抽样法、判断抽样法、配额抽样法等多种非随机抽样的方法来确定调查的具体对象。例如，调查者要在1000人的社区里抽取50人的样本，可以采取以下方法：按性别抽样，男30人，女20人；按年龄抽样，18—28岁的应有20人，29—40岁的应有20人，41—55岁的应有10人；按收入抽样，高收入者应有20人，中等收入者应有20人，低收入者应有10人。此方法就是非随机抽样法中的配额抽样法。配额抽样就是由调查者根据所规定的控制特征，以及事先确定和分配的调查数额来选择调查对象。配额抽样方法简单，省时、省力，投入较少，但运用此方法，必须对调查总体情况十分了解，能准确地确定不同类型者在总体中的比重。

2. 抽样调查法的优缺点

抽样调查法是目前国际上公认和普遍采用的科学的调查方法。它可以和问卷调查、访谈等方法配合使用。这种调查方法的优点是能避免人为误差、代表性强、针对性强、调查次数少、成本低、效率高，是公关调查经常采用的一种方法。其缺点是需要调查者对调查总体情况十分了解，且需掌握一定的抽样技术，所需时间较长。

总的来说，各种调查方法与调查形式各有优缺点。因此，为保证旅游公共关系调查所获得的资料的准确性、客观性和科学性，应综合使用调查方法，集中各种调查方法的优势，避开缺点，充分而准确地搜集信息资料，为后续工作作好铺垫。

第二节 旅游公共关系策划

旅游公共关系策划是旅游公共关系工作程序的第二步，通过旅游公共关系调查，明确了旅游组织公共关系存在的问题及目标要求，就要设计、谋划如何解决这些问题，达成具体的运作过程，从而使旅游组织的公共关系处于最佳状态。

一、旅游公共关系策划的涵义

策划也称谋划、筹划。在《中国公共关系大辞典》上，策划被定义为："是指人们为了达成某种特定的目标，借助一定的科学方法和艺术手段，为决策、计划而构思、设计、制作策划方案的过程。”

旅游公共关系策划是在旅游公共关系调查之后，旅游公共关系人员根据旅游组织形象的现状和目标要求，分析现有条件，充分发挥想象力和创造力，谋划、设计最佳行动方案的过程。

二、旅游公共关系策划的意义

美国策划大师科维曾形象地说：“如果把公关活动比作演戏，策划就是创作剧本。一个出色的剧本很容易在演出时获得成功，吸引公众；相反，一个平庸的剧本，无论导演和演员如何尽力，也很难化腐朽为神奇。”一般来说，经过科学的、周密的公关策划的活动，会为组织带来丰厚的效益。

（一）有利于实现旅游组织目标

旅游公共关系策划的过程是根据旅游公共关系的状态和问题对旅游公共关系工作进行谋划的过程，是确定旅游组织公共关系目标以及为实现目标寻求有效手段的过程。根据时间、资金、人力和物力进行策划，可以将旅游公共关系的目标具体化。策划中切实可行的预算和工作程序计划表，可以确保旅游公共关系过程有条不紊地开展，确保对财务做到有效的控制，最终使得旅游公共关系活动的目标顺利实现。

（二）是旅游组织树立形象的法宝

高水平的旅游公共关系策划可以帮助旅游组织抓住机遇、渡过难关，是旅游组织参与竞争、树立自身形象的法宝。现代旅游企业的竞争，已经从旅游产品竞争转入到旅游企业信誉的竞争、形象的竞争。实践证明，公共关系策划的水平代表着公共关系工作的水平，哪个企业公共关系策划工作搞得好，哪个企业就会赢得公众的信任，并形成一种美好的形象。

（三）是公关价值的集中体现

旅游组织要想在残酷的社会竞争中脱颖而出，可持续地发展下去，要想在本领域内处于不败之地，要想得到公众的认可，就要做到“人无我有，人有我新，人新我优，人优我变”。系统而周密的旅游公共关系策划往往富有创造性和新奇性，能够与时俱进，并在此过程中树立旅游组织的形象。很多旅游组织的成功案例都表明，策划是公共关系价值的集中体现。

三、旅游公共关系策划的原则

旅游公共关系策划的基本原则，是在科学认识和把握公共关系原理的基础上确定的。其目的在于：公共关系人员在进行公共关系策划时，既要不断创新，发挥想象力，又要科学地规范公关策划活动。一般来说，旅游公共关系策划应遵循以下基本原则：

（一）公众利益优先原则

旅游公共关系策划必须把公众利益放在第一位，维护公众利益，以公众为本。因为只有处处维护公众利益，策划才能得到公众的认可和肯定，实现公共关系的目的。这样的策划才有可能成为有效的策划，才能确保旅游组织自身更长远的利益。任何损害公众利益而只是为了谋取单方利益的策划，都得不到公众的信任，也会使旅游组织形象大打折扣。

（二）灵活创新原则

一次成功的旅游公共关系策划必须是一次创造性和开拓性的活动，策划过程中推崇标新立异、另辟蹊径、独树一帜。不同旅游组织由于自身特点、性质、宗旨不同，公共关系便会截然不同，而且随着时代变化、环境改变，即使同一旅游组织，公共关系策划也不尽相同。旅游公共关系策划要以其新颖、独特的内容吸引公众。"敢于创新，才能做到人无我有；善于创新，才能达到人有我新。"

（三）目标导向原则

目标导向原则是旅游公共关系策划的基本原则。目标导向是指旅游组织的公共关系策划必须在一个明确的目标指导下进行，要有的放矢，不能盲目计划。旅游公共关系策划的每一个环节和步骤必须围绕旅游组织的目标进行，否则策划就毫无意义可言。

（四）真实可行原则

旅游组织在策划公共关系活动时，必须以实事求是的态度，尽可能全面客观地掌握事实材料，注意信息的真实准确，反对不切实际、不讲效益的花架子。为此，要求旅游公共关系策划人员必须以调查的实际情况为基础，以客观事实为策划基础，以客观实践为检验标准，从公众实际需要出发。旅游公共关系策划在考虑向公众传递旅游组织形象的有关信息，以及搜集公众反馈信息向旅游组织决策层传递时，都要保证信息在质上真实可靠、客观全面、及时准确，在量上不擅自削减和擅自夸大，做到保质保量、客观真实，这样才能保证公共关系策划切实可行。

四、旅游公共关系策划的内容和程序

策划任何公共关系活动，都必须遵循一定的工作程序。根据系统工程所提供的方法，我们把旅游公共关系策划归纳为八大基本步骤：确定公关目标、设计主题、分析目标公众、选择活动项目、捕捉活动时机、选择传播媒介、预算经费、审定方案。（如图 5-1）

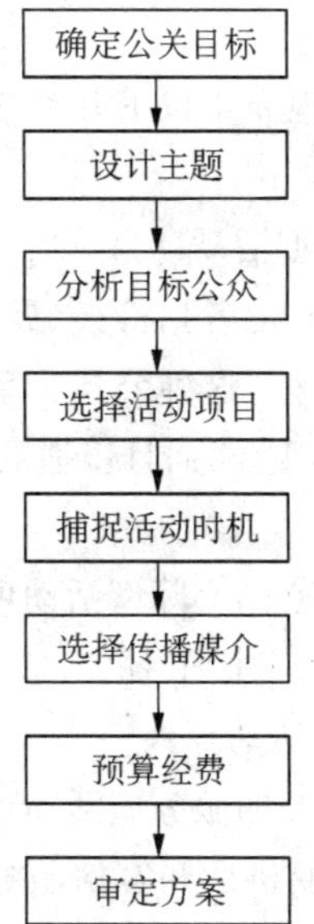

图 5-1 旅游公共关系策划程序

（一）确定公关目标

公共关系目标是旅游公共关系活动要到达的目的，是指导旅游公共关系活动的依据，也是评价旅游公共关系活动方案实施效果的标准。目标的确定要根据旅游组织的实际情况来定，要保证目标的可行性和可控性，不能好高骛远，难以实现，也不能目标太低，失去激励性。另外，公共关系目标也要有一定的弹性，以保证公共关系能够顺利地实施。公共关系的目标一般有传播信息、联络感情、改变态度和引起行为四个方面。

（二）设计主题

主题是旅游公共关系活动的思想纽带和核心，主题能否抓住人心、吸引公众，是旅游公关活动策划成败的标志。根据具体公关目标，设计鲜明、简洁、亲切的主题，有利于逐渐推进每一项公共关系活动目标的完成和总目标的实现。

公共关系活动主题的形式应多种多样，表现形式可以是一个句子、一个短语，但是都力求言简意赅、朗朗上口、新颖别致、亲切温馨。例如，上海世博会的主题"城市，让生活更美好"、北京奥运会的主题"同一个世界，同一个梦想"，既简洁又亲切，既能传情达意，又新颖别致。

（三）分析目标公众

目标公众是公共关系工作的具体对象。在旅游公共关系策划中，目标公众的确定是有效开展策划工作的重要条件。目标公众的确定要考虑到组织活动的需要、组织活动的目标、组织自身的实力和能力。在人力和财力不足的情况下，往往不能面对众多的公众，所以要优选与组织关系密切、影响程度大的公众作为目标公众。例如，旅游公司周年庆典专题活动，其目标公众主要是新闻媒体、旅游业人士、政府部门、重要的客户等，而学校和房地产公司等与本活动关系不大的公众就不是目标公众。

（四）选择活动项目

所谓旅游公共关系活动项目，即围绕旅游公共关系目标而确定的在不同时期进行的各种形式的活动。旅游公共关系活动项目的实施是实现旅游公共关系目标的重要保证。

1. 旅游公共关系活动项目的类型

根据旅游公共关系实践模式，现介绍以下几种实现旅游公共关系目标的常见活动项目：

(1) 以形象传播为中心的宣传型活动项目

这类活动项目包括新闻发布会、记者招待会、展览会、旅游广告、宣传橱窗、庆祝活动、新闻报道、专题采访、经验介绍等。这种公共关系活动要求具有轰动效应，产生"人人都知道我"的效果，因此传播尤其重要，而且传播的速率要快、渠道要广、方式要新、内容要奇。

(2) 以建立社会关系网络为中心的交际型活动项目

这类项目包括招待会、座谈会、工作午餐会、宴会、茶话会、联谊会、舞会、交谈、拜访、祝贺、信函往来、名片交换、签名活动等。

(3) 以提供优质旅游服务为中心的服务型活动项目

这类项目有咨询服务、预订车船机票和客房服务、消费教育、消费指导等。这种公共关系活动一切从顾客出发、一切为顾客着想，以实实在在的行动获得顾客的好感而达到促销的目的。

(4) 以社会公益活动为中心的社会型活动项目

这类项目有传统节日活动，重大节日和纪念日庆祝活动，开业庆典，周年纪念，剪彩仪式，社区各项活动，赞助社会福利事业，支持和赞助体育比赛、文艺演出、公共服务设施的建设和维修等。

(5) 以收集、整理、分析、提供各类信息为中心的征询型活动项目

这类项目有市场调查、民意测验、访问重要用户、设立监督电话、处理举报和投诉、进行组织发展环境的预测等。

2. 旅游公共关系活动项目选择注意事项

旅游公共关系活动项目繁多，旅游组织的公共关系策划可根据自身的条件，去创造性地开展各种形式的公共关系活动。在选择活动项目时要注意：

(1) 项目的设计要符合旅游组织的性质和特点，要针对公关目标和公众对象。

(2) 项目的设计要考虑到旅游组织的需要和可能，以最小的投入获得最大的收益。

(3) 项目的设计要考虑到执行过程中可能会出现的异常情况，使之具有一定的弹性和适应性，避免不良后果的出现。

(4) 项目的设计要注意适当分配各项目的活动时间，使各项活动兼顾，又不影响重点项目的实施，既要注意各项目计划的平衡性，又应有高潮起伏，避免平均、拖拉、平淡。

(5) 项目的设计要注意保持各项目的连续性，以利于积累成果，使得每一项目都成为表现、烘托主题的有用要素。

(6) 项目的设计要具有特色和竞争性，能充分吸引公众的注意力，引起公众的兴趣，给公众留下深刻的印象。

(五) 捕捉活动时机

在公共关系活动中，常常见到这种情况：公共关系活动的目标和主题非常明确，目标公众也相当准确，活动项目的选择也令人满意，但活动的结果却使组织感到失望。其中最重要的一个原因就是活动的时机选择不当。时机，就是“机会”和“火候”的意思，它对公共关系的活动效果有重要的影响。我国古代就有“机不可失，时不再来”的名言，说的就是这个道理。所谓“机会”，从普遍意义上看，凡涉及事情成败的关键因素，如时间的疾缓、形势的安危、实力的强弱、士气的高低、情况的明蔽等，均可称为“机会”。

1. 旅游组织可利用的活动时机

一般来说，旅游组织可以利用的时机有以下几种：

(1) 旅游组织创办或开业之时；

(2) 旅游组织更名、迁址或与其他组织合并之时；

(3) 旅游组织周年庆典或周年性纪念活动之时；

(4) 旅游组织开发新产品、新线路、新服务之时；

(5) 重大社会事件或社会活动出现之时；

(6) 旅游组织发行股票之时;

(7) 旅游业召开重要国际、国内会议之时;

(8) 国际、国内举行各种节日和纪念日庆典之时;

(9) 旅游组织形象出现危机之时。

2. 选择活动时机的注意事项

寻找和确定旅游公共关系活动的时机十分重要,旅游公共关系人员在选择时机时一定要注意:

(1) 尽量选择那些能够引起目标公众关注和具有新闻价值的时机;

(2) 善于利用重大节日和重大事件烘托和扩大公共关系活动的影响,还要学会避开重大节日和重大事件对公共关系活动所产生的负面影响。

(3) 随时注意观察事态的发展变化,掌握对本组织有利的信息,时机一旦成熟,就要果断采取行动。

时机的选择是一种技巧和方法,没有固定的模式,策划者应根据具体目标去把握时机,以求收到良好的预期效果。

(六) 选择传播媒介

传播媒介是公共关系活动传播信息的载体。当今社会,报纸、杂志、广播、电视、卫星、信息高速公路等都是旅游公共关系活动所倚重的传播媒介。随着现代科学技术的发展和人们观念的迅速转变,对传播媒介的要求更倾向于综合、立体和全方位,这就要求旅游公共关系策划人员必须知晓各种传播媒介的优点和缺点,并善于巧妙地组合,造成优势互补,依据具体情况择优而用。最常见的方法有以下几种:

1. 根据旅游公共关系工作的目标来选择传播媒介

选择传播媒介首先应着眼于旅游组织公共关系的目标和要求。如果旅游组织的目标是提高知名度,则可以选择大众传播媒介;如果旅游组织的目标是缓和内部紧张关系,则可以通过人际传播与群体传播,采取会谈、对话等方式加以解决。

2. 根据不同公关对象来选择传播媒介

不同的公关对象适用于不同的传播媒介,要想使信息有效地传达到目标公众,就必须考虑到目标公众的经济状况、教育程度、职业特点、生活方式及接收信息的习惯等,根据这些情况决定选用什么样的传播媒介。如对流动性较大的出租汽车司机最好采用广播;要引起儿童的注意和兴趣,制作电视节目和卡通片效果最好;对文化较落后、又没有电视的山区农民则采用有线广播与人际传播;对喜欢阅读思考的知识分子,应多采用报纸、杂志等传播媒介。

3. 根据传播内容来选择传播媒介

不论是个体传播、群体传播还是大众传播,每种形式都有鲜明的特点和一定的适用范围。选择传播媒介时,应将信息内容的特点和各种传播媒介的优劣势结合起来综合考虑。如内容较简单的快讯可以选择广播,它覆盖面广,传播速度快,对文化水平要求不高;对较复杂、需要反复思索才能明白的内容,最好选择印刷媒介(报纸、杂志、图书等),那样可以使人从容研读,慢慢品味;对于开张仪式、大型公共关系活动的盛况,采用电视、电影则生动、逼真,能产生非常诱人的效果。

4. 根据经济条件来选择传播媒介

俗话说"看菜吃饭，量体裁衣"，旅游组织的公共关系活动经费一般都很有限，而越是现代化的传播媒介，费用越高。所以，成功的旅游公共关系策划应选择恰当的传播媒介，以较少的开支争取最好的传播效果。

（七）预算经费

美国内布拉斯加大学著名传播教授罗伯特·罗雷在《管理公共关系学——理论与实践》一书中指出："公共关系活动往往由于以下原因归于失败：第一，没有足够的经费，难以为继，关键时刻不得不下马；第二，因经费不足，只得削足适履，大幅度修改原计划；第三，活动耗资过大，得不偿失。"所以公共关系策划中对经费的预算极为重要，预算可以对开支有所控制，保证公共关系活动在合理的经费安排下顺利进行。一般来说，旅游公共关系策划中预算经费主要包括日常行政费、劳务报酬费、器材设施费、活动开支费、不可预见费等(表 5－3)。

表 5－3 旅游公共关系策划预算经费

预算经费	具体费用
日常行政费	包括房租，水电费，通讯费，差旅费，交通费，办公用品费，资料购置、传递和复印费，保险费等
劳务报酬费	包括组织内部公共关系人员的工资、奖金和各种补助，组织外聘专家、顾问的咨询费，临时工作人员的劳务费等
器材设施费	购置、租借或维修各种视听器材、摄影器材、通讯器材、计算机、复印机、录音器材、工艺美术器材的费用，制作各种纪念品、印刷品、音像制品、所需的实物或者用品的费用
活动开支费	公共关系活动中需要的费用，包括广告宣传费、公益事业赞助费、公共关系调查费、人员培训费、接待费、展览费等
不可预见费	是指为防止意外事件、突发事件发生而预算的机动费用，一般占总费用的 20%

（八）审定方案

在完成上述策划后，公共关系策划人员应针对各种不同的方案进行反复比较，选定最佳方案。审定方案一般要经过三个步骤：

1. 方案优化

方案优化就是提高方案合理值的过程，目的在于寻求尽善尽美的方案。方案的优化一般可从增强方案的目的性、增加方案的可行性和降低消耗三个方面去考虑。对方案的优化可采用重点法、轮变法、反向增值法和优点综合法四种方法。

(1) 重点法

当我们对同一方案进行优化时，可先分析目的性、可行性和耗费三个方面，哪一个方面增加或减少对该方面的合理性影响最大，就把影响最大的方面定为重点。如果方案中的目的性和可行性都很强，就是耗费太高，我们就可将耗费定为重点；如果是目的性和耗费都很合适，只是可行性差，我们就应以增强可行性为重点。总之，就是要重点突破薄弱环节，以使方案整体优化。

(2) 轮变法

在影响整体的要素中,将一个要素作为变数,其他要素作为定数,对作为变数的要素作数量的增减,以期在其他要素不变的情况下提高合理值,直至不能再提高。然后,换一个要素作变数,又将原来的那个要素与其他要素一起作定数,以此类推,直至最后合理值不能再提高为止。

(3) 反向增值法

即在影响整体的要素中,以一个要素的较小变动去求得其他要素的较大变动,达到"舍寸进尺"。

(4) 优点综合法

即将各个方案中可以移植的优点综合到被选择的方案中,使得被选择的方案优中加优,达到最优。

2. 方案论证

方案论证就是方案策划好以后所进行的可行性论证,一般由有关领导、专家和实际工作者对方案的可行性提出问题,由策划人员答辩论证。方案论证主要包括以下四个方面:

(1) 对目标进行分析。即分析目标是否明确、实现的程度如何。

(2) 对限制性因素进行分析。即分析旅游公共关系策划方案在哪些条件下可以实行、在哪些条件下不可以实行。

(3) 对潜在问题进行分析。即预测旅游公共关系策划方案实行时可能发生的潜在问题和障碍,分析防止和补救的可能性。

(4) 对预期结果进行综合效益评价,判断该计划是否付诸实施。

3. 书面报告与方案的审定

旅游公共关系策划方案经过论证后,必须形成书面报告——旅游公共关系策划书(图5-2)。旅游公共关系策划书写好之后,必须要上报决策层,经过本组织领导的审核和批准后,策划阶段方算结束,接下来便进入旅游公共关系策划方案的实施阶段。

图 5-2

旅游公共关系策划书的结构与内容

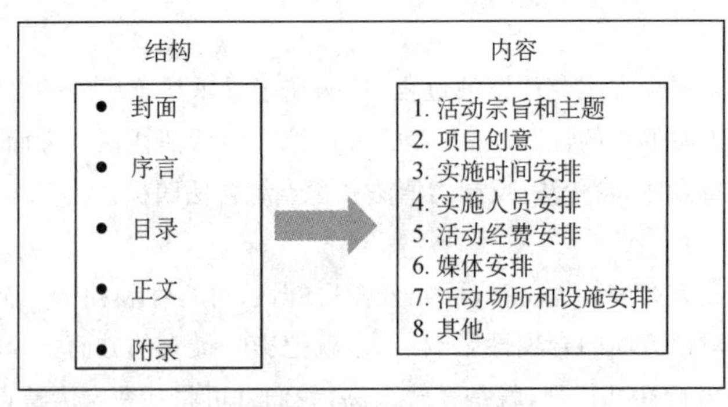

第三节 旅游公共关系实施

旅游公共关系策划方案审定后，便进入旅游公共关系活动的第三个阶段——实施阶段。公关工作的最终目的是解决问题，而不是研究问题，实施是解决问题的中心环节。公共关系的实施是“四步工作法”中最为复杂、最为重要的一个关键环节。有效的传播是实施公关策划的有效途径。重视和研究实施工作对提高公共关系工作效率和效益具有重大的现实意义。

一、旅游公共关系实施的涵义

旅游公共关系实施是在旅游公共关系调查、旅游公共关系策划的基础上，将旅游公共关系策划书的内容变为现实的过程；是为实现公共关系活动目标创造性地开展公共关系工作的过程；是传播信息和与目标公众双向沟通的过程。

二、旅游公共关系实施的意义

（一）是实现旅游公共关系目标的关键步骤

旅游公共关系调查和旅游公共关系策划是了解问题和分析问题的过程，而旅游公共关系实施是解决问题的过程，只有通过有效的公共关系实施才有可能实现旅游组织的公共关系目标。

（二）决定了旅游公共关系目标的实现程度

实践表明：一个好的旅游公共关系策划方案可能因无效的实施而无法达到预期的效果，而一个有着欠缺的旅游公共关系策划方案也会因为有效的实施而得到完善。因此，旅游公共关系实施不是“照葫芦画瓢”那么简单，而是一项富有创意性的工作。实施效果如何，直接影响到旅游组织公共关系目标的实现程度。

（三）是后续工作的参考依据

旅游组织的公共关系工作是连续不断的，此次的公共关系实施结果，为下次的公共关系策划奠定基础，成为后续工作的参考依据。总结成功的经验和教训，有助于以后的公共关系活动的有效展开。

（四）可以检验策划工作的水平

只有通过实施旅游公共关系策划方案才能发现其问题，如收集资料是否全面、准确，分析是否科学、是否具有针对性，策划的技巧和方法以及策划的创意是否新颖等。

三、旅游公共关系实施的原则

为了保证旅游公共关系策划方案的有效实施，必须遵循如下原则：

（一）目标导向原则

目标导向原则是保证实施活动不偏离组织目标和策划方案目标的一个重要原则。在旅游公共关系工作展开中要注意从实现整体目标出发，统筹全局，不能因过分拘泥于某一个阶段或局部的工作，而忽略了与整体目标的一致性。要随时体察和防止过分重视局部而轻视整体的倾向，及时调整，以保证每个局部工作紧扣整体目标。

（二）整体协调原则

整体协调原则是指在旅游公共关系实施过程中，使各环节之间、部门之间及旅游组织和公众之间达到平衡、和谐、一致、合理、配合、互补和统一的状态的原则。整体协调的目的在于使全体实施人员在思想观念和行动上保持一致，保证实施活动的同步与和谐，做到整个实施部门统一意志，统一行动，高质、高效地完成实施工作。

（三）进度控制原则

进度控制原则就是根据整个旅游公共关系计划和目标的需要，按照一定的程序，掌握工作进度的原则。在旅游公共关系实施过程中，由于分工不同的实施人员在执行自己分管的工作时常常会出现工作不同步的现象，因此，旅游组织应随时检查各方面的工作进度，对于超前或滞后的情况进行全面协调，保证各方面工作平衡推进。

（四）反馈调整原则

反馈调整原则是指通过监督控制机制，及时发现旅游公共关系实施中的目标、方法、手段等的偏差甚至错误，并及时进行调整与纠正。用反馈后所获得的认识来调整整个旅游公共关系实施的活动，也就是根据过去的实施状况来修正、调整未来的行为。从某种程度上说，反馈也是对旅游公共关系策划方案的评估。例如，在旅游公共关系实施过程中要对服务质量信息作及时的反馈，可以向目标公众征询其对服务质量的意见和建议，再根据其意见和建议及时修正公共关系策划方案，之后再将修正后的方案付诸实施，实施后再将实施结果与原定的目标进行比较，来确定下一步的公共关系策划和实施。

四、旅游公共关系实施的步骤

旅游公共关系实施必须有条不紊地进行，可分为以下步骤：

（一）设置组织机构，落实人员和经费

首先，要根据旅游公共关系策划书的要求设置实施机构，机构的规模应当与旅游公共关系工作或旅游公共关系专题活动的任务相匹配，机构设置的原则是精简和高效；然后确定参与实施的人员，要根据旅游公共关系任务的要求，结合实施人员的专业素质和能力素质进行选拔。其次，旅游公共关系活动经费和必要的物资在活动开展之前就要安排好，避免在活动中因后续资金或物资供应不上，导致活动中断。

（二）安排实施人员的培训与分工

旅游公共关系策划者和组织者，在活动开展之前，必须对参与实施的所有人员进行培训。让所有的实施人员都能够明确此次公共关系工作和活动的目的、任务、要求，了解此次活动对组织的重大意义。对活动中需要的有关技术，也要进行训练，以期实施人员能够熟练掌握，这对提高活动的准确性和效率性是十分必要的。旅游公共关系工作或活动往往是一项系统工程，需要旅游组织中各部门、各环节相互协调、相互配合，为避免有相互推诿的现象发生，在公共关系活动开展前就要对组织的各职能部门和工作人员作合理的分工。

（三）作好公共关系实施的动态调整

在旅游公共关系实施过程中，由于外部环境、内部环境的变化或原策划中的疏漏等，会出现原策划方案与现实不相符合的情况，需要对原策划方案进行调整、修改，以保证在较合理的情况下顺利完成规定的任务。因此，要作好实施过程中的监控和动态调整。

五、旅游公共关系实施的障碍

旅游公共关系策划方案的实施过程实际上是进行传播沟通的过程。在传播沟通中，往往由于语言、习俗、心理、观念、组织等方面的原因，使得传播沟通不可能如愿以偿。因此，了解实施过程中的传播障碍和及时排除障碍是保证公共关系策划方案有效实施的关键。

影响旅游公共关系实施的因素众多而复杂，其中主要包括以下三种障碍：

（一）目标障碍

目标障碍是指在旅游公共关系策划方案中由于所拟定的公共关系目标不正确或不明确而为公关策划方案的实施带来的障碍。因此，要想有效地开展实施活动，就必须对公关目标进行检查。检查的内容主要有五个方面：一是公关目标是否切合实际和具有可操作性；二是公关目标是否可以进行比较和衡量；三是公关目标是否指出了所期望的结果；四是公关目标是否是实施人员职权范围内所能完成的；五是公关目标是否规定了完成的期限。若这五个方面有问题，实施人员应主动与策划人员取得联系，并促使其修订。

（二）沟通障碍

旅游公共关系策划方案的实施过程实际上是一个传播和沟通的过程，传播和沟通不畅都会影响实施效果。在旅游公共关系实施过程中，常见的沟通障碍有以下几种：

1. 语言障碍

语言障碍主要包括语言差异造成的隔阂、语义不明造成的困惑和失误、一词多义造成的歧义等。在公关传播中，要非常注意不同的文化背景和具体的语言情境，正确、准确地运用语言。

2. 习俗障碍

习俗是在一定的文化历史背景下形成的，不同的国家、民族有着不同的生活习惯、道德习惯、礼貌礼节、宗教信仰、审美传统等，因此容易造成误解，给沟通带来障碍。中国的古话"入境而问禁，入国而问俗，入门而问讳"是值得我们借鉴的。

3. 观念障碍

每个人因不同的社会地位、受教育程度，不同的民族、种族、宗教和人生阅历，会有不同的观念。观念不但制约着人际沟通的形式，还制约着人际沟通的内容，保守、封闭、极端的观念常常造成无效沟通。

4. 心理障碍

心理障碍是指由于人们在认识、情感、态度等心理因素上的差异造成的沟通障碍。常言道，"话不投机半句多"，指的就是这个道理。公众心理复杂多样，而且随时变化，所以，旅游公共关系活动要把握公众的心理需求，如果违背公众的心理愿望和想法，就会造成沟通失败。

5. 组织障碍

在旅游公共关系实施过程中，大量的实施工作要靠旅游组织内部人员的团结协作、共同努力才能完成。为此，合理的组织结构就成为有效进行内外沟通的关键。如果组织结构过于庞大、内部层次过多，易使信息失真，造成实施的困难。

造成沟通障碍的因素很多，除以上五种外，还有诸如知识经验水平差异大、沟通方式和方法、技术以及政治等方面的障碍等。

（三）突发事件的障碍

突发事件一方面表现为人为的纠纷，如公众投诉、新闻媒介的批评、人身伤亡事件、他人对组织的陷害、公众对组织的误解等；另一方面表现为自然因素引起的突发事件，如洪水、地震、火灾、空难等。这是旅游公共关系实施中最大的障碍之一。旅游组织如果不善于处理突发事件，不但会使整个旅游公共关系策划方案难以实施，甚至会影响到本组织的生死存亡。

克服障碍的方法很多，主要有以下几方面：健全组织机构，提高实施人员素质，增强团队战斗力，合理配置各个环节，加强对实施人员的培训和管理，让旅游公共关系实施有良好的人员保障和畅通的渠道；加强对公众心理、习惯、观念的调查和了解，尽可能地缩短组织和目标公众的心理距离，尽可能地减少沟通障碍；克服干扰因素和制约因素，变反面影响为正面影响。

第四节　旅游公共关系评估

在公共关系工作程序中，评估是最后一个环节，也是一个很重要的环节，它对整个公共关系工作起到承上启下的作用。

公共关系评估是指有关专家或机构根据一定的标准和方法，对公关的整体准备、策划、实施过程和实施效果进行测量、评估和判断的一种活动。公共关系评估主要用来总结经验和吸取教训，为新的公关活动提供背景材料。

一、旅游公共关系评估的意义

（一）增强旅游组织内部员工的凝聚力

一般来说，通过对旅游组织公共关系效果进行评估，并将评估的信息传递给内部员工，使组织的成员了解组织开展公共关系活动的目标，了解组织所拥有的良好的社会声誉及在社会中的地位，这无疑会使员工获得鼓舞，增强他们的自信心和荣誉感，并转化为向组织的总目标努力的动力。

（二）促使公关工作不断得到完善

通过旅游公共关系评估，可以检查和发现旅游公共关系工作中存在的不足。对于比较成功的旅游公共关系活动，我们要在肯定成绩的基础上去发现存在的问题，并分析问题产生的原因和解决的对策，使其对后续的公共关系工作起到借鉴的作用，使后续的公共关系工作少走弯路，效率更高，更完善。对于不成功的旅游公共关系活动，更应当积极地进行评估和反思，找到失败的根源，吸取经验教训，这对后续的公共关系工作意义更重大。避免失败、规避风险是开展任何工作首先应该想到的。充分总结过去的失败教训，可以在一定程度上帮助我们避免失败和规避风险。

（三）获得旅游组织决策层的重视和支持

通过旅游公共关系评估，能够全面、系统地总结旅游公共关系工作的成果，展示旅游公共关系工作对旅游组织发展产生的巨大促进作用，让领导和决策者看到开展公共关系工作取得的明显效果，从而使他们更加重视公共关系工作。

二、旅游公共关系评估的标准

公共关系评估是一种总结性的评估，是对公共关系活动成效的一次全面结论式的评估。建立正确的评估体系，是确保评估客观性和有效性的基础。而公共关系评估标准的制定，又因评估角度的不同而不同。旅游公共关系评估可根据准备过程、实施过程和实施效果三个阶段采取多层次的评估标准。

（一）准备过程的评估标准

1. 背景材料是否充分与准确(在活动尚未开始时)

2. 公关活动是否适应形势的要求(是否符合公众及媒介的要求)

3. 检验信息的传递形式是否有效

重点是检验信息传递资料及宣传品设计是否合理、新颖，是否能达到引人注目、给人以深刻印象的要求。具体包括文字语言的运用、图表的设计、图片及展览方式的选择。

（二）实施过程的评估标准

实施过程的评估是评估工作中的主要部分，可以发挥监控、反馈的作用。如发现哪些决策是正确的、哪些决策是错误的、哪些决策不利于公众对旅游组织产生信任，以及发现决策实施过程中出现的偏差等。实施过程的评估标准包括以下几方面：

1. 检验信息资料发送的数量

这些数据可以直接反映旅游组织在实施公关活动中所进行的电视广播讲话次数、新闻发布的数量。不理想的环节和计划实施中的弱点会从数据中反映出来。

2. 检验信息被新闻媒介采用的数量(曝光度)

只有通过传播媒介，才能有效地保证公众接触这些信息并受其影响。这样的评估可以发现旅游组织在公关活动实施过程中的一些重大失误，如公关资源的浪费。

3. 检查接收到信息的目标公众数量(信息准确度)

旅游公共关系评估工作关心的不是理论接收人数，而是实际接收人数。应该对收到信息的各类公众进行分类统计，从中找出目标公众的数量。绝对数量并不重要，重要的是这些公众的结构。

4. 检查注意到该信息的公众数量

（三）实施效果的评估标准

实施效果的评估是总结性评估，不仅在实施过程中发挥重要作用，而且可以作为下一个计划实施过程的基本评估而发挥作用。

1. 检测了解信息内容的公众数量

2. 了解改变观点的公众数量

3. 了解改变态度的公众数量

这是更高层次的标准。态度涉及的范围很广,而且不能仅凭一时一事判断,观点变化,态度不一定变化;观点不变,态度也可能发生变化。

4. 发生行为改变的公众数量

观点和态度的改变能引起行为的变化,但并不一定导致行为的改变。

5. 增加或保持期望行为的公众数量

"发生期望行为"的公众指的是出现了公关活动所期望的改变行为的公众。一般而言,行为发生改变的公众在行为改变之前,肯定接受了某些信息或在某方面被说服了。"重复期望行为"的公众指的是这种人的行为不是短期行为,而是长期行为。

6. 达到的目标和解决的问题

这是公共关系活动评估的最高标准。

7. 对社会和文化发展产生的影响

通过公关人员的活动对社会和文化发展产生的积极影响。

三、旅游公共关系评估的方法

旅游公共关系评估的标准一旦确立,就要在其基础之上,根据评估对象、评估内容、评估人员等选择合适的评估方法。通常,旅游公共关系评估的方法主要有以下几种:

(一) 公众意见法

这种方法包括公众意见征询法和公众问卷调查法。所谓公众意见征询法是在旅游公共关系活动过程中和结束后,通过对公众的访问和举行公众代表座谈会,以电话或口头交谈的方式来征求公众的意见的方法。公众问卷调查法通过科学的问卷调查来展开研究,先集思广益提出评估问题,再根据实际情况进行问卷设计,最后根据收集来的信息进行统计分析,取得一组数据资料的方法。问卷调查一般在公共关系活动的准备阶段、结束阶段与结束后3—6个月向目标公众发放问卷。通过对问卷的整理、统计、分析来评估本次公共关系活动的效果。

(二) 自我评估法

这是由旅游公共关系活动的对象通过亲身感受而对活动给予评定的方法。例如,某旅游公司开展了一次旅游产品发布会,在这次发布会中,该公司特意对其开发的旅游线路进行了详细的说明和一系列的推广活动。为了评估本次公共关系活动的实施效果,公共关系人员可以请参加这次发布会的来宾评定本次公共关系活动。这种方法的优点是显而易见的:方便操作,节约开支,而且可加深与会者的印象等。但是,这种方法也存在着一定的缺陷:它可能产生不真实的测量结果,尤其在向调查对象提出一些比较敏感的问题时更是如此。因此,采用自我评估法要特别注意问卷或提问的方式,对敏感的问题适宜采用灵活、委婉的方式进行调查。

(三) 专家意见法

专家意见法又称"德尔菲法",是一种综合专家意见,就专门问题进行定性预测的方法。这种方法是由旅游公共关系及有关方面的专家来审定旅游公共关系计划,观察计划的实施，对计划实施的对象进行调查，与实施人员交换意见，最后撰写出评估报告，以鉴定旅游公共关系活动的成效的方法。专家意见法的价值，完全取决于专家是否具备专门的知识，如果他们对旅游公共关系活动涉及的某些领域的知识储备不足，那么他们就无法作出正确的评估。因此，采用专家意见法时，一定要邀请知识丰富、熟悉情况的专家，同时对专家的选择要注意权威性和代表性。

（四）新闻媒介调查法

新闻媒介调查法是通过对大众传播媒介发布的旅游组织公关活动的统计来分析、评估旅游组织公关传播情况的方法。主要是调查新闻媒介对旅游组织公关活动的报道情况，包括媒介覆盖面、媒介的重要性、媒介类型、传播方式、传播信息的数量和频次；报道的角度、图片及文字状况等；报道内容的影响范围。通过这种方法可以判断旅游公关活动受新闻媒介关注的程度，从而衡量公关工作的效果。

四、旅游公共关系评估的程序

一般来讲，旅游公共关系评估工作可分为以下四个阶段：

（一）评估准备阶段

在评估准备阶段中，应确定评估的目标和标准。评估目标是进行检验的参照物，有了参照物才能通过比较来检验旅游公共关系计划与实施的结果。评估目标也是旅游公共关系工作期望达成的效果。评估目标要具有三个特性：一要有完备性，包含所有的旅游公共关系计划的内容；二要有具体可操作性，不能是抽象的，要能进行实际操作；三要有可测性，最好能转化成数据，使结果一目了然。评估标准是评估目标的具体体现和评估工作的尺度。评估标准不能过高也不能过低。应安排好评估的人员和时间进度，只有将评估目标具体化、评估标准量化，才能保证评估资料收集工作的明确化和准确化。

（二）全面评估阶段

全面评估阶段就是依据评估标准，运用各种评估的方法，全面搜集各种评估资料和信息，在广泛收集资料的基础上，对开展旅游公共关系活动以来旅游组织内部和社会公众方面发生变化的各种信息进行评估。

（三）整理分析阶段

在整理分析阶段，应参考评估标准，对所搜集的各种资料或信息进行分析比较、统计和对照，检查既定公共关系目标是否达到，检查预算执行情况与效果。并在评估分析的基础上提出计划实施中尚存在的没有解决或新发现的问题，进一步分析产生这些问题的原因。

（四）撰写报告阶段

在全面检查、评估分析、提出问题的基础上，旅游公共关系人员应根据情况和需要调整工作计划和目标，并向决策部门报告分析结果，以便领导者统筹考虑组织的目标和任务。同时，还要针对新问题并根据组织的总目标、总任务，设定公共关系下一个阶段的目标。

本章小结

本章重点介绍了旅游公共关系工作程序，即公共关系的“四步工作法”，包括公共关系调查、公共关系策划、公共关系实施、公共关系评估。这四个步骤是相互联系、相互独立的。公共关系调查是整个程序运行的基础，是组织开展公共关系工作的先导，是整个公共关系活动的前提。本章主要介绍了调查的程序、调查方案的设计以及访谈法、观察法、文献调查法、问卷调查法等调查方法。公共关系策划是整个程序运行的关键，它既关系到公共关系工作的方向，又关系到公共关系工作的效率，它是公共关系实施的依据。旅游公共关系策划程序包括确定公关目标、设计主题、分析目标公众、选择活动项目、捕捉活动时机、选择传播媒介、预算经费、审定方案。公共关系实施是整个程序运行的重点，它事关组织的公共关系工作目标能否实现。公共关系评估是整个程序运行的最后一个环节，它不仅要检验公共关系工作是否达到预期的效果，同时也为下个阶段的公共关系工作奠定基础。

思考与探究

1. 联系一家旅游企业，根据需要确定主题，设计调查问卷，进行实地调查，并撰写调查报告。

2. 请按公共关系“四步工作法”的程序和内容策划一次公关知识大赛。

3. 旅游公共关系策划应如何选择传播媒介？

4. 旅游公共关系实施应坚持哪些原则？

5. 简述旅游公共关系评估的程序。

6. 有人说，旅游公共关系评估是旅游公关的最后一个环节，因此要放在整个公关活动的最后进行。你认为这种说法正确吗？为什么？

案例分析

案例分析一

女总统的笑

马耳他女总统芭芭拉访问上海期间曾下榻锦江饭店。锦江饭店公共关系部的工作人员在接到任务后查阅了大量资料，进行了周密的准备。当女总统走进总统套房时，意外地发现了桌上放置了全套“露美”化妆品、烘发吹风器和珠花拖鞋，房间内还放置了一架昂贵的钢琴。临行时她亲笔留言：“在上海逗留期间，感谢你们给予我第一流的服务，并祝你们幸福，前途美好。”

问题：上海锦江饭店公关部的工作人员为了解马耳他女总统的爱好，采用了哪种调查方法？这种调查方法的优点是什么？

一样的古镇，不一样的乌镇

——乌镇形象公关策划

一、乌镇简介

乌镇位于浙江省嘉兴市境内，南邻杭州，西靠太湖，北接苏州，东临上海，是国家4A级景区，著名的“江南四大名镇”之一，也是与周庄、西塘等齐名的“江南十大水乡古镇”之一，曾名乌墩和青墩，具有六千余年的悠久历史和1300年的建镇史。乌镇是典型的江南水乡古镇，素有“鱼米之乡，丝绸之府”之称。

1991年，乌镇被评为“浙江省历史文化名城”。

十字形的内河水系将全镇划分为东、南、西、北四个区块，当地人分别称之为“东栅、南栅、西栅、北栅”。目前乌镇主要景区分东栅和西栅两部分。2001年，乌镇东栅景区正式对外开放，以其原汁原味的水乡风貌和深厚的文化底蕴，一跃成为中国著名的古镇旅游胜地。乌镇旅游开放以来，每年都吸引着二百多万海内外游客前来观光游览，乌镇也成为浙江省年接待外宾数量最多的单个景点。

二、公关策划目标

此次公关策划的目标是整合乌镇现有的六条线的优势资源，挖掘其作为一个水乡古镇所独有的人文内涵，通过公关策划活动，进一步提升乌镇的知名度，突出乌镇“文化古镇”的形象，并最终在公众心目中树立“一样的古镇，不一样的乌镇”的形象，使乌镇在“江南十大水乡古镇”中脱颖而出，成为一个在公众心目中有其自身特色的古镇，并最终赶上甚至超越周庄成为“江南第一水乡古镇”。

三、公关策划主题

策划主题：“一样的古镇，不一样的乌镇”

这一主题也是当下乌镇旅游推广的口号，只是在现有的推广和策划中空有口号而缺乏实际。如果能在公关策划中结合乌镇实际，贯彻口号内容，那么这也不失为一个好主题。此外这一口号已经推行了很久，在公众中也有一定的知晓度，所以此次公关策划选择沿用这一主题。

“一样的古镇”意指乌镇作为一个水乡古镇，有着小桥流水人家这些古镇共有的事物，能够让公众感受到古镇共有的古韵；“不一样的乌镇”意指乌镇作为一个水乡古镇有其自身的特色，而这些特色就是我们此次公关策划中要去挖掘、整合，并最终呈献给广大公众的乌镇形象的独特之处，这其中很重要的一点就是乌镇的人文内涵。

四、公关策划思路

基于乌镇现有的优势资源，策划将会在一年内通过系列的公关活动，分四次，系统地传达“不一样的乌镇”的理念，在公众心目中树立乌镇独特古镇的形象。这些活动都是能够体现乌镇形象特色，与“一样的古镇，不一样的乌镇”相契合的活动。

活动在执行中采用线下活动为主，同时线上、线下相结合的方式展开。线上主要以乌镇旅游网和乌镇旅游微博、博客为阵营，负责网络平台的消息报道和内容展示。公关活动的宣传除了充分利用网络平台的资源，还将与乌镇旅游推广的广告相结合。

五、公关策划时间

2012年4月—2012年9月

六、系列公关活动

系列公关活动主要包括以下四个:2012年春“乌镇人文十景”评选、2012年4月“不一样的乌镇”摄影比赛、2012年农历七夕节“不一样的婚礼”——七夕中式集体婚礼以及2012年9月“一样的古镇,不一样的乌镇”征文大赛。这四个公关活动都围绕“一样的古镇,不一样的乌镇”的主题展开,前后时间跨度为6个月左右,活动与活动之间间隔适当。公关策划目标就是通过这一系列的活动来树立乌镇“一样的古镇,不一样的乌镇”的形象,突出其人文内涵。

(一)“乌镇人文十景”评选

基于有关乌镇的人文典故、特色景点和风土民情,着力打造“乌镇人文十景”品牌,作为乌镇的形象景观和标志性景点。

“江南十大水乡古镇”在景点设置上彼此之间区分度不大,同质化严重,没有给人印象深刻的景点。打造“不一样的乌镇”可以以此为契机,率先在古镇之中开辟一个系列的景点。十景设置重点突出“人文”,因为这是乌镇区别于其他古镇的重要之处。十景的打造方式可以参照“西湖十景”和“新西湖十景”,最终目标是打造能够高度概括乌镇古镇特色、代表乌镇形象的“乌镇人文十景”。

1. 十景选择

“六朝遗坊”:昭明太子读书的遗迹

“洗冤正厅”:关于夏同善与杨乃武、小白菜

“古台观戏”:古戏台,今天唱桐乡花鼓戏

“双栅相觑”:东栅与西栅两个主要景区

“文昌闲话”:文昌阁

“茅盾故居”:茅盾的故居

“分龙彩雨”:分龙节活动

“中元河灯”:中元节活动

“元宵走桥”:元宵走桥活动

“三白飘香”:乌镇三白酒

十景的选择覆盖了历史遗迹、名人故居、风俗民情和风土特产,具有高度的概括性,这些景点都是乌镇人文风情的典范。

2. 新闻十互动

将“乌镇人文十景”评选活动以新闻的方式在大众媒介和网络上予以传播,在乌镇旅游网和乌镇旅游微博、博客上展示“乌镇人文十景”。其间乌镇旅游在平面媒体和广播、电视、互联网中出现的广告也围绕“乌镇人文十景”展现。

公关策划中的“乌镇人文十景”官方只评出其中九景,然后在第二阶段,通过传统媒体和互联网发起“选出您心目中的乌镇第十景”活动,在乌镇旅游网、微博等平台上同步发布活动信息,号召了解乌镇的公众加入到评选“乌镇第十景”的活动中来。公众可以通过网络留言、邮件、信件等方式进行投选。整个“第十景征集活动”持续时间为两个月,公众评选的“第十景”将在乌镇旅游网和微博上予以展示,最终被采纳的“第十景”的倡议者将获得一份“乌镇旅游大奖”。

（二）“不一样的乌镇”摄影比赛

春季是旅游的最佳时节，也是乌镇最美丽的时节之一。4月的江南春意正浓，公关策划借此时机举行“不一样的乌镇”摄影比赛，纪录和传播古镇美丽的春景。摄影比赛本身可以构成一次公关活动，在社会上引起关注，同时摄影作品也可以作为一个传播、展示乌镇形象的载体。整个活动时间在4月，还可以作为“五一黄金周”的预热。

1. 网络征集令

在3月底到4月初之间在乌镇旅游网、乌镇旅游微博等网络媒体上发布一则“乌镇摄影大赛”的征集令，征集各路爱好摄影的好手到乌镇来采风并参加摄影比赛，同时在平面媒体上以新闻事件的形式传播此次活动，在网络平台上跟踪报道活动进展。

优秀摄影作品将被运用于乌镇形象宣传之中，同时摄影师本人也将获得“乌镇旅游特别奖”。最终活动会评选出摄影比赛的等级奖，并在“五一黄金周”期间开辟专馆进行展示，各路摄影好手的佳作将作为黄金周乌镇旅游的一大特色。

2. 专业摄影师助阵

除了此次业余摄影爱好者的摄影比赛，还将组织一批专业摄影师对乌镇进行采风摄影，其作品将连同之前已有的乌镇摄影作品构成黄金周“摄影展”的重要组成部分。所有摄影作品和摄影比赛的作品都将同步在网络上予以展示。

（三）“不一样的婚礼”——七夕中式集体婚礼

随着年轻人对婚礼形式追求的多样化，中式婚礼在近年来也成为一种时尚的选择，古色古香的乌镇对举办中式婚礼来说具有得天独厚的优势。单一的集体婚礼自然很难形成公关效应，所以可以在农历传统的七夕节策划一场中式集体婚礼，总共将征集百对新人，也契合中国传统文化中的“百年好合”之意。

年轻人是乌镇旅游的重要目标客源，举办中式集体婚礼能够在年轻人心目中树立一种“古老而又时尚”的新形象，加深年轻人对乌镇旅游的偏好，更重要的是能够实现与其他古镇的区分。

1. 前期征集

在中式集体婚礼活动前的三个月内开始征集婚礼新人，在乌镇旅游网、乌镇旅游微博等网络平台上发布“婚礼新人征集启事”，在报纸等媒体上同步发布广告。有意向的新人可以通过官方热线报名参加。

婚礼对象可以分为以下三类：一是近期内即将结婚的新人；二是已婚但希望重新举办一场有意义的婚礼仪式的夫妻；三是正值金婚的老人，为其操办一场特殊的金婚典礼。

2. 婚礼过程

2012年农历七夕节当天，乌镇旅游管理部门将为百对新人举办中式集体婚礼，全程摄像、网络直播，邀请江浙沪地区以及全国其他地区的媒体进行报道。

按照传统中式婚礼流程，此次婚礼设置抬花轿、拜堂、揭红盖头等环节，此外还将设置婚礼与古镇结合的环节，诸如“乌镇见证美好爱情誓言”的真情告白环节、古镇婚纱摄影环节，以及新郎新娘同舟共济——泛舟乌镇环节等等。

3. 后期展示和宣传

在婚礼后及时通过大众媒体传播活动信息，借助中式婚礼衬托乌镇这座水乡古镇的古色古香、浪漫情怀。在乌镇旅游网和乌镇旅游微博等网络平台上展示活动图片信息，特别是婚礼与古镇环境结合得当的美图。

（四）“一样的古镇，不一样的乌镇”征文大赛

秋天是个旅游的好季节，也是去乌镇的好季节。这时候，天朗气清，小桥流水人家的古镇别有一番风味，引起游人的无限遐思。在9月初，与《钱江晚报》等知名媒体合作开展以“一样的古镇，不一样的乌镇”为主题的征文大赛，面向全社会征集作品，并选取某个特殊的日子在乌镇举行颁奖典礼。

征文活动在调性上与乌镇浓厚的人文气息紧密契合。一代文学巨匠茅盾就是乌镇人，并且在乌镇还有著名的茅盾故居，是镇上的知名景点。通过征文活动，可以在公众心目中进一步树立乌镇“人文古镇”的形象，确立其在“江南十大水乡古镇”中的独特性，为最终打造“一样的古镇，不一样的乌镇”的形象奠定人文基础。

1. 作品征集

9月初开始作品征集，征集时间为三个月。首先在《钱江晚报》的副刊连续刊登“一样的古镇，不一样的乌镇”征文大赛的相关信息，并附上报名表。同时在乌镇旅游网和乌镇旅游微博等网络平台上同步发布征文大赛信息，鼓励网友积极参赛。

征文体裁不限，诗歌、散文、小说皆可，围绕“一样的古镇，不一样的乌镇”的主题，作品可以是作者游览乌镇后的游记，也可以是描绘乌镇美丽景色的散文、诗歌，甚至可以是表现对乌镇的向往之情的文章。总之，一切围绕主题的内容都可以参赛。

2. 评奖、颁奖

参赛作品将组织知名作家、文学教师等组成的团队予以审评，最终评选出若干优秀奖和等级奖，所有获奖作者将获得相应的奖品。

大赛颁奖仪式将于次年7月茅盾先生诞辰之际在乌镇举行，届时邀请嘉兴市文化名人助阵颁奖，并邀请媒体机构对颁奖活动予以报道。获奖作品信息将在乌镇旅游网和乌镇旅游微博上披露报道，获奖作品还将被收录到乌镇旅游网的相关栏目。

七、公关策划预算

活动	项目	金额(元)
“乌镇人文十景”评选	媒介广告费用	100000
	奖品费用	5000
摄影比赛	媒介广告费用	100000
	摄影师费用	100000
	奖品费用	30000
中式集体婚礼	媒介广告费用	20000
	活动费用	100000

续 表

活动	项目	金额(元)
征文大赛	媒介广告费用	20000
	奖品费用	30000
	颁奖活动费用	50000
合计		555000

八、公关策划前景预测和效果预测

(一) 前景预测

1. 通过城市形象公关策划,使乌镇“一样的古镇,不一样的乌镇”的宣传口号深入人心。

2. 通过对乌镇城市形象的打造,使乌镇旅游收入快速提升,客流量增加15%—20%,GDP 增长 15—20 个百分点。

3. 通过对乌镇特色文化资源的打造,使广大公众对乌镇特有文化有一个全面的了解,加深公众对乌镇“文化古镇”的认知。

4. 赶上甚至超越周庄,成为知名度最高的“江南水乡古镇”。

(二) 监控评估

1. 建立执行审核、审计、监督的组织和系统,对每次活动进行有效的审核和审计,并成立专门部门。

2. 建立信息反馈、流通的组织和系统,对公关策划执行过程中出现的问题及时反馈并进行纠正。

3. 建立决策修正系统和修正方案备选资料库,如果项目执行过程中出现不可预料的变故,可以有一个备选方案,不至于项目全盘落空。

4. 通过乌镇旅游网、乌镇旅游微博等网络平台进行舆论监控,通过网络平台的关注度来观测公关活动的影响力和宣传效果。

(资料来源:道客巴巴网,内容有所修改)

结合本章内容和以上案例讨论:

1. 乌镇形象公关策划的成功做法给你的启示有哪些?

2. 参照乌镇形象公关策划的程序,尝试给自己的家乡做一个形象公关策划方案。

第六章

旅游公共关系谈判

章前导语

旅游组织的公关人员，经常要处理组织与公众之间复杂的利益关系和矛盾，这些矛盾，只能通过双方的协商来加以解决。因此，谈判是旅游公关人员必须熟练掌握的一项技巧。旅游公共关系谈判的出发点和落脚点均体现在旅游组织与公众之间的利益，目的是使双方关系或利益获得合理调节，促进相互间的平衡、和谐的发展。旅游公共关系谈判需按照一定的程序开展，同时要采用相关的谈判策略，才能把握谈判的主动权，取得满意的谈判结果。

本章导学

【学习目标】

了解旅游公共关系谈判的特征和原则；
掌握旅游公共关系谈判的程序；
熟练运用旅游公共关系谈判的各种策略；
能够识别旅游公共关系谈判中的各种陷阱。

【关键术语】

谈判 旅游公共关系谈判程序 数字陷阱 炒蛋陷阱

第一节 公共关系谈判概述

一、公共关系谈判的概念

（一）谈判的定义

谈判这一名词，说起来简单，解释起来却很复杂。人类在其进化发展过程中，始终经历或者伴随着谈判。电视、收音机及传播媒介经常报道有关谈判的新闻：中美谈判、巴以谈判、南联盟与北约谈判等，可以说谈判就在我们身边，谈判就在我们的生活中。但是到目前为止，并没有一个让大家都能接受的、统一的定义。

1. 国外专家的主要观点

关于谈判的定义，国外专家的主要观点有：

美国哈佛大学法学教授罗杰·费希尔和谈判专家威廉·尤瑞认为："谈判是你从别人那里获取你所需要的东西的基本手段，你或许与对方有共同利益，或许遭到对方的反对。谈判是为达成某种协议而进行的交往。"

美国谈判协会会长、著名律师杰勒德在1968年出版的《谈判的艺术》一书中提出谈判是"人们为了改变相互关系而交换意见，为了取得一致而相互磋商的一种行为"，是直接"影响各种人际关系，对参与各方产生持久利益的"一种过程。

美国著名的谈判专家荷伯·科恩在其《人生与谈判》中提出谈判是"利用信息和权力去影响紧张网（关系状态）的行为"。

美国著名谈判专家威恩·巴罗和格莱德·艾森认为："谈判并不是什么新东西，它从古至今一直是人们生活中的一个组成部分。实质上，谈判是在双方都致力于说服对方接受其要求时所运用的一种交换意见的技能。其最终目的就是要达成一项对双方都有利的协议。"

美国哈佛大学谈判培训中心负责人霍德华·雷法认为："谈判包含科学和艺术两个

方面。在这里,所谓'科学'的基本含义是指,为了解决问题所进行的有系统的分析;所谓'艺术',包括社交技巧、信赖别人和为人所信服的能力、巧妙地进行各种讨价还价的能力,以及知道何时和怎样使用以上能力的智慧。"

2. 国内学者的观点

东北财经大学李品媛教授认为:谈判是参与各方出于某种需要,在一定的时空条件下,采取协调行为的过程。香港中文大学邓东滨教授认为:广义地说,谈判是指人类为满足各自的需要而进行的交易。台湾学者刘必荣博士认为:谈判不是打仗,它只是解决冲突、维持关系或建立合作构架的一种方式,是一种技巧,也是一种思考方式。谈判是一种赤裸裸的权利游戏,强者有强者的谈法,弱者有弱者的方式。

上述学者从不同的角度对谈判的定义进行了阐述,虽然各自的表述有所不同,但是,综合起来,我们可以将谈判的概念概括如下:

(1) 谈判至少是双方的或者是多方的行为,而且相互之间具有某种联系或关系;

(2) 谈判的各方都有各自的需要,是为满足某一种或几种需要而进行的;

(3) 谈判各方的目标都是为了争取各自的利益、满足各自的利益;

(4) 谈判是一种协商和沟通,目的是要达成一项对各方都有利的协议。

由此,可以将谈判的定义归纳为:

谈判是指具有某种相互联系或关系的各方,为了满足各自的需求,进行沟通和协商,达成兼顾各方利益的协议的过程。

(二) 公共关系谈判

公共关系谈判是谈判者相互沟通信息、寻求一致的过程,是共同满足各方需要的一种手段,也是科学性与艺术性的统一。公共关系谈判同其他谈判一样,其本质、规律、方法、技术和技巧基本都是相同的。但是,公共关系谈判也有其不同特征:一是特别强调互利互惠原则,而且更重视长久的利益关系;二是注重树立、改善组织的形象,处理好与公众的关系。这就要求公关人员不但要掌握谈判技术和技巧,以达到预期的目的,还必须通过谈判让对方感受到真诚,使其心悦诚服,增加长期互惠合作的诚意和信心。

二、公共关系谈判的特征

谈判是一个涉及诸多学科、十分复杂的协商沟通过程。公共关系谈判具有其他形式谈判的共性,也有其特殊性。一般情况下,公共关系谈判具有以下特征:

(一) 直接性

谈判是利益冲突的各方通过直接接触,彼此间建立一种生动、活泼的相互关系,使谈判的每一方都能面对面地观察和了解对方的态度和观点,都能随时调整自己的态度和意见。因此,谈判人员的态度和意见、仪表仪容、语言谈吐、举止礼仪等直接或间接地影响谈判的成功与否。

(二) 非均等性

谈判是一种互利活动,谈判各方都能从中获得某种利益和需求的满足,但由于谈判各方所处的地位、实力及谈判人员的技巧不同,决定了谈判各方所获得的利益或需求满足的程度是有差异的,是非均等的。

（三）互利性

在各种形式的谈判过程中，任何一方都在努力实现自己的需求和利益，都希望对方放弃要求，作出让步。但是愿望毕竟只是愿望，并不是现实。这就要求谈判的各方既然想从对方那里得到自己需求的满足，就要在考虑满足自己的方案和策略时，同时考虑到对方的需求，考虑到对方对己方提案的接受程度。好的谈判人员并不是一味固守立场，追求寸步不让，而是与对方充分交流，从各方的最大利益出发，创造各种解决方案，用相对较小的让步来换得最大的利益，而对方也是遵循相同的原则来取得交换条件。在满足各方最大利益的基础上，如果还存在达成协议的障碍，那么就不妨站在对方的立场上，替其着想，帮助其扫清达成协议的障碍。这样，最终必将导致一个双赢的、互惠互利的结局，而且，一个好的结局对今后的相互信任与合作所产生的积极影响是非常重大的。很多谈判桌上的对手在私下里都是好朋友，代表各自的组织建立了良好的彼此信任关系。长远的信任与合作关系所带来的利益，已经远远超出了一局谈判的收获。

任何公共关系活动的目的都是树立组织的形象，提高组织的美誉度，与不同的公共关系客体建立长远的信任合作关系，谈判更不能例外。因此，作为公共关系谈判人员更应该注重这一特点。

（四）结果的相对平等性

一切所谓成功的谈判，各方都是胜者。但是，从谈判的结果上看，不平等是绝对的，平等只是相对的。造成这种结果的因素很多，但主要因素是实力问题。如何辩证地看待公共关系谈判的这个特征，对正确认识谈判目的有重要的实际意义。首先，只要参加谈判的各方都具有否决权，谈判就可以说是平等的；其次，谈判不是体育比赛，在一局谈判中，可能是赢在现在，也可能是赢在未来。我国在加入 WTO 的谈判中，对美国作了相对较多的让步，但是从进入世贸组织后的发展空间来看，我们赢得了战略性的胜利；第三，尤其需要注意的是，公共关系谈判与商务谈判的目的有很大不同，公共关系谈判所侧重的不是暂时的经济利益，而是组织形象的树立，这就更需要有长远的发展目标。

（五）以理服人

公共关系的功能是塑造形象、协调关系、传播沟通和优化环境，公共关系谈判应该是为实现其功能服务的。所以，公共关系谈判应该重视沟通和协商环节，强调以理服人、以信取人，不必过分计较微不足道的枝节问题，以公共利益为重，将着眼点放在发展组织的长久利益关系上。

公共关系谈判的另外一个特征是，其结果一般不具备法律约束效力，往往是意向性的、展望性的文件，谈判一般是以签署意向书、备忘录或者口头许诺作为结局。

三、公共关系谈判的原则

公共关系谈判在促进沟通、达成交易和解决争议方面的作用日益突出。作为一种特定的沟通活动，公共关系谈判在遵守国家法律和维护组织利益的前提下应遵循以下原则：

（一）平等互利原则

平等互利是我国对外政策的一项重要原则。平等互利是指国家不分大小，不论贫富强弱，在相互关系中一律平等。参与公关谈判的双方在法律地位上享有的权利与义务一律平等，无论组织大小、实力强弱都要坚持平等互利原则。遵守此原则，要求谈判双方处于平等的地位；在公共关系谈判中，既不能将己方的意志强加于人，也不接受不平等的条件；在谈判结束后所签订的合同中，谈判双方的权利与义务应该符合对等的原则。

（二）真诚合作原则

诚挚与坦率是做人的根本，也是谈判活动的准则。在谈判中要明确双方不是对手、敌手，而是朋友、合作的关系；谈判不是利益争夺的过程，而是双方互相沟通、交流，以寻求共同发展的过程。谈判过程中，不论哪一方缺乏诚意，都很难取得理想的合作效果。在相互合作、相互信任的基础上，双方坦诚相见，将自己的观点、要求明确地摆到桌面上来，求同存异，相互理解，这样会大大提高谈判成功的可能性。

坚持真诚合作的原则，并不排斥谈判策略与技巧的运用。合作是解决问题的态度，而策略和技巧则是解决问题的方法和手段，两者是不矛盾的。

（三）灵活机动原则

在谈判的过程中要灵活机动、随机应变。公共关系谈判受到多种因素的制约，不确定性很大，这就要求谈判人员要根据目标，不断修正自己的策略，使自己在谈判中游刃有余，为取得谈判成果打好基础；并且要注意在谈判中留有余地，使自己有一个回旋的空间；同时还要坚持公开性原则，坚决杜绝私下交易，此类事件一旦败露，将会对组织形象产生不可弥补的损害。

（四）最低目标原则

在任何谈判中，都有一个最低目标要求，即最低底线。最低底线是谈判各方可以接受的最低条件，也就是说谈判的各方只有在不违背各自的最低需求的情况下，才可以兼顾对方利益，作出适当的让步，促使谈判取得进展，进而发展到合作关系，实现互惠互利。最低目标原则是谈判获得成功的基本前提，在谈判过程中既要坚持己方的最低底线，又要考虑对方处境，这样才能使谈判顺利进行下去。否则，只能使谈判破裂，两败俱伤。

（五）合法性原则

在谈判及合同签订的过程中，要遵守国家的法律、法规和政策。对外商务谈判还应当遵循国际法则及尊重对方国家的有关法规。与法律、政策有抵触的任何谈判，即使出于谈判双方自愿并且协议一致，也是无效的，不但不受法律的保护，还要受到法律制裁。

（六）讲求时效原则

公共关系谈判应讲求效益与效率的有机结合，既要讲究良好的效果，又要追求较高的效率，不能搞马拉松式的谈判。

四、公共关系谈判的程序

公共关系谈判的程序一般分为准备、开局、交流与磋商和签约等几个阶段。只有掌握好公共关系谈判的程序，才能把握好公共关系谈判的全过程，完成好公共关系谈判的各阶段工作，实现最终目的。

（一）谈判的准备阶段

西方谈判界有一句谚语："如果谈判准备不成功，那就在谈判中准备失败吧！"谈判的准备至关重要，准备工作是否充分细致，将直接影响谈判过程的各个环节，乃至最终结果。

1. 确定谈判目标

谈判目标通常是谈判要解决的问题。确定谈判的目标，就是确定期望通过谈判要达到的目的。在整个谈判过程中，无论是方案的制定，还是策略的选择和实施，都是为了实现谈判目标服务的。

谈判目标一般分为三个层次：一是最高目标，指谈判者所能获取的最大利益目标；二是比较理想目标，指较理想的实际目标；三是可接受的最低目标，指谈判者的底线。

2. 收集情报资料

收集情报资料在任何形式的谈判准备中都是非常重要的一环。"知彼知己，百战不殆。"在公共关系谈判中，要收集的信息主要包括：所涉及的市场信息、技术信息、环境信息、政策法规信息和谈判对手资料信息等。

3. 组建谈判班子

根据谈判任务对谈判人员的要求，选择谈判人员，组建谈判班子。谈判班子的组建主要包括确定参加谈判的人数、人员和成员之间的分工与配合。公共关系谈判是谈判双方人员的知识、智慧、心理、经验等综合能力的较量，组织一支优秀的谈判团队，对取得谈判的成功起着格外重要的作用。

4. 拟定谈判方案

在谈判之前，要拟定出一个周密、明确的谈判方案，其内容一般包括谈判的目标、议程、进度和对策等等。拟定谈判方案要注重四个方面：简明扼要、准确具体、策略得当和灵活机动。谈判方案是谈判的指导性纲领，其目的是尽可能地维护己方利益，兼顾对方目标，最终实现双方比较满意的结果，进而达成协议，成为长久合作发展伙伴。

5. 举行模拟谈判

模拟谈判是谈判方案的假设执行。为了使谈判最大限度地达到己方的目标、适应对手，往往要进行一次或多次模拟谈判。在进行模拟谈判的组织时，在充分准备的基础上，应注意要求扮演对方角色的人员在各个方面尽力模仿对手，严格认真地进行模拟。每次模拟谈判完成之后，要认真总结，找出问题，根据需要进行反复模拟，直到满意为止。

（二）谈判的开局阶段

对于公共关系谈判，良好的开局至关重要。谈判的开局体现出谈判双方在谈判中采取的态度和方式，对谈判能否顺利进行关系极大，同时也影响着双方对谈判局面的控制，有时直接影响谈判的结果。

1. 营造良好的谈判气氛

任何一种谈判在一开始都涉及谈判气氛，又称之为洽谈气氛。在公共关系谈判中，谈判气氛直接影响到双方的情绪和行为，是整个谈判过程中双方能否进行友好协商的基础。应注意消除冷淡、对立、紧张的情绪，还要注意避免松松垮垮、拖拖拉拉、旷日持久、互不让步的马拉松式谈判。要努力创造出积极、友好、热情的局面，并且在涉及具体问题时保持平静、严肃、严谨和务实的心态，在谈判过程中要注意灵活掌握。

经典回顾

1991年底，中美开始进行首轮知识产权谈判。当时吴仪到外经贸部工作才4个月。一开场，美国贸易代表、被称为国际贸易谈判圈中“铁女人”的卡拉·西尔斯就极不友善：“我们是在和小偷谈判。”面对美国人的无理，吴仪机敏而犀利地还击：“我们是在和强盗谈判。请看看你们博物馆里的展品，有多少是从中国抢来的。”吴仪的针锋相对，掌握了开局的主动权，迫使对方放弃了傲慢与偏见，开始了冷静、务实的谈判进程。

谈判气氛是在谈判开局阶段迅速形成的，是弥漫在谈判现场空间中的能够影响谈判进程和谈判结果的心理因素和心理感受的总和。谈判气氛良好，就可能为以后顺利解决问题提供良好的前提基础，而谈判气氛恶劣必然给人无诚意的感觉。

2. 开场陈述

开场陈述是公共关系谈判进入实质性阶段的开始，是指谈判双方对各自的谈判目标进行表达。在开场陈述中，要向对方表明己方的基本目标、要求、原则和希望，引起对方的重视和响应。在此阶段，谈判者要注意以下几个问题：

(1) 尽量设法让对方先陈述。对方先进行陈述，我方可以初步判定双方的差距，并可据此相应调整我方的陈述策略。当对方在作陈诉时，一是要认真倾听，同时不断用表情、眼神交流、记笔记等方式表明对对方发言的重视。切忌在对方说话时有浮躁、浅薄之举动，更不要随便打断对方发言。二是在倾听的过程中要努力厘清和归纳对方的表达核心，善于捕捉对方言论的关键问题，不能在对方发言后毫无收获。

(2) 陈述要突出重点。由于陈述属于谈判接触的初始阶段，相互间对对方的底牌都不太清楚，所以，在陈述时除了言简意赅地讲清楚己方的目的和意图以外，不要发表过多的言论，关键的资料应留待实质谈判阶段再用。己方陈述时，内容要清晰，使用的词汇和概念要准确，不能有歧义，以免对方误解或从中钻空子。陈述重点要放在谈判项目的价值上，以吸引对方的合作欲望，减少谈判阻力。为使陈述准确，陈述时也可以使用书面形式。

(3) 陈述要注意细节。在陈述过程中，要尽量均衡双方的时间长度，切忌出现独霸会场的局面，在语气语调上，要尽量轻松自然，态度要诚恳，不能使用过激言辞。在陈诉时，不能低头念稿或“自言自语”，而要观察对方的反应，并寻找对方的目的和动机与己方的差别。另外，对陈诉的结束语要特别斟酌，要表明己方的陈诉只是为了让对方明白己方的意图，而不是向对方挑战或强迫对方接受，类似“这是我们的初步意见”、“后续问题我们放到后面再细谈”之类的表达就比较理想。

3. 交换意见

公共关系谈判开局以后，随即进入到对对方基本意见的相互反应阶段。双方各自意向性的陈述必然会引起对方的反应和应对，这时应该尽量反复交换意见，摸清对方底牌。公共关系活动更注重关系的协调和形象的树立，所以应该在满足己方基本原则的基础上，相互为对方利益考虑，争取双赢的结果，以促成建立长远的利益关系。

（三）谈判的交流与磋商阶段

公共关系谈判的交流与磋商是指谈判的双方进入正式谈判，相互间讨论、争辩、讨价还价和解释等过程。一般来说，交流与磋商要注重以下几个方面问题：

一是真诚客观。在交流与磋商的过程中，提出的目的要具有解决涉及双方利益的现实性，提出的问题和解决问题的方法、目的具有对双方均有利的真实性和可靠性，达到双方一致能够接受的合理性和可能性。

二是注重礼节。一般来说，任何谈判都有可能产生争论，但在激烈争论的同时，应当注意相互尊重和谅解。这就要求在磋商过程中，始终保持公共关系礼仪的行为准则，不能蛮横无理或以强欺弱、以大压小，应沉着应对，以理服人。

三是耐心坚持。公共关系谈判过程一般比较复杂，要尽可能地耐心坚持己方的观点，坚守底线，善于利用己方的有利因素，最大限度地争取己方的利益。

四是反复磋商。在公共关系谈判中，可能会出现反复的交流、较量、商谈和讨论的过程。对此，要有充分的心理准备和物资准备。尤其是在双方产生对抗情绪时，可以暂时放下争议较大的问题，采取休会的办法，打破僵局，冷静分析原因，讨论双方都能够接受的解决问题的方法。必要时，双方都要作一些妥协和让步，以维持谈判的进行，力争达到双方满意。

（四）谈判的签约阶段

谈判完成以后，一般情况下双方都要签署协议或合同，以规定双方的权利与义务。一般来说，公共关系谈判的签约没有商务、军事以及外交等谈判那样严格的协议文本，但是双方也要签署协议或备忘录，用以约定双方的责任与义务。在起草协议文件的过程中，要注意不违反相关的政策、法规等等。

第二节 旅游公共关系谈判技巧与策略

旅游公共关系谈判既是一门科学，又是一门艺术；既是一场智慧、信息、知识、能力的较量，也是一场艰苦的耐力、信心的角逐。学会和掌握一定的谈判技巧与策略，了解谈判中的一些陷阱，对于我们提高谈判技能，争取更大的目标利益是有帮助的。

一、公共关系谈判的技巧

技巧是指人们进行某项活动的技术及其灵活性，公共关系谈判的技巧是指在进行各种公共关系谈判中具有的技术及其灵活性。在公共关系谈判中，技巧主要体现于语言，谈判技巧也称为谈判艺术。

(一) 公共关系谈判中的语言技巧

1. 公共关系谈判的语言类型

按语言的表达方式,谈判语言分为有声语言和无声语言。有声语言是指通过人的发音器官来表达的语言,这种语言借助于人的听觉来交流思想和传递信息。无声语言又称身体语言,是指通过人的眼神、形体、姿势以及辅助的物品等非发音器官来表达的语言。

2. 公共关系谈判的语言风格

公关谈判中的语言风格十分灵活,大致可以分为外交、文学、法律、军事几种风格。各种风格特点鲜明,各有所长(见表 6-1)。

表 6-1

公共关系谈判的语言风格特点

语言风格类型	特　点	例　句
外交风格	得体、灵活、礼貌、含蓄	“我们的期限要看谈判的具体进展情况而定。” “我们把刚才的两个方案组合在一起会不会更好呢?”
文学风格	生动、形象、优雅、感染	“贵酒店的这项建议对我们来说可谓锦上添花。” “天时、地利、人和铺就了我们这次谈判的成功之路。”
法律风格	准确、严谨、规范、简明	“根据《消费者权益法》第十二条,我们认为……” “对你方提出的议题,我方有三方面的疑问,第一……”
军事风格	直率、果断、自信、威慑	“除非你方改变条件,否则我们将转向司法途径解决。” “作为全省唯一的 5A 级景区,我们可以肯定地说:……”

3. 公共关系谈判的语言沟通技巧

(1) 谈判的陈述技巧

陈述即讲述,指表达自己的观点或问题。在谈判的各个阶段,有经验的谈判人员都会适时通过陈述来充分表达己方的观点及看法。在陈述中要做到左右逢源、滴水不漏,而又要暗藏锋芒,这就要用到陈述中的技巧。陈述中的技巧一般有:入题的技巧、叙述的技巧和结束语的技巧。

① 入题的技巧。一般情况下,在谈判时,谈判中的任何一方所表达的入题内容能够引起谈判对手的兴趣,使谈判对手能够热心地参与到所交谈的问题中来,就会起到意想不到的效果。入题经常采用的方法有:触景生情法、迂回入题法和开门见山法。

② 叙述的技巧。不管是大型谈判还是小型谈判,无论是复杂的谈判还是简单的谈判,谈判一方总是期望获得对方的一些信息,而提供信息方也希望对方作出某种反应。当信息必须由己方提供时,要注意不能不顾对方,在叙述时滔滔不绝、侃侃而谈,作详细的长篇大论,这样会让对方认为不给其思考的余地;在叙述问题时,关键点的信息不能太多,要做到简明、扼要,使对方明白哪些是赞同的、哪些是反对的。通常一般人一次只能接受 7 个以内的事项,事项太多,对方无法对某些事项作出肯定或否定的回答,将导致谈判无法进行。

③ 结束语的技巧。结束语在谈判中起着非常重要的作用。好的结束语能够让谈判对手产生共鸣与深思,又能引导对方陈述问题的态度及方向。一般情况下,结束语应

采用切题、稳健、中肯并富有启发性的语言；做到有肯定、有否定，并且还要留有一定的余地，尽量避免下绝对性结论。

(2) 谈判的发问技巧

发问也称提问，是谈判中经常使用的一种语言表达方式。在谈判时善于发问，其作用在于能够获取己方所不知道的信息，或者希望对方提供己方所不知道的资料，或者要求对方澄清己方尚未明白的问题，或者借此表达发问人的感受，或者提醒对方注意某些重要的问题，为对方的思考提供新的思路等。但在发问时，要善于倾听对方所表达的观点，了解问题的实质与动机。发问的技巧有：

① 为难提问法。指在谈判中，倾听对方所表达的观点后，对对方进行设问提问，不管对方对这个问题进行肯定回答或否定回答，都与其愿望和要求相背离。《战国策·韩策》中记载，韩灭郑后，当时著名的思想家和改革家申不害被韩昭侯起用为相。申不害平时教人按功授职，但他自己却任人唯亲。有一次，申请求昭侯封自己的堂兄官职，其兄却无甚功劳。昭侯不同意，申脸有愠色。昭侯说："这样的事，我没有跟你学过。你是让我接受你的请求，封你堂兄官职，而废弃你平时的学说呢，还是推行你平时按功授职的主张，拒绝你任人唯亲呢?"申无言以对。这种方法利用对方观点或行为的矛盾之处，通过设问使其陷入进退两难的境地，使己方占有主动权。

② 矛盾提问法。在谈判中，有些观点当时从表面上看没有自相矛盾的地方，但是通过一系列的发问后，就渐渐显示出自相矛盾来。如针对神学家们鼓吹的"上帝万能"，有人设问："上帝能否造出一块自己也举不起来的石头?"对此问题回答是与否都不行。按"上帝万能"的观点，上帝能够造出此石头，但这块石头是他自己举不起来的石头，又证明上帝不是万能的，这样就自相矛盾了。这种提问能把对方观点内部潜藏的矛盾一步步揭露出来，并对对方的自相矛盾的观点进行深入分析，置对方于不利之中。

③ 引出提问法。引出式提问对答案具有强烈的暗示性，是反义疑问句的一种。它具有不可否认的引导性，几乎使对方没有选择的余地，只能产生与发问者观念一致的反应。在谈判过程中，有时为了反驳对方，需要先进行发问，让谈判对手说出己方希望的答案，然后以此为谈判话题，有力地反驳对方。这种提问方法是为了让对方作出自己所需要的回答，并让这种回答成为己方反驳的主要话题，这样的反驳就更具有说服力。

④ 选择提问法。选择式提问的目的是将己方的意见摆明，让对方在划定的范围内进行选择。在谈判过程中，有时会出现因对方有多种选择而举棋不定的情况。在这种情况下，谈判高手总是采用故意缩小选择范围的办法使对方作出己方所设想的预期回答。由于选择式提问一般都带有强迫性，因此在使用时要注意语调得体、措辞委婉，以免给人留下强加于人的不好印象。要给谈判对手一定的选择机会，使其感到结果不是对方强加的，而是自己所选择的，从而使其自尊心得以满足。例如："只有今天可以，你说是下午还是下午?"

(二) 公共关系谈判中的沟通技巧

沟通泛指人与人之间的思想感情交流，在现代社会中，沟通无处不在、无时不有。谈判中的沟通是把广泛意义上的沟通运用在谈判上。在谈判中常用的沟通技巧主要有：

1. 感情投资技巧

在谈判过程中,谈判高手往往利用人性的特点来实现自己的谈判目标。为了达到这一目标,使谈判对手成为其合作的伙伴,在谈判过程中可通过设宴麻痹和瓦解对手,使对方放弃对抗或作出让步,从而达到己方的目的;也可通过主动满足或答应对方的需求,给予其良好的物质待遇,使对方在精神上感到愉快和受到尊重,从而达到让对方因满意而放弃或减弱对立心态的效果,但要做到有度,不要无原则地退让;还可以精心准备各种参观、娱乐等活动,来缓解在谈判中出现的紧张局面。

2. 倾听的技巧

善于倾听能够得到对方的更多信息,便于了解问题的实质和对手的动机,克服谈判过程中信息的不对称及信息理解的偏差,做到知己知彼。倾听时的基本要领包括:要聚精会神专注于对方,不能东张西望;不可随意打断对方的讲话;注意对方讲话的语气与说话的方式;对关键性的问题即使已经清楚,也要选择恰当的时机与恰当的方式进一步确认;对于不便问答或对己方不利的问题,可以保持沉默,不予回答,给对方造成无形的压力。

3. 应对僵持的技巧

谈判开始之后,在维护己方实际利益的前提下,应尽量避免由于一些非本质的问题而坚持强硬的立场,一旦谈判陷入僵局,应积极主动地寻找解决的方案。在谈判中如果双方均坚持己见,不肯对分歧作出妥协,可采用更换话题的方法,把僵持的议题暂时搁置,等其他的议题解决好后,再解决僵持的议题;可以更换主谈人,新的主谈人的新姿态会使僵局得以缓解;也可考虑暂时休会,等气氛缓和下来再谈;双方为了自身的利益求同存异,还可以试着寻找其他解决的方案。

4. 拒绝的技巧

在公共关系谈判中,讨价还价是难免的,也是正常的。有时对方提出的要求或观点与己方相反或相差太远,这时就需要拒绝、否定。但如果拒绝、否定的方式死板、武断甚至粗鲁,就会伤害对方,使谈判陷于僵局之中,导致谈判失败。在谈判中,当要拒绝对方时,需要采取一定的技巧。高明的谈判者在拒绝时应是审时度势、随机应变、有理有节地进行,让双方都有回旋的余地,拒绝得巧妙与合情合理,既不伤害对方的感情,同时也使己方达到了目的。拒绝需要的是智慧和勇气,在谈判中,巧妙运用拒绝的技巧,能够使谈判进展顺利,最终实现谈判的目标。

(三)公共关系谈判中的压力处理技巧

任何谈判对于谈判者来说,都既是一场智力的较量,也是一场心理的较量。在谈判中,由于谈判问题所引发的分歧与矛盾冲突,往往会对谈判者的心理造成一定的压力。因此,对于谈判者来说,如何承受谈判过程中的压力是获取谈判成功的最基本的能力。在谈判中不仅要了解给对方施加压力的方式,也要善于缓解对方给己方施加的压力。缓解压力的一般方法有:

1. 防范法

在谈判过程中,谈判一方如果通过分析得知对方可能会利用某些特权来压迫己方,使己方必须或不得已做出某种行为时,可以立即采取行动,在对方施加压力前就让对方感到此行为已经无法实施，使对方失去对己方施加压力的目标。

2. 软化法

在谈判中，通常压力是由上级赋予的，因此，可以使上级对施压失去兴趣或产生反感，这样压力就会因失去施加的权力而自动解除。其处理技巧是采取办法，说明此事对上级自身利益会造成一定的损害，说服上级放弃施压，会产生较好的效果。

3. 劝导法

这是一种动之以情、晓之以理的方法。在谈判中，有时施加压力会带来一定的威胁实施，并给己方造成一定的损失。采用劝导法向施压方说明，如果威胁付诸实施，那么己方将会采取什么样的报复行动，这些行动将给对方带来什么样的伤害，那样必将是两败俱伤。这样施加压力的一方会主动撤销压力，有时还会作一定程度的让步。

4. 转化法

转化法是针对压力所造成的损失而采用的方法，是将己方所要承担的风险或损失转嫁给对方。当对方意识到其所施加的压力无法损害或无法严重损害己方利益时，或许会撤销其施加的压力。

5. 对攻法

这是一种硬碰硬的方法，是缓解压力的一种强硬方式。这种方法一定要基于己方的心理承受能力强于对方。一旦采用了这种方式，决不可再向谈判对手作出让步。

(四) 公共关系谈判中改变劣势的技巧

在谈判中出现的劣势会影响谈判目标的达成及双方的利益分配。当然，这里的劣势并不是指谈判双方实力相差极为悬殊的优劣势对比，而是指在某一方面或某一条件下的劣势。如果在谈判中所有的优势都被对方所掌握，那就很难靠谈判技巧来取得平等的利益。改变劣势的方法有：

1. 提出最佳选择，维护己方利益

在谈判中，一方处于劣势，往往会十分担心谈判不能达到目标，会过于迁就对方的要求，从而达成一个令自己不太满意的协议。为了避免这种情况出现，谈判人员往往事先制定出一个己方所能接受的底线，即最低限度标准。运用此方法对于改变劣势有一定的作用。在谈判中，可根据实际情况提出多种备选方案，从中确定一个最佳方案，作为最终所要达成协议的标准。最佳选择越是可行、贴近实际，改变谈判结果的可能就会越大。

2. 充分利用自身优势

在谈判中，如果谈判双方实力相差悬殊，己方处于劣势，就需要精心做好准备工作，对双方的优劣势进行分析，摆出对方所具有的优势，再与己方的优势进行对比，设计出如何利用己方的优势的方法，做到心中有数。其实有时候优劣势并不是绝对的，在谈判中随着谈判的进行、多种方案的提出、自身实力的增强，优势也就得到了增加。有时候一方所具有的优势可能被暂时掩盖了，没有表现出来，也可能是对方没有认识到。因此，在谈判中充分利用自身的优势，发挥自身的长处，攻击对方的劣势，也是一种技巧。

(五) 公共关系谈判中处理反对意见的技巧

在谈判过程中出现反对意见时，往往会令人非常恼火，但是为了达成谈判协议，必须处理好反对意见。

1. 冷静分析反对意见

在谈判中当对方提出反对意见时，要冷静分析。如果此反对意见是以偏见或成见形式而提出的，就不要急于反驳，尽力找出其偏见形成的根源，以此为突破口，证明其见解是不符合实际的。如果反对意见只是一般性的，或只是找一个借口，就不要过分较真，适当加以说明即可。

2. 选择适当时机

在谈判中，预计对方可能提出某种意见时，可抢先提出问题，争取主动，引导对方按己方的思路、想法去理解问题。这样有利于避免矛盾冲突，增强说服效果。

3. 平和的态度

在谈判中，对待对方的反对意见要心平气和地回答。如果带着不满的口气回答对方的问题，会让对方认为己方讨厌其意见、对其有成见，如果是这样，己方可能会遭到对方的强烈反对，说服就很难奏效了。

4. 简明扼要

谈判过程中，在回答对方提问时一定不要长篇大论，那样很可能会引起对方的反感，使对方有进一步反驳的口实。简明扼要地回答对方的问题，必要时适当加以解释即可。

5. 间接反驳对方

在谈判时如果直接反驳对方，往往容易伤害对方，使对方颜面扫地，很可能遭到反击，不利于谈判顺利进行。选择间接反驳，采用提示、暗示等方法，避免正面冲突是比较好的谈判方式。

案例 6-1

从上海飞往广州的班机上有两位美国籍的金发女郎，她们一上飞机就百般挑剔，说机舱里有怪味、香水不够档次、座椅太脏，甚至还用英语骂人。飞机起飞后，空姐开始为乘客送饮料、点心，两位女郎各要了一杯可口可乐。还没开始喝，她们又发作了，说可口可乐有问题，并将可口可乐一下子泼到空姐的身上。空姐强忍着愤怒，仍然面带微笑，把可口可乐恭恭敬敬地递给金发女郎，说："小姐，你说得对，这可口可乐可能有问题。可是，这可口可乐是贵国的原装产品。也许贵国这家公司的可口可乐都有问题，我很乐意效劳，将这瓶饮料连同小姐的芳名及在贵国的地址一起寄到这家公司。我想他们肯定会登门道歉并将此事在贵国的报纸上大加渲染的。"两位金发女郎目瞪口呆，她们知道这事若是闹大了，说不定回国后，这家公司会走上法庭，告她们诋毁公司名誉。在一阵沉默后，她们只好赔礼道歉，说自己太苛刻了，并称中国空姐的微笑服务世界一流，无可挑剔。

（资料来源：马宜斐《旅游人际沟通》，中国人民大学出版社，2006 年）

二、旅游公共关系谈判的策略

谈判策略是指谈判人员为取得预期成果而采取的一些措施，它是各种谈判方式的具体运用。任何一项成功的谈判都是灵活巧妙地运用谈判策略的结果，一个优秀的谈判人员必须熟悉各种各样的谈判策略，学会在各种情况下运用谈判策略，以达到旅游组织的目标。

（一）**投石问路策略**

投石问路策略是旅游组织的客户常使用的一种策略。对此，旅游组织应充分了解，并采取适当的应对策略。

客户想在谈判中掌握主动权，就会尽可能地多了解旅游组织的情况。投石问路策略就是客户了解旅游组织的情况的一种战略战术。客户运用此策略主要是在价格条款中试探旅游组织的虚实。例如，客户想要试探某旅游组织在价格上有无回旋余地，可能提议："如果我方增加旅游人数，你们可否考虑在价格上给予优惠呢?"或者再具体一些："旅游人数为5人时，单价是1000元/人；如果旅游人数为10、15或20人，单价又是多少呢?"这样，旅游组织就要谨慎作出比较性的价格差，以防在讨价还价中被挑剔。

一般来说，任何一块"石头"都能使客户更进一步了解旅游组织的商业习惯和动机，而且旅游组织都难以拒绝。投石问路时提问的形式主要有：如果我们和贵公司签订长期的旅游合同，贵公司的优惠价格是多少？如果我们以现金支付或采取分期付款的形式，你方的价格有什么差别？如果车费由我们解决，你方的价格是多少呢？我方人员有意分批游览贵公司的旅游景点，能否给予团订价格呢？如果我们要求贵公司增加一位导游人员，你们可否按现价成交？

如果客户使用投石问路策略，旅游组织应采取以下措施：找出客户的真正意图，根据对方情况估计其旅游规模；如果客户投出一个"石头"，最好立刻向对方回敬一个。但并不是对客户提出的所有问题都要正面回答、马上回答，有些问题拖后回答，效果也许更好，使客户投出的"石头"为己方探路。如客户询问旅游人数为10、15或20人时的优惠价格，可以反问"你希望优惠多少?"或"你是根据什么算出的优惠比例呢?"。

有时候，客户的投石问路反倒为旅游组织创造了极好的机会，针对客户想要知道更多资料信息的心理，旅游组织可以提出许多建议，促使双方达成更好的交易。

（二）**开诚布公策略**

是指谈判人员在谈判过程中以诚恳、坦率的态度向对方袒露己方的真实想法和观点，实事求是地介绍己方的情况，客观地提出己方的要求，以促使对方通力合作，使谈判双方在坦诚、友好的氛围中达成协议的一种策略。

所谓开诚布公，是指将己方情况大部分透露给对方，实际上百分之百地透露给对方是不明智的，也是不现实的。在谈判过程中，不讲出实际情况是出于某种需要、某种策略，讲出实际情况也是策略的需要。采用开诚布公策略要以取得好的效果为前提。开诚布公策略并不是在任何情况的谈判中都可以采用。选择这一策略，其谈判对象一定是有诚意的，并且是在把对方作为唯一的谈判对象的情况下，而且还要选择好使用的时机，这样才会促成双方进行合作。

案例6-2

在我国广州，有一家烧鹅档的价格比其他摊档的价格便宜得多，过往行人感到奇怪，不禁驻足观望。摊主诚实地说："这些烧鹅是昨夜卖剩下来的，你们要买可千万煮煮再吃。”结果，这些烧鹅很快卖光了。从此这个烧鹅档的“隔夜烧鹅”出了名，生意越做越红火。

又如，一家酒店的老板在门口挂出招牌，上面写着：“本店以信誉担保，出售的是100%陈年好酒，绝不掺水。”他的同行也在门口贴出广告：“敝店素来崇尚诚实，出售的一概是掺水10%的陈年老酒，如不愿掺水者，请事先声明，但饮后醉倒一概与本店无关。”这两家酒店竞争的结果是，那家承认掺水10%的酒店远比“绝不掺水”的酒店生意兴隆。

（资料来源：李培《自揭短处》，《大众科技》1999年第11期）

（三）价格诱惑策略

价格在谈判中十分重要，这是因为许多谈判就是价格谈判。即使不是价格谈判，双方也要商定价格条款。价格最直接地反映了谈判双方各自的切身利益。因此，围绕价格的谈判策略常常具有冒险性和诱惑性。

旅游公共关系谈判中的价格诱惑策略是谈判人员利用对方担心市场价格上涨的心理，诱使对方迅速签订旅游协议的策略。例如，谈判人员提出一个月后，价格将随市场行情上涨大约5%。如果对方立刻签协议，就可以以目前的价格享受优惠。如果此时市场价格确实浮动较大，那么这一建议就很有吸引力。对方就有可能趁价格未变之机，匆忙与己方签约。这种做法看起来似乎是照顾了对方的利益，实际上并非如此，对方甚至会因此吃大亏，而对于己方则无太大影响。

（四）以退为进策略

从表面上看，谈判一方退让或妥协，但实际上退却是为了以后更好地进攻，或实现更大的目标。在谈判中运用这一策略较多的形式是一方在谈判中故意向对方提出两种不同的条件，然后迫使对方接受其中的一种条件。例如，“享受优惠价的条件是集体旅游50人以上，或者是预付费用40%，费用为两次付清”，在一般情况下，对方要在两者之间选择其一。这种策略如果运用得当，效果十分理想。例如，美国一家大型旅游航空公司要在纽约建立航空站，想要求爱迪生电力公司以低价供应电力，但遭到了电力公司的拒绝，并推托说公共服务委员会不批准，谈判因此陷入了困境。后来，旅游航空公司索性不谈了，声称自己建电厂划得来，不需要依靠电力公司。电力公司听到这一消息，立刻改变了原来的谈判态度，主动请求公共服务委员会从中说情，表示给予这类新用户优惠价格。最后，电力公司与旅游航空公司达成协议。从此以后，这类大量用电的客户都享受相同的优惠价格。

这场谈判的主动权原本掌握在电力公司手里，当时旅游航空公司主动找上门来，请求电力公司供电，可是电力公司拒绝了旅游航空公司的请求。之后，旅游航空公司要了一个花招，声称自己要建电厂，给电力公司以压力。电力公司如果失去这一大客户，将意味着损失一大笔钱，于是急忙改变了态度，同意以优惠的价格供电。这时，主动权又重新回到了旅游航空公司手里，从而迫使电力公司再降低价格。这样，旅游航空公司先退却一步，然后前进了两步，生意反而做成了。

（五）避实就虚策略

是指在谈判中，一方为了某种需要，去分散对方的注意力，为达到己方的谈判目标，而有意识地将谈判议题引到对己方并不重要的话题上来的一种策略。这种策略是在对对方并不信任的情况下，故意隐藏己方的真实利益，为更好地实现谈判目标所采用的。在谈判过程中，只有更好地隐藏己方真正的利益，才能更好地实现谈判目标，尤其是在己方不能完全信任对方的情况下，往往使用这一策略。

案例 6－3

在一家豪华大饭店里，一位长期入住的十分有钱的客户为了赶飞机，没付账就匆匆忙忙地拎着行李准备离店。怎么办？如果强行拦截这位客人，跟他说“请付账”，势必使其难堪，从此不再光顾饭店。眼看客人就要出门，领班灵机一动走上前去，面带微笑，彬彬有礼地说：“先生，付款台在那边。”然后向总服务台指了指。这位客户恍然大悟，当即去付了款。一个简单的提示既维护了饭店的利益，又委婉地提醒了客人，避免了尴尬。从公关策略上来说，这位领班采用避实就虚的策略使难题得到圆满解决。

（六）先苦后甜策略

是指在谈判过程中，为达到己方的目的，先向对方提出较为苛刻的条件，然后再慢慢让步，最后取得双方一致的看法，获得己方的最大利益的一种策略。在运用此策略时，开始时提出的要求不能过于苛刻，要有分寸，提出的苛刻的要求应尽量是在对方掌握较少的信息与资料的某些方面。否则，会让对方感觉缺乏诚意，从而中断谈判。

（七）得寸进尺策略

是指在谈判过程中，在对方已经让步的基础上，再继续提出更多对己方有利的要求，最终达成目标的一种策略。此策略的核心是：一点一点地要求，积少成多，以最终达到己方的目的。运用此策略一定要慎重，如果要求过分，会激怒对方，如果对方进行报复，就会使谈判陷入僵局。

（八）攻心策略

是指在谈判中，谈判一方利用可对对方心理产生较大影响的做法，来使对方妥协让步的一种策略。一是以愤怒、发脾气来使对方产生心理压力，在对方是新手或者相对软弱型谈判者的情况下更有效；二是以软化方式使对方作出较大让步。此策略主要针对不同类型的谈判者，尽管可以收到一定的成效，但一定要注意适可而止。

（九）最后期限策略

是指规定谈判的最后结束期限的一种策略。这种策略可促使双方谈判人员集中精力，克服因时间过久而产生的拖沓、散漫的心态，增加紧迫感，促使双方通力合作，最终达成协议。在谈判过程中，对于某些双方一时难以达成妥协的棘手的问题，不要操之过急地强求解决，而要善于运用最后期限策略，规定出谈判的最后截止日期，向对方展开心理攻势，以此来达到己方的目的。

（十）出其不意策略

是指在谈判过程中，没有任何迹象，突然改变先前的观点或方法，让对方惊奇而产生心理压力的一种策略。此策略在谈判中经常被采用，因为它能在较短时间内产生一种震慑对方的力量。在遇到令人惊奇的情况时，克服震惊的最好方法是让自己有充分的时间去思考，多听少说或者暂时休会。

三、公共关系谈判的陷阱

在公关谈判中，为了本组织的目标利益，谈判者往往会设计一些陷阱来麻痹对方，从而达到在谈判中获得更大利益的目的。这就要求公关谈判人员不能粗心大意，要时刻警惕，认真分析，切忌轻易上当。

（一）“故意犯错”陷阱

在谈判中，对手有时故意犯错，目的是想骗人，让人迷失方向，如以虚价进行诱惑、使用错误的账单、不断地制造错误的印象来转移注意力、规格错误等。作为谈判人员，对待这些明显的错误，一定要保持清醒的头脑，坚守自己的立场，保持明确的方向。

（二）车轮战术陷阱

此陷阱就是在谈判过程中，一方突然变换谈判者，其目的是让对手筋疲力尽，并有机会否认以前所作的承诺，迫使谈判一切从零开始并延缓合同的签订。应付这种陷阱，谈判人员可以找个巧妙的借口，使谈判搁浅，直到原定对手再换回来；可以耐心等待对方回心转意；也可以在对方否认过去协定时，否认己方所许过的承诺；还可以不重复己方作过的结论，否则会使己方陷入筋疲力尽的局面。

（三）数字陷阱

该陷阱是指在谈判中，一方不断地抛出各种各样的数据，其目的是想以此为据来证明其目标和计划的合理性，从而让对手相信，以获得理想的目标和利益。对待这种陷阱，千万不能鲁莽行事，轻易相信对方所提供的任何数据，无论这些数据出自任何权威之手。一定要慢慢来，逐项仔细检查，并弄清这些数据后面的真实含义，只有当这些数据与真实吻合之后才能相信。

（四）“炒蛋”陷阱

所谓“炒蛋”陷阱，是指一方在谈判过程中故意把事情搅和在一起，把问题复杂化，借机搅乱对手的思路，打乱对手的原有计划，迫使对手屈服，以争取更大的好处。对待“炒蛋”陷阱，谈判人员一定要沉着冷静应对，千万别急躁，坚守自己的立场，分清主次，慎重拍板，并且随时摘记谈判要点，写出谈判备忘。

总之，在公关谈判中，各方为了本组织的利益和目标，会采取各种各样的手段，使用各式各样的谋略。无论怎样，只要谈判人员在事前作精心准备，明确自己的谈判目标，在谈判中沉着冷静、坚守立场，不被对方所欺骗和蒙蔽，把握谈判的主动权，就能取得满意的谈判结果。

本章小结

本章重点介绍了旅游公关谈判的基本程序、公关谈判的技巧和策略等内容。公关谈判是一个动态的过程，目的是通过人际传播和相互交流、观点互换、感情互动，在考虑对方合理利益的基础上追求己方利益的更大化，实现经济、政治、社会效益等目标。在进行谈判活动时，需要遵守基本的谈判原则，分析、对比谈判双方的优劣势，掌握好谈判的程序，充分做好准备、开局、交流与磋商、签约等谈判的各阶段工作，完成好谈判的全过程。同时，在谈判过程中，要求谈判人员巧妙运用各种谈判技巧和策略，注意防范谈判陷阱，以取得满意的谈判结果。

思考与探究

1. 如果你是某旅行社的市场部经理，要跟某景区负责人谈判合作事宜，你认为这次谈判应该做哪些准备工作？

2. 尝试在班级内部组织一次模拟旅游公关活动的谈判，确定在谈判不同阶段的工作要点。

3. 在公共关系谈判的初始陈述中就要将己方所有观点都亮给对方吗？为什么？

4. 在谈判的交流与磋商过程中，要注意哪几个方面的问题？

5. 旅游公共关系谈判应注意运用哪些策略？试举例分析如何巧妙应用某一策略。

6. 简述旅游公共关系谈判中的陷阱，以及遇到陷阱时的应对措施。

案例分析

案例分析一

中马商务谈判

中国桂林风情旅行社邀请马来西亚一家旅行社洽谈一项国际旅游业务，双方约定于某日上午十点在桂林榕湖饭店进行洽谈。谈判当天，风情旅行社派车接马来西亚旅行社代表到榕湖饭店进行洽谈，由于马方代表是第一次到桂林，对桂林的美景流连忘返，以致路上耽搁了时间，晚到了一个小时。后在商讨价格时，因双方提出的交易条件与价格相差较大，中方代表有点不悦，在谈判中失去耐心，来了情绪，说话声音过高，且在条件与价格方面不肯作出让步。而马方代表年纪较大，认为中方代表的言语举动对他们不礼貌、不尊重。在享用午宴过程中，中方代表为了增进双方感情，拿出接待贵宾专用酒——茅台，并极力劝说马方代表饮用；又由于中方忽略了马来西亚旅行社代表是穆斯林，在午宴中点了青菜，但忘记嘱咐厨师不要用猪油来炒，被马方认为没有诚意，生气地离开了，致使谈判陷入了僵局。

（资料来源：沈燕《中国与马来西亚跨文化国际商务谈判策略探析》，《对外经贸实务》2011 年第 9 期）

结合本章内容和以上案例讨论：

1. 中方在与马来西亚旅行社谈判中犯了哪些错误？
2. 中方应该如何避免以上谈判错误？请列举出正确的谈判策略。

案例分析二

某国际旅游公司与某大酒店合作意向的谈判案例

一、谈判背景

1. 某国际旅游公司背景

某国际旅游公司创立于1986年，是经国家旅游局批准可同时经营国际入境旅游、国内旅游和中国公民出国旅游业务的国际旅行社，是中国旅行社协会的正式会员单位、全国国际旅行社百强之一、某地区国际旅行社十强之一。该公司下设入境旅游中心、出境旅游中心、国内旅游中心、商务会奖中心、网络营销中心、交通票务中心等业务部门，在某市拥有30余家门市部。

2. 某大酒店背景

某大酒店是目前酒店所在省份规模最大、设施设备最豪华的高星级饭店。它以水景文化为背景，投资4个亿进行了大规模的改扩建。饭店地处某市中心的繁华地段，距离机场25公里，东临秀丽的漓江，正对碧波荡漾的杉湖，南邻象山公园，北望独秀峰、叠彩山，环境怡人。酒店有各类客房646间，其中包括总统房1套、豪华贵宾套房22套、豪华贵宾房20间、商务房62间、标准房541间；有中西餐厅、日韩餐厅、九天银河茶餐厅、四季火锅城，并拥有20个包厢，餐厅总计1800席位；有一座可容纳400人就餐500人开会的多功能厅，内配六声道同声传译系统，另设有五间不同类型的会议室，供不同规模的会议使用；有室内恒温游泳池、VIP健身俱乐部、桑拿按摩室等一套完整的康乐服务设施。

3. 谈判必要性

某大酒店与某国际旅游公司有多次业务来往，彼此较为了解。此次合作使某大酒店省去了寻找新合作伙伴的时间成本，降低了交易风险，可以将更多精力放在产品及后续服务上。某大酒店为拓展国际市场、尽快打开门户、拓宽业务渠道，在一些方面也会作一些让步。此次合作对双方具有战略性的意义，最终将实现双方利益最大化，即在旅游淡季，国际旅游公司为大酒店提供50%—60%的入住率；在旅游旺季，酒店必须为国际旅游公司提供足够的客房数量和最优房价，同时为顾客提供优质服务。

二、谈判内容

1. 价格

在价格方面，大酒店对国际旅游公司所报价格应低于酒店的市场报价。本着双方共赢的方针，协商一致，所定房价应能给双方提供弹性较大的利益额度。

2. 客房数量及酒店入住率

在旅游淡季，国际旅游公司为大酒店提供最大数额的客人，保证酒店在淡季的入住率，酒店方面则积极配合国际旅游公司，向客人开展各项优惠活动，为入住客人提供优质服务，提高顾客满意度；在旅游旺季，如该酒店出现客满情况，酒店应与其他酒店联系，为国际旅游公司提供给酒店的游客安排住处，同时保证其住宿质量，保证顾客满意度。

3. 确定好国际旅游公司与酒店之间的结算方式

即约定好一个结账时间，同时商定违约规则、赔偿额度等。

三、谈判日程及地点

1. 谈判程序

第一阶段：就客房数量、入住率等内容展开洽谈。

第二阶段：商定合同条文。

第三阶段：就客房价格、结算方式、结账时间、违约赔偿展开洽谈；签订合同。

2. 日程安排(进度)

11 月 26 日—27 日上午 9：00～12：00、下午 3：00—6：00 为第一阶段；

11 月 29 日上午 9：00—12：00 为第二阶段；

11 月 30 日上午 7：00—9：00 为第三阶段。

3. 谈判地点

第一、二阶段的谈判安排在国际旅游公司 4 楼洽谈室。

第三阶段的谈判安排在上岛咖啡厅。

四、谈判人员

姓名	性别	承担工作	职务
×××	女	主谈	总经理
×××	男	副主谈	副总经理
×××	女	副主谈	副总经理
×××	女	法律人员	法律总监
×××	女	财务人员	财务总监
×××	女	公关人员	助理

结合本章关于旅游公共关系谈判的知识，模拟两家公司的谈判人员开展一场公关谈判，并归纳相关的谈判策略。

章前导语

旅游企业在公众心目中树立并传播怎样的一种形象，它到底是怎样的一个组织，这种形象将成为吸引人们前来购买产品或服务的动力源泉，并成为今后旅游企业的发展定位。旅游公共关系形象策略，是企业建立良好的品牌形象，创造品牌竞争优势的经营战略。旅游企业的文化特征、经营内容、产品特点乃至企业精神，必须通过整体的视觉系统，尤其是具有强烈冲击力的视觉符号来传达。将具体可见的视觉形象与内蕴的抽象概念融为一体，可以传达企业的情报信息，达成与公众的有效沟通，促进产品的销售，提升品牌知名度，创造品牌的形象价值。

本章导学

【学习目标】

了解 CIS、TDIS 的起源及发展状况；
理解 CIS 和 TDIS 的概念、内涵和作用；
理解 CIS 与旅游公共关系的关系；
掌握 CIS 的构成；
理解 CIS、TDIS 导入旅游组织的意义；
掌握旅游企业 CIS 设计与 TDIS 设计的基本内容和步骤。

【关键术语】

旅游公共关系形象策略　CIS　MIS　BIS　VIS　TDIS

第一节　旅游公共关系形象策略概述

一、CIS

（一）CIS 的定义

CIS 简称 CI，是英文 Corporate Identity System 的缩写，直译为“组织形象识别系统”，它是一种通过对理念文化、行为方式、视觉识别等进行系统设计来塑造组织整体形象，并借助各种信息传播手段增加社会公众的认同感，从而提高组织竞争力的经营战略。

（二）CIS 的构成

CIS 是由理念识别系统、行为识别系统和视觉识别系统三个子系统构成的，如图 7-1所示。

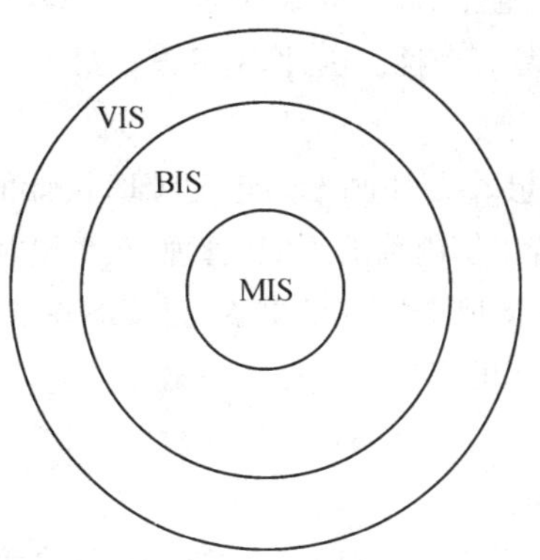

图 7-1

CIS 构成

这三个子系统相互独立、各成体系,又相互作用、有机结合,共同为塑造特定的组织形象服务(如表 7-1)。

表 7-1 CIS 结构说明

项目	系统结构	系统结构说明
1	MIS(Mind Identity System)理念识别系统	最高决策层导入企业形象识别系统的原动力,企业经营理念与精神文化
2	BIS(Behavior Identity System)行为识别系统	动态识别外部回馈、参与活动,对内组织、管理、教育
3	VIS(Visual Identity System)视觉识别系统	静态识别符号具体化、视觉化的传达形式,项目最多,层面最广,效果直接

1. 理念识别系统

理念识别系统(Mind Identity System,简称 MIS)是引导组织行为的思想和精神。MIS 是 CIS 的核心,也是组织形象定位和宣传的出发点。MIS 主要包括经营理念、经营方针、发展规划、组织文化、管理原则、组织价值观、社会责任等。MIS 的作用是:对内协助组织进行决策、管理、组织活动、制定制度以及引导和规范员工的思想、观念和行为;对外决定组织间的区别,影响组织对公众的吸引力、感召力和整体评价。

2. 行为识别系统

行为识别系统(Behavior Identity System,简称 BIS)是组织思想和精神的行为化。BIS 是 CIS 的动态识别形式,是对组织运作方式进行统一规划而形成的动态识别系统,它直接反映组织理念的鲜明个性。BIS 对内包括:组织制度、教育培训、工作环境、生产设备、福利制度等;对外包括:市场调研、公共关系、流通对策、产品研发、公益活动、品牌推广等。BIS 的作用是通过组织思想指导员工的行为,协调组织的各种生产经营活动,形成组织的管理特色。

3. 视觉识别系统

视觉识别系统(Visual Identity System,简称 VIS)是组织形象视觉化的表达方式,是一种静态识别符号。它将组织理念、组织规范等抽象概念转换为具体符号,以标准化、系统化的手法,凸显企业个性。VIS 包括基础要素和应用要素两大部分。基础要素是指组织名称、品牌标志、装饰图案、标语组合等;应用要素是指办公用品、公共关系用品、环境展示、员工制服、交通工具、广告展示等。VIS 设计通过组织品牌的统一化、标准化、美观化的展示,表现品牌个性。因此,VIS 设计最具有传播力和感染力,最容易被公众接受,具有重要意义。

MIS 是组织高层的思想系统和战略系统,是 CIS 设计的依据和核心;BIS 是组织运行的所有规程策略,规范着组织内部的组织、管理、教育以及对社会的一切活动,是组织的运作模式;VIS 是组织视觉识别的一切事物,是 CIS 中直接向社会传递信息的部分。CIS 就是整合 MIS、BIS、VIS 的完整的企业形象战略体系,是塑造企业形象、增强企业竞争实力的有效武器。

(三) CIS 的起源与发展

随着市场经济的出现,卖方市场变成了买方市场,在商业市场上靠单一的组织宣传、产品宣传已经无法凸显出组织的特性和形象。只有具备个性鲜明的组织形象、独特的经营观念,商家才能在市场竞争中处于有利地位。

1907年,德国AEG电器公司采用AEG三个字母形象的图案作为企业标志,应用于系列产品包装、产品宣传以及办公用品上,形成整体形象识别,开创了企业实施统一的视觉识别系统的先河。

1933—1940年间,英国“工业设计协会”会长兼伦敦交通营业集团副总裁弗兰克·毕克(Frank Pick)聘请爱德华·琼斯顿(Edward Johnston)对活字印刷体进行了改良,设计出了应用在伦敦地铁内小至自行车,大至站牌、指示牌的统一字体,使伦敦地铁具备了建筑景观与运输机能统一的设计形态,堪称现代工业设计的经典之作。

开始有意识地把CIS作为企业识别策略的是美国。1956年,美国国际商用计算机公司(International Business Machines,简称IBM)第一次将CIS理论全面运用于企业宣传。当时的董事长小托马斯·瓦特逊(Thomas Watson Jr.)认为应该树立一个能体现IBM奉行的开拓、创新精神并且引人入胜的企业形象。随后,企业委托设计师保罗·兰德(Paul Rand)将其全称缩写为IBM,用富有美感的八条纹立体造型表达企业的经营理念:品质感、时代感,并选用蓝色作为企业的标准色,塑造了高科技“蓝色巨人”的形象,象征高科技发展的无限空间。该形象在美国公众的心目中赢得了良好的声誉,并一直沿用至今。

20世纪60年代,CIS理论与实践进入蓬勃发展的阶段。别的企业也争相效仿IBM的做法,实施CIS战略。20世纪70年代,CIS被引入亚洲各国。日本在引入CIS的同时,充实、扩展了CIS的内涵,加入了理念识别和行为识别,注重在塑造企业形象的同时充分考虑企业理论与企业文化的活动,创立了以人为本的企业文化并且导入CIS,PAOS公司给马自达汽车公司设定的蓝色的企业标准色,使马自达汽车脱颖而出。马自达汽车CIS策划的成功,树立了日本第一个开发企业识别系统的典范。

美国式的CIS注重视觉识别,而日本式的CIS从导入到形成经历了借鉴式CIS(重视觉设计标准化,使标志、标准字体及标准色充分运用到整个企业实体中)、医疗式CIS(从内部着手,重在重新诊断经营方针和发展目标,以活跃士气)、预防式CIS(针对现状,重视改革员工意识和改善企业体制,防患于未然,减少经营风险)、日本式的CIS(重在对企业自身的经营资源和经营方针深入了解并充分利用,以扩大与竞争对手的差异性)四个阶段。CIS设计不仅使企业推销了产品,更重要的是推销了企业形象。CIS逐步形成自己独立的系统,成为一种新式管理理念,得到人们的认可和拥护。

我国导入CIS是在20世纪80年代末期。1988年广东东莞太阳神集团公司率先导入CIS,并获得成功,为CIS在我国大陆的实践打开了门户。此后,“神州”、“万家乐”、“黑妹”等纷纷运用CIS,并逐渐成为成功的著名品牌。北京中关村从一开始就全方位策划和实施CIS战略,很快就树立起卓越的高科技企业形象,带动了产值利润的高速增长,也是我国CIS导入的成功范例。

从总体上看,我国旅游业中全面导入CIS的企业比重太小,较多限于局部导入。但是,我国旅游企业注重应用CIS战略来塑造企业形象的观念在加强。旅游业导入CIS,实施形象战略势在必行。

（四）CIS的特点

1. 系统性

CIS由理念识别系统、行为识别系统和视觉识别系统相互联系、相互作用构成。CIS的系统性表明，组织在应用CIS战略时，必须要将MIS、BIS和VIS整体导入，通过全面的系统设计塑造组织形象。

2. 统一性

CIS设计的最终目标就是形成统一的组织识别系统，使组织形象在各个层面得到有效的统一。如组织理念、行为与视听传达相协调，产品形象、员工形象与组织整体形象相一致。统一性是突出企业个性、强化企业形象最有力的武器，也是CIS最显著的特点。

3. 区别性

要想在类似的组织和产品中凸显出来，就要挖掘和强化自身与众不同的特色。CIS战略就是通过挖掘和塑造组织个性以区别组织形象的战略。从本质上说，CIS是组织求得生存发展的区别化战略，它强调信息传递的效率化、标准化和统一化的差别，并使公众对组织的社会定位、存在意义及组织的视觉符号产生认同感。

4. 操作性

CIS的操作性，主要表现在三个方面：其一，必须有一套渗透宣传组织理念的具体方法；其二，必须有一套可具体执行的行为规范；其三，必须有一套能体现组织理念的视觉传达计划。

5. 长期性

CIS的设计和导入是一项复杂的系统工程。它不仅牵涉到组织外在形象的更新，也涉及组织内部理念、精神及文化的革命。因此，CIS并不是一次性的短期行为，而是一项长期的工作。国外组织CIS的导入及实施周期一般是10年。如果只是CIS的部分导入，一般也要两三年。

6. 动态性

实施CIS战略是一个长期的过程。在这一过程中，组织的经营战略、经营方式、市场定位、产品定位及组织机构设置等都可能发生一定的变化，必须设计出一种可控制的能实际操作和检查改进的机制。

7. 传播性

CIS战略需要组织全员的参与。组织在导入CIS的过程中，必须用自己的力量来完成组织理念的提供和开发工作，依靠传播来动员组织员工。此外，CIS还要与所有与组织有关的媒体进行信息的传递。

8. 稳定性

组织的CIS系统一旦形成，就具有相对稳定性。CIS是组织的经营宗旨，是组织文化精神的外显。除非组织的经营方向发生较大的调整，否则CIS应当基本保持稳定，以便能够让公众形成统一、连续、持久的印象。

（五）CIS的作用

1. 识别功能

组织的理念、文化、产品通过文字、图片、色彩等要素可以表现出一致的信息，因此，公众通过CIS可以把组织及其产品、品牌与同类组织区别开来。CIS的识别功能主要是通过评议、图像、色彩三个识别要素来发挥作用的。评议识别是指通过体现组织精神、价值观的口号、组织产品及品牌的广告语识别组织。其中,用言简意赅的语句表达组织形象、经营理念的组织价值观是最具魅力、最具鼓动意义的"关键语"。图像识别是指用象征本组织的图像达到识别组织的目的,其中标志是组织最有效的代表。图像识别是扩大组织知名度和塑造组织形象最有效的方法,这正是中外组织导入CIS时普遍重视组织标志等的原因所在。色彩识别是指运用人们的色彩审美心理,通过具有组织特征的色彩(组织标准色)达成识别组织的目的。色彩识别具有强烈的区别性识别效果。

2. 管理功能

CIS的策划和实施是加强组织管理的有力工具,因为CIS从本质上说是一部从思想、行为到传播的全方位标准化管理的组织内部法规。CIS的导入可以使组织内部的管理实现统一化、标准化、规范化、系统化,保证组织识别的统一性和权威性,完善组织经营管理功能。但是,CIS的管理功能不是独立存在的,它是同组织原本的质量管理、成本管理、财务管理等相结合的,相辅相成,才能有效发挥作用。

3. 传播功能

导入CIS塑造组织形象的过程,主要是通过传播予以实现的。CIS通过统一的视觉设计,经过系统化、一体化、集中化的处理形成个性鲜明的信息,给公众造成强烈的刺激,然后不断重复传播,给公众留下深刻的印象。因此,CIS能使社会公众透过鲜明的视觉识别系统认知组织信息,准确、有效、经济、快捷地传递信息,提升组织形象。

4. 协调功能

CIS的导入,不仅肯定了员工的奉献,重视了员工权利和利益的满足,也让员工意识到组织整体利益是员工个体价值目标实现的前提。同时,CIS的导入也统一了价值观,对所有员工提出了相应的责任和义务,在共同价值观的支配下,员工履行各自的责任和义务。因此,CIS能给组织创造一个团结、和谐、宽松、融洽的内部环境和催人奋进的良好氛围,发扬组织团队协作精神,增强组织凝聚力。此外,CIS的贯彻能进一步改善与发展组织和政府、社区、新闻媒介的关系,创造组织和社会协调一致的外部经济环境。

二、TDIS

(一) TDIS的渊源

TDIS的全称是Tourist Destination Image System,即旅游目的地形象策划系统。20世纪80年代末期,奈达·泰里塞姆-考苏塔(Neda. Telisam-Kosuta)第一次在其《旅游地形象》的专文中全面总结了该领域的研究成果。他指出,自从亨特(Hunt)提出"任何地方都有或好或差或平淡的,需要加以识别、改造、开发或利用的旅游形象"以来,出现了大量的实证研究,证明旅游者在选择旅游目的地时,主要依据其对旅游目的地的感知形象,这使旅游目的地形象成为区域发展旅游的因素之一。

旅游目的地形象由原生形象(Organic Image)、诱导形象(Induced Image)和复合形象(Compound Image)组成。原生形象是指通过长期的人类社会化过程形成的某地形象。诱导形象是指通过旅游目的地的促销、广告、公关等活动在公众心目中形成的形象。复合形象是指旅游者到目的地实地旅行后,通过自己的经历,结合以往的知识所形成的一个更加综合的目的地形象。原生形象、诱导形象和复合形象不一定完全相符。旅游者对旅游目的地形象的认知,除了来自自身经历外,主要是来自外界信息。既然旅游目的地形象是引起旅游者产生旅游的动机之一,旅游目的地形象研究就可以为发展区域旅游提供直接的行动指南。

旅游目的地形象就是旅游者对旅游目的地的旅游产品和服务的总体评价。旅游活动结束后,旅游者会比较自己所得到的产品和服务与所付出的代价,只有当两者相符或所得大于代价时,旅游者才会感到物有所值,对旅游目的地形成良好印象。而旅游者往往会受诱导形象的影响,在旅游活动开始前已经形成旅游目的地的想象形象,旅游活动结束后将自身经历与想象形象作比较,这个过程是客观环境无法限制的。因此,旅游目的地形象是由各种旅游产品、服务和旅游者个体因素交织而成的整体形象。

(二) TDIS 的作用

TDIS 的作用主要体现在以下三个方面:

1. TDIS 有利于促进地方旅游的开发和建设

TDIS 能使地方旅游决策部门和公众深刻地理解地方性旅游资源特征,使决策者清晰地识别出当地旅游资源的核心部分,把握未来旅游产品开发和市场开拓的方向,同时能使地方公众了解本地旅游开发的潜力和前景,积极参与地方旅游的开发和建设。

2. TDIS 有利于激发旅游者的旅游动机

影响旅游者旅游动机的因素有很多,比如距离、时间、成本等。但是,旅游目的地的知名度、美誉度、认可度或其他特殊因素也发挥着巨大的作用。独特鲜明的旅游目的地形象能引起游客注意,激发游客的出行欲望。

3. TDIS 有利于旅游目的地营销

旅游企业设计和开发产品时,与旅游目的地形象的建立和推广有着不可分割的联系。因此,TDIS 可以为旅游企业,尤其是旅行批发商和旅行零售商提供组织及销售方面的支持。

(三) TDIS 的内涵

旅游目的地形象是旅游者对旅游目的地信息的处理过程及结果,由其主体、客体和本体三部分组成。因此,对 TDIS 的内涵分析将从主体、客体和本体三个方面进行。

1. 旅游目的地形象的主体分析

没有游客的旅游目的地是没有现实意义的。当把旅游目的地作为认知对象,旅游者便是其最主要的认知主体,包括现实旅游者和潜在旅游者。人是形象的主体,主要是因为只有人才能产生对外界的认知。由于潜在旅游者的数量和空间规模是随着经济发展和社会环境的变化而不断变化的,因此,对于旅游目的地而言,它所面对的潜在旅游者具有理论上和时空上的不确定性。TDIS 设计应以这种时空观作为基本的前提。

旅游目的地居民对当地环境的感知所形成的地方情感、象征及精神等,不仅影响当地居民对待旅游目的地和旅游者的态度和行为,也影响着旅游者对旅游目的地形象的感知。与旅游目的地融为一体的当地居民是不会将其所居住的地方认知为其旅游目的地的。因此,修正当地居民对其所在地的认知,是改变居民对待旅游目的地和旅游者态度和行为的根本方法。此外,当地居民的游憩需求会促进居民对当地旅游资源和游憩空间产生兴趣,这种兴趣一旦产生,旅游目的地便成了外来旅游者和当地居民共同的认知客体。可见,重视当地居民对所在旅游目的地认知的研究,是了解旅游者对旅游目的地形象感知的有效途径。

除了旅游者和当地居民外,旅游目的地形象主体还应包括从事旅游目的地形象设计、建立和传播、推广等活动的人,即规划师和设计师。规划师或设计师利用认知者和被认知者之间的互动过程,在对旅游目的地认知的基础上,通过设计和宣传旅游地形象,影响旅游者对旅游地的认知,达到调整旅游目的地形象认知的目的。规划师和设计师经过专业训练和行业技能培养,能敏锐感知地域客体,构想新的旅游目的地形象,带动旅游目的地形象建设。但是,这一切活动必须基于对旅游者和居民的认知。

2. 旅游目的地形象的客体分析

旅游目的地是旅游目的地形象的客体。在旅游地理学中,旅游目的地是指含有若干共性特征的旅游景点与旅游接待设施组成的地域综合体。旅游目的地必须具有丰富的旅游资源和各种实现旅游者旅游目的必不可少的基础设施(如交通、住宿、餐饮等)。旅游目的地认知的基本核心内容是空间认知,即认知旅游目的地的地理位置、地理景观及地理空间格局;其次,旅游目的地所有丰富复杂的认知信息,包括所有自然的与人文的、静态的与动态的、微观的与宏观的、表面的和隐含的信息,都会成为旅游者的认知对象,其特征影响着旅游者心目中的旅游目的地形象。

旅游目的地的地理空间属性的复杂化会影响旅游者对旅游目的地形象的感知。而旅游目的地形象的感知主体——当地居民、旅游者、规划师和设计师之间又存在互动的认知关系。因此,旅游目的地形象的客体因素可分为:地理景观感知因素(人—地感知因素)和社会人文感知因素(人—人感知因素)。人—地感知泛指人对旅游目的地所有地理景观的感知,感知者与被感知者不存在直接互动关系;而人—人感知是人与人之间的感知关系,具有直接的互动感知,并产生深层次的心理感受,而不只是单纯的感官感受。两者在旅游目的地被整合为旅游目的地形象本体。

3. 旅游目的地形象的本体分析

旅游目的地形象是旅游者对获取的旅游目的地信息综合感知的结果。旅游目的地信息分为旅游者接触旅游目的地获得的直接信息和通过其他渠道获得的间接信息。旅游者在旅游目的地亲身经历,直接通过感官刺激所形成的旅游目的地形象称为直接感知形象,即旅游目的地本身展现的一切信息给旅游者造成的印象;而旅游者通过非亲身经历渠道间接获得的有关旅游目的地的文字、图像、视频等资料所形成的想象性的旅游目的地形象被称为间接感知形象。旅游者的直接感知形象是在旅游者游览旅游目的地后形成的。而任何新兴的旅游目的地或任何在发展最初阶段的旅游目的地是没有游客、没有感知主体、没有旅游目的地形象的。但旅游目的地可以通过间接感知渠道传递有关信息,在公众心中形成该旅游目的地的间接形象,影响其对旅游目的地的选择决策,产生潜在的旅游者。从旅游者实际旅游过程来看,旅游者总是先通过间接感知形象选择旅游目的地，然后通过实地旅游获得直接感知形象。只有当其决定旧地重游时，以往的记忆即直接感知形象又成为新的间接感知形象影响决策。所以，旅游者和旅游目的地都是以间接感知形象作为决策和发展的起点的。

第二节 旅游企业 CIS 策划

一、旅游企业 CIS 策划概述

旅游企业引进 CIS 策划的内在动力在于提升旅游企业整体形象，解决旅游企业在管理发展中遇到的实际问题，增强企业活力，为其今后的发展创造新的发展机遇。总的来说，旅游企业 CIS 策划是一种循序渐进的计划性工作，其工作流程大约可分为下列五个阶段：

（一）旅游企业形象实态调查阶段

具体把握旅游企业的现况、外界认知和设计现况，并从中确认企业给人的形象认知状况。

（二）形象概念确立阶段

以旅游企业形象实态调查结果为基础，分析旅游企业内部、外界认知，市场环境与各种设计系统的问题，以拟定旅游企业的定位与应有形象的基本概念，并最终作为 CIS 设计的原则和依据。

（三）形象设计工作展开阶段

将旅游企业的基本形象概念转变成具体可见的信息符号，并经过细致工作与测试调查，确定完整且符合旅游企业的形象识别系统。

（四）完成与导入阶段

重点在于排定导入 CIS 实施项目的优先顺序、策划旅游企业的广告活动及筹建 CIS 执行小组和管理系统，并将设计规划完成的识别系统制成标准化、规格化的手册或文件。

（五）监督与评估阶段

旅游企业 CIS 的设计规划仅是前置性的计划，要落实建立旅游企业的形象，必须时常监督并加以评估，以确保符合原先设定的企业形象概念，如发现原有形象设计规划有缺陷，应提出相应的修改意见。

二、旅游企业 CIS 策划流程

（一）策划与准备

1. 旅游企业经营现状分析

旅游企业经营现状分析主要包括企业内部环境和外部环境分析两个方面，这是 CIS 策划的前提。

对于旅游企业内部环境的分析，必须先进行意识调查，旅游企业决策层负责人必须与各职能部门主管进行会谈，必要时还需和员工会谈，再进行企业形象调查、视觉审查等活动，找出旅游企业当前面临的问题及对策，使 CIS 计划中的主题明确化。

对旅游企业外部环境的分析是指对社会的分析，即对旅游企业所处社会环境的分析，如对当前旅游市场状况的分析、对其他行业的形象分析等。通过分析，掌握旅游企业在社会中的地位，并探索企业今后的出路及发展方向。

2. 旅游企业经营理念和领域的确定

根据对旅游企业经营现状的把握，随即便可重新审视企业经营理念和未来发展领域。以企业的经营意志和社会、市场背景等为基础，预测今后十年、二十年的情况，以确定旅游企业将来的业务发展领域。同时，将现有的企业理念与未来经营理念相互对照，据此规划出企业的业务经营范围，并开始着手改善旅游企业形象。在外界公共关系公司以及旅游企业内部公共关系人员的协助下，设定企业的组织体制以及信息传递系统，以塑造新的企业形象。

（二）调查与分析

建立旅游企业 CIS 的过程，包括一连串相当细密的工作。在这一过程中，必须确立旅游企业 CIS 的施行步骤，以作为日后实施的依据，而调查与分析就是旅游企业 CIS 导入工作的第一步。

1. 旅游企业实态调查

旅游企业 CIS 调查的第一步，就是展开企业实态调查，调查的主要内容大致有下列几个方面：

(1) 社会各阶层公众对旅游企业的整体印象如何？

(2) 社会公众对旅游企业形象的评估是否与旅游企业的自我评估相矛盾？

(3) 和其他相关行业相比，旅游企业的企业形象中最重要的内容是什么？

(4) 与旅游企业保持往来的相关行业最希望旅游企业提供的服务是什么？对旅游活动有何意见和建议？

(5) 目前，旅游企业整体形象有何缺点？未来应塑造出何种形象？

(6) 旅游企业目前的市场竞争力如何？

(7) 当地的旅游行政主管部门对旅游企业未来的发展有何计划？

2. 旅游企业形象调查

塑造旅游企业良好的组织形象，是 CIS 的主要任务之一。旅游企业在开展形象调查前，必须首先确定：到底什么样的企业形象才是受公众欢迎的？塑造和维护企业形象具体需要作哪些方面的努力？

此外，对目前旅游市场的发展情况及特色，也应仔细研究、分析，进行广泛的调查研究。准确而客观的事前调查，将有助于了解企业未来 CIS 工作的方向，既可提高工作效率，也是提高 CIS 工作成效的有力保证。

（三）制定旅游企业 CIS 策划方案

旅游企业应根据调查及分析的结果，重新评估企业理念，构筑新的企业经营战略，即形成 CIS 策划方案，以指导旅游企业的发展。

旅游企业 CIS 策划方案必须能针对调查结果，表达出正确的判断，进而提供有关 CIS 的活动指南和改良建议，深入浅出地指出未来企业应该具有的形象，并明确今后一系列的 CIS 策划工作和实施办法。

1. 旅游企业CIS策划方案的重心

CIS策划方案具体由三大部分构成，即：

(1) 旅游企业实态、形象的调查和分析，也就是事前调查阶段。

(2) 根据调查结果，开展企划和规划的工作，CIS策划也属于这部分。

(3) 实施管理作业。

旅游企业经营者在推行CIS时，应按照上述三大部分，循序渐进，切实执行，才能真正发挥CIS效果。

在提出CIS策划方案的构想之前，应先明确引进CIS的真正目的及旅游企业本身存在的问题。因此，策划方案的内容应该清楚地标示出"问题"和"解决办法"两大重点，并且对具体的实行步骤、方法和预期成果加以说明，如果能列出旅游企业目前的问题并加以精彩详细的说明，相信就更能打动管理者的心。

2. 确定CIS工作大纲

(1) 明确工作主题。每一个具体的CIS策划方案都必须有其主题。在拟定时需要经过周密的思考与充分的研讨，千万不要因为追求时髦而导致判断错误，影响旅游企业整体性的发展。

(2) 拟定CIS具体实施办法。经研讨分析后，如认为有必要导入CIS时，则需对主题、着眼点、背景等予以评估，因为在导入CIS的每一个阶段，每项工作的联系都非常紧密。在全盘工作大纲确定后，需拟定各种不同活动方式来配合企业CIS工作。

(3) 编制旅游企业CIS导入时间表。CIS导入工作不是短期的事情，在进行过程中也需要许多事项的配合，因此只有将工作阶段进行的项目与日程时间进行合理的分配，才能推动CIS工作的进展。

(4) 编列CIS设计经费预算。通常在CIS策划阶段，对于实施作业经费的多少不容易确定，但如果没有具体的成本预算，方案实施的可行性便微乎其微。因此需要先行编制CIS的作业项目与经费，做到心中有数。

整体来说，旅游企业CIS策划的费用大致可分为以下四个方面：旅游企业实态调查及规划费用；设计开发费用；实施管理费用；其他费用，如推行CIS计划时的花费、旅游企业内部信息传递的经费等。

(四) 设计开发

在旅游企业负责人批准CIS策划方案后，即可展开CIS的设计开发工作。此时旅游企业内部最关心的，当然是导入CIS后，现存问题能否解决，以及用什么方法来推行CIS等。

进入CIS的设计开发阶段后，前面各项工作所设定的识别概念、经营理念，都将在这个阶段转换成系统化的视觉传达形式，以具体表现旅游企业的精神。

1. 基本要素与应用设计

(1) 旅游企业标志。企业标志应代表企业。对生产、销售产品的服务行业而言，企业标志是指产品上的商标图样，包括抽象性的企业标志、具体性的标志、字体标志等，在经营过程及商品销售活动中代表企业形象。

(2) 旅游企业名称标准字。通常是指旅游企业的正式名称，应以中文及英文两种文字命名。一般情况下用全名表示,或是省略为"××股份有限公司"、"××有限公司"。需要依据旅游企业具体的使用场合,来决定是使用略称还是通称的命名方式。

(3) 旅游企业品牌标准字。旅游企业品牌标准字原则上要求以中文及英文两种文字来设定,要足以代表旅游企业经营的产品及提供的服务的品牌和特色。

(4) 旅游企业的标准色。企业的标准色是用来象征企业的特定色彩。旅游企业的标准色通常采用1到3种色彩,也可采用多种颜色的色彩体系。可以考虑以色彩来传达旅游企业的气氛,或利用辅助色彩制造更佳的色彩效果。

(5) 旅游企业标语。企业标语是用以对外宣传企业的特长、业务、思想等要点的短句,与企业名称标准字、企业品牌标准字等附带组合使用的情形较多,能起到很好的宣传效果。

(6) 旅游企业专用字体。企业专用字体包括企业主要使用的文字(中文、英文)、数字等专用字体,也包括主要广告和产品促销等对外印刷情报所使用的字体,以及规定为宣传用的字体。

2. 设计与开发

(1) 设计开发的委托方式。包括总体委托方式、指名委托方式、指名设计竞赛方式、公开设计方式。

(2) 设计开发的要素及系统。包括基本设计要素及基本设计系统、应用设计要素及应用设计系统。

(3) CIS设计开发的程序。也就是制定详细的开发程序。

(五) 问题及应注意的事项

很多企业相信CIS是企业活动所不可或缺的,但是在实施CIS时,却发现并没有产生相应的效果,究其主要原因,可能是忽略了以下几点:

1. 旅游企业CIS策划能否取得成效,与企业管理层有密切的关系

当员工按部就班地推行CIS时,会发现在推行CIS过程中所发现的企业缺点越多,得罪企业主管的危险性也越大。因此,推行CIS的阻力自然会加大。

一般而言,旅游企业管理层不会拒绝员工的建设性意见。任何企业的领导,在了解CIS的重要性后,是不会责怪提案者的建议或批评的。因此,要使CIS策划取得成效,首先要得到企业管理层的了解与赞同。

2. 旅游企业CIS策划要取得成效,必须依靠高超的管理技术

旅游企业在决定经营方针、方向、战略之后,活动领域立刻会衍生浓厚的感性问题,因为视觉性的设计开发,以及判断、选择、调整公司内部员工的工作情绪等,都是需要投入大量精力的工作。所以,新的CIS提案要得到大家的接受与认同,须花费一番工夫。

要使工作能顺利进行,并逐渐强化,最后达到使旅游企业内外甚至竞争企业也一致赞美的成功境界,就必须依靠高超的管理技术。

3. 旅游企业CIS策划阶段的注意事项

CIS导入有其预定的实施期限,其中包括许多复杂的项目,因此必须循序渐进才能得到合理有效的结果与良好的视觉设计系统。所以,旅游企业CIS策划阶段应注意下列事项:

(1) 不可仓促进入CIS实施阶段。在旅游企业确认CIS的导入方针前，如果匆促而勉强排定实施计划，反而会产生反面效果。

(2) 设计开发工作的时间必须留有弹性。在基本设计开发阶段，需要特别注意的是参加设计的人员必须充分地检验CIS设计的可操作性。为了能提出优秀的策划构想，在旅游企业CIS设计开发工作的最初阶段，必须预留足够的时间，以便检验其可行性。

(3) 重视逻辑性，循序推进CIS策划工作。在进行CIS策划时，有关旅游企业问题的探究、调查工作及根据调查结果作判断的过程，如果进行得不理想，则容易在今后内部与外界沟通时产生偏差，也会使得CIS的成效不佳。因此，不论时间如何紧迫，CIS策划工作都必须步步为营，要重视其逻辑性、整合性，循序渐进地推行。

(4) 发现旅游企业CIS策划不合理时，应尽快重新制定。CIS策划的流程安排，必须考虑前后工作间的关联性，因为前面的工作必然会影响到下一步的工作。因此若发现策划中有任何一个环节不合理时，应尽快重新制定。

第三节 TDIS 策 略

一、TDIS 策略应遵循的基本原则

(一) 优势集中原则

当旅游目的地具有多种优势时，优势一定要集中，聚焦到某一点上凸显，让其他优势围绕它并为它服务，而不能抵消和削弱它。如九寨沟的自然风光十分独特，当地的藏族文化也应围绕这一优势，为它服务。

(二) 观念领先原则

观念领先是指思想超前，而不是旅游实态的领先。旅游实态的竞争首先是观念的竞争，即在设计定位时，要有“第一”的思想和创新的观念。深圳市的旅游资源相对缺乏，但其人造景观十分领先，主题公园的建设在国内首屈一指，如“锦绣中华”、“世界之窗”等，为当地带来了大批的旅游者。

(三) 个性专有原则

同一旅游目的地的不同旅游景观不可只有同一个定位点，否则容易失去个性，无法引起旅游者的特别关注，不利于其旅游的发展。应该分别定位，分别设计形象标识。

(四) 多重定位原则

多重定位原则是针对旅游目的地主要形象定位下的不同层面旅游景观的形象定位。海南定位为旅游基地，三亚则定位为风光旅游城、文昌定位为文化旅游城、五指山市定位为风情旅游城、海口定位为商贸旅游城等，这样的旅游定位相互补充，产生了很好的效果。

(五) 时代特色原则

旅游目的地形象的主题口号在表述方面还要反映时代特征，要有时代气息，即要反映旅游市场需求的热点、主流和趋势。大多数旅游目的地将在很长一段时间内面对以本地旅游者和区域性旅游者为主体的客源市场，特别是发展旅游目的地周边旅游、开展

大旅游圈等项目，就更需密切关注客源市场旅游者的兴趣。当前，康体休闲、亲近自然、郊野派对、康复养生等都是城镇旅游者追逐的旅游形式，也是建立旅游目的地形象可加以利用的时代特征。

（六）相互借鉴原则

从旅游目的地市场营销的要求来看，旅游目的地形象的主题口号必须首先能够打动旅游者的心，激发旅游者的旅游欲望，要被旅游者永久而深刻地记忆，要能够广泛迅速地传播，即要产生商业广告的宣传效应。因此，旅游目的地形象的主题口号要具备广告词的生动性和影响力。旅游目的地形象的主题口号的创意也要借鉴广告艺术，用浓缩的语言、精辟的字、绝妙的组合等形式构造一个有吸引力的旅游目的地形象。

二、旅游目的地形象设计

如今，旅游目的地形象对于旅游者而言已不陌生，但旅游业工作人员对其的理解仅限于通过旅游目的地的良好景观建设，特别是环境卫生、安全保卫以及相关的服务和管理工作，给旅游者以正面、美好的印象和感受。这种观点只是对旅游目的地形象的表面理解，而将旅游目的地形象提升到战略的高度加以系统认识的新观念尚未得到普及。

（一）旅游目的地形象设计的核心

旅游目的地形象设计的核心是旅游目的地的基本定位问题，即旅游目的地将在旅游者心目中树立并传播怎样的一种形象，它到底是怎样的一个景区，这种形象如何成为吸引人们前来旅游的动力源泉等。

（二）旅游目的地形象的视觉设计与推广

旅游目的地形象视觉设计的基本要素包括图案、色彩和字体。旅游目的地形象的主题口号主要解决旅游目的地形象的基本定位问题，如何将其体现在旅游目的地中，以强化旅游目的地的实际旅游形象，是影响重游率与形象传播的关键。旅游目的地标志的设计可结合标志性景观，例如，上海的东方明珠就可完整无误地概括其旅游形象。此外，旅游目的地形象的视觉设计还包括吉祥物，甚至旅游大使的选择。例如，香港在旅游目的地形象的设计中就特别选出著名演员成龙、郭富城为香港旅游大使。

（三）旅游目的地形象定位语言要准确

旅游目的地形象定位的最终表述，往往以一句主题口号加以概括。确定主题口号并不是一件简单的事情，需要综合考察，并需结合当地旅游资源特点，以凸显当地特色。比如，在开发海南省旅游资源的时候，有人提出“把海南岛建设得像夏威夷一样”的建议，这就是说海南岛永远超越不了夏威夷。

（四）旅游目的地形象定位要充分体现个性

旅游目的地形象的个性是指一个旅游地区在形象方面有别于其他地区的高度概括的本质化特征，是区域自身多种特征在某一方面的聚焦与凸显。这种特征往往是透过文化层面折射出来的。它可以是历史的、自然的或社会的，也可以是经济的、政治的或民族的。比如法国巴黎的旅游目的地形象定位是时装之都，意大利威尼斯是水上乐园，瑞士是钟表王国等。一个地区或景区的多种特征的聚焦和凸显不是以人们的意志为转移的，而是历史遗留、社会需求等多种因素的沉淀。

(五) 旅游目的地形象定位要随时代的变化而更新

旅游目的地形象定位确定之后就具有一定的稳定性和持久性，成为当地旅游业在一个较长时期内传播形象和进行营销反复使用的主题口号。但是，旅游目的地形象定位并不是一成不变的，时代在变，旅游竞争环境在变，旅游消费者的消费心理和需求在变，旅游目的地自身也处在变化发展当中。

(六) 旅游目的地形象定位需要群众参与和认可

旅游目的地形象定位是个比较复杂的问题，要准确定位，仅靠几位专家学者是很难做到十全十美的，还必须要有群众的参与。在定位前的调查工作中，需要充分了解社会各界的意见和看法，这样的形象定位才能准确反映市场的需求。

(七) 旅游目的地形象宣传要抓住表现时机

旅游目的地形象的表现时机很重要。抓住良机，展现与推广旅游目的地形象往往可取得事半功倍的效果。比如重要旅游活动、节假日就是表现旅游目的地形象的最佳时段。旅游目的地形象往往是一种心理感知的抽象事物，而重要旅游活动、节假日、娱乐演出、重大庆典等都可将其变成可视、可听、有形、有声、有色的具体事物。

总之，TDIS策略可提升旅游目的地整体形象，应将TDIS策略提高到旅游发展的战略高度加以研究与应用。今天，旅游目的地旅游的进一步发展已不能单纯依赖孤立的旅游景点，而必须推出旅游目的地整体的旅游形象，通过旅游目的地形象的定位、主题口号的提出、视觉形象的设计与推广等基本形象战略来全面发展地区旅游。

本章小结

旅游公共关系形象策略，是通过对理念文化、行为方式、视觉识别等进行系统设计来塑造旅游组织整体形象，并借助各种信息传播手段增加社会公众的认同感，从而提高旅游组织竞争力的经营战略。本章着重分析了CIS、TDIS的起源与发展状况、概念内涵与作用、CIS与旅游公共关系的关系、CIS的构成、旅游企业CIS设计与TDIS设计的基本内容和步骤等知识，CIS与旅游公共关系的融合保证了旅游组织内部管理的统一化、标准化、规范化、系统化，以及企业识别的统一性和权威性，极大地完善了企业经营管理功能。

思考与探究

1. 简述旅游企业CIS策划的内容及意义。
2. 旅游业CIS策划有哪些作用？在旅游经营过程中应如何发挥其作用？
3. 旅游企业CIS策划要把握哪些基本原则？
4. 简述旅游企业CIS策划的基本流程。
5. 试述应如何对旅游目的地进行TDIS策划。
6. 选择一处旅游景点，先调查其旅游目的地形象，然后根据所学内容为其重新设计形象，并制定出实施计划。

案例分析

案例分析

世界最佳饭店塑造美好形象的秘诀

美国《公共事业投资者》杂志每年都要评出全球 40 家最佳饭店。从某年评出的前 10 名最佳饭店的良好评语中，可发现塑造饭店美好形象的秘诀。

一、曼谷东方饭店

曼谷东方饭店有客房 406 间。从客人到达时端上一杯新鲜橙汁开始，到此后数不清的其他细小服务，使曼谷东方饭店再次蝉联冠军。这些细小的服务包括：每个房间都放一篮当地出产的水果，旁边放有说明；每个房间都有专门播放音乐的音响设备；提供叫醒服务的话务员会在提供叫醒服务几分钟后再一次用电话询问客人是否真正醒来。饭店经理说：我们这些使客人感到“宾至如归”的特殊工作方法，来源于 900 名工作人员的创造力。

二、香港文华饭店

每一位新来的客人都会得到一篮水果或一束鲜花，这是香港文华饭店经理对客人表示的敬意。在这家有 580 间客房的饭店里，所有电话均装有“不打扰”的自动装置。从这里去内地旅行的客人，都可得到饭店送的“用具袋”，内装一些在内地不易得到的用品。饭店还可为客人办好登机前的一切手续。

三、东京大仓饭店

东京大仓饭店有客房 900 间。电子计算机记录着每位客人的特殊爱好(如对房间式样、食品、饮料、报纸的偏好)；饭店有夜间烫衣服务；还设有一个办公服务大厅，可以为客人提供翻译、打字服务等；图书馆里备有商业出版物和录像带；带幻灯机和电影放映设备的会议室可免费使用。

四、瑞士苏黎世大道尔德饭店

从建有客房 198 间的尔德饭店可以眺望苏黎世湖。尔德饭店服务人员每天在客房摆放鲜花，还代客贮存物品和提供烫衣服务。饭店经理说：“这些服务项目全是理所当然的，重要的是做好日常工作，对客人，从白脱油的供应方式到擦皮鞋的鞋油质量等都要关注。”

五、新加坡香格里拉饭店

该饭店有客房 700 间，每间房内都放有鲜花，连浴室里也放着鲜花。饭店备有面包车，每天早晨接送客人到附近的植物园去，让客人能在清新的空气里散步。

六、巴黎丽斯饭店

巴黎丽斯饭店有客房 210 间和套房 46 间。在套房的会客室里，可以根据客人的要求安装专门的电传线路设备；餐厅 24 小时服务；长住客人可以享用饭店提供的特别台布、床单、玻璃器皿和瓷器；每到年底，饭店开设一个特别的商务中心，为住店客人提供电传、打字服务，还有懂得多国语言的秘书为客人服务。

七、德国汉堡维尔吉立瑞泰饭店

该饭店保存了每位客人居住过的记录。客人可以提一些特别的要求，诸如需要什么样的枕头(硬的、软的或不要用羽毛的)，用被子还是羊毛毯，是否在床上用膳等。饭店在汉堡郊区有自己的农场，专为饭店供应鲜肉、鲜蛋、鲜菜和鲜花。为防止客人在洗热水澡时被烫伤，浴室内还备有洗澡水温度计。

八、香港半岛酒店

当客人来到这家有客房340间的酒店时，服务员会及时送上一杯中国茶；客人没有放到柜内的皮鞋，服务员会主动给皮鞋擦油并放入柜内；有下雨的征兆时，服务员会把雨衣送到客房；客房内提供吹风机。此外，客人可以要求住没有烟味的房间。

九、西班牙马德里丽斯饭店

马德里丽斯饭店有客房158间，备有高尔夫球具和狩猎用品，以便客人在适当的季节使用；服务员还为住店看斗牛的客人准备了特别的野餐食物篮；饭店还有一个特设的熏房，专门为客人生产熏制火腿、腌肉及各种西班牙香肠。

十、伦敦克勒来饭店

伦敦克勒来饭店对长住客人的喜好均有详细记录，如客人不喜欢把两张单人床换成双人床，希望另加张书桌；客人要求不断供应矿泉水；客人早餐时要有特制的牛肉等。饭店均能提供这些特殊的服务项目。

（资料来源：阿里巴巴网）

结合案例和本章内容分析：饭店优质服务和自身CIS策划之间有何关系？CIS对于饭店形象的塑造有哪些作用？

第八章

旅游公共关系专题活动

章前导语

旅游公共关系专题活动是围绕特定的主题，采用特定的方式向公众进行传播、与公众进行沟通的活动。旅游公共关系专题活动对于改善旅游组织的公共关系状态有着极为重要的意义，往往能够使旅游组织集中地、有重点地树立和完善自身形象，扩大社会影响。成功的旅游公共关系专题活动能够使旅游组织形象出现意想不到的飞跃，是塑造旅游组织形象的有力驱动器，对于改善旅游组织的公共关系状态有着极为重要的意义。

本章导学

【学习目标】

掌握旅游公共关系专题活动的含义；
理解旅游公共关系专题活动策划的基本要求和原则；
掌握各类旅游公共关系专题活动的特点、基本流程和步骤；
能根据组织公关目标，作好旅游公共关系专题活动的策划；
能够运用专题活动筹办与实施技巧组织旅游公共关系专题活动。

【关键术语】

旅游公共关系专题活动 新闻发布会 会议 展览会 庆典活动 赞助活动 开放参观

第一节 旅游公共关系专题活动概述

一、旅游公共关系专题活动的含义

美国策划学家罗恩在对公关专题活动进行解释时说："专题活动是一种能给人以直观刺激的媒介，这种直接性是报纸、杂志、广播、电视等媒介所不可比拟的。因此专题活动是指为达到一定的目的，在一个特定的时期、特定的场合下，使成为对象的每一个人都能亲身体会到直接针对性的某种刺激媒介。"

旅游公共关系专题活动是旅游组织为实现某一具体目标而进行的专门的公关活动。旅游公共关系专题活动一般来说可以分为两种类型，第一类属于日常性的公共关系工作，第二类是为了向广大公众迅速传递信息、吸引新闻媒介关注、提高旅游组织的知名度和美誉度而进行的各种公共关系专题活动。旅游公关专题活动主要包括以下几种类型：为新闻界提供特定新闻素材的新闻发布会，为促进产品销售而举办的展览会，以提高组织知名度为目标的庆典活动，以创造社会效益、塑造良好社会形象为目的的赞助活动，以提高组织透明度、联络感情为目的的开放参观活动等。

二、旅游公共关系专题活动的策划

对于旅游组织来说，公共关系专题活动的具体内容和形式是多种多样的，它是根据组织的实际情况和一定的目标专门组织的，但是总的来说，公共关系专题活动的组织也有共同的特点和规律。其中，良好的策划是任何公共关系专题活动组织的起点，也是确保实现公关目标的必要前提。

（一）旅游公关专题活动策划的基本要求

1. 明确的主题

主题，就像歌曲的主旋律一样，是公关专题活动策划的核心，也是公关目标的具体体现。任何公关专题活动都要有一个明确的主题，其他活动的具体安排都是围绕主题的需要而展开的。一般来讲，主题应与公关专题活动的目标相一致，同时还要与活动项目的形式和特点相适应。对于旅游组织来说，主题的确定往往与节日、假日、纪念日结合在一起。比如，元旦、春节、端午节等传统节日以及各地的旅游节都可以作为活动策划的背景。

2. 恰当的时机

公关专题活动的举办要注意选择合适的时机。要想提高活动的效果，就要善于“借势”，利用“大事、巧事、空档”来为组织进行宣传。比如，联想集团借助“神舟五号”火箭发射成功的契机，在全国同步开展了以“只要你想”为主题的系列推广活动，诉求“人类用想法改变世界”的创新理念，收到了良好的宣传效果。对于旅游组织来说，除了可以利用节假日来举办活动外，还可以选择“世界旅游日”、“世界环境日”等与旅游业相关的纪念日大做文章。

3. 鲜明的特色

当今时代是“注意力经济”的时代，在信息相对过剩的情况下，没有特色的专题活动就没有生命力，也不会吸引人们的眼球。特色就要求与众不同，要想在同类活动中脱颖而出，就需要公关策划人员具有敏锐的观察能力和创新精神，善于把握时机，同时结合本组织的实际情况，策划出具有创意的活动来。无论是形式的创新还是内容的创新，只要能够突出本组织的特点，就会赢得公众关注的目光。特别是要赢得新闻媒介的关注，增加被宣传报道的机会，从而扩大社会影响，提高组织的知名度和美誉度。

4. 务实的精神

公关专题活动的举办需要大量人力、物力和财力的投入，在一定程度上增加了组织的经济成本，所以要本着“量入为出”的原则，不能盲目攀比、贪大求全，要根据公关目标的要求并结合本组织的现有条件来进行策划。这就要求公关策划人员要有求真务实的精神，注意节约、避免浪费。同时，对于公关专题活动的效果要进行测定，不能在活动结束后就完事大吉，跟踪反馈环节的工作非常必要，这有助于组织及时发现活动中存在的问题和疏漏，以便于下次改进和完善，从而不断提高公关专题活动的效果。

（二）旅游公关专题活动策划的原则

1. 可行性原则

公关专题活动的策划首先要考虑方案的可行性，比如时间、地点的选择是否恰当。如果两项重大的公关专题活动都在同一天举行，效果就会受到影响；户外活动要考虑天气变化的情况，有些户外活动如露天展览会在雨雪天气里就难以举行。可行性原则还体现在活动的内容、项目安排是否符合自然规律。

2. 求真务实原则

公关专题活动的策划虽然讲究创意，离不开传播艺术和宣传技巧，但是也不能够脱离实际，片面追求轰动效应。有的组织为了能够吸引公众的注意力，进行夸大事实的宣传，哗众取宠，人为地制造新闻，虽然能够一时取悦于公众，但是却经不起实践的检验。一旦人们发现事实并非如此，就会对组织产生反感，公关专题活动不仅无法取得预想的效果，反而会招致公众的不满，与最初的公关目标南辕北辙。

3. 兼顾社会效益与经济效益原则

公关专题活动的举办，不仅要考虑企业的经济效益，而且要考虑社会效益，要将两者紧密地结合起来。以赞助活动为例，旅游组织通过赞助体育、文化、教育事业，把爱心献给了社会，公众对组织也会产生好感，组织的声誉由此提高，这种活动取得的社会效益比单纯的广告宣传效果要好。

第二节 新闻发布会

新闻发布会又称记者招待会，是旅游组织为公布重大新闻或解释重要方针政策而邀请新闻界记者参加，让记者就某些问题提问，并由召集的新闻发言人回答的一种特殊的旅游公共关系专题活动。

一、新闻发布会的组织实施

（一）研究召开新闻发布会的必要性

旅游公关人员应首先考虑其将要发布的信息是否具有较大的新闻价值、能否吸引新闻记者前来采访和报道、时间是否紧迫、是否处于信息发布的最佳时机等。只有认定是必要的、在时机上是可行的，才能保证新闻发布会取得成功。

（二）确定新闻发布会的主题

确定主题应从新闻价值和组织利益的角度出发。所谓新闻价值，主要是指在新闻发布会上发布的信息是否具有吸引新闻记者前来采访和报道的价值。在新闻发布会中，要明确将要发布的信息内容，要注意主题的单一、集中，不能一个新闻发布会发布几方面互不相关的信息，否则会分散新闻媒介的注意力，达不到新闻发布会的宣传效果。

（三）根据新闻发布会的主题准备各种材料

新闻发布会前要准备好各种文字材料。主要发言稿、组织的基本宣传资料、答记者问的备忘录和为记者准备的新闻稿应在充分讨论、统一认识和统一口径的基础上，由专门的班子负责起草，并在会前打印分发给与会记者。各种宣传辅助材料，包括口头的、书面的材料，实物，图片或模型等，要注意尽量全面、详细、具体、生动形象，以便现场分发、展示、播放或试用，增强新闻传播活动的效果。

（四）选定主持人和发言人

主持人一般由旅游公关机构负责人担任。主持人要在把握发布会主题的基础上引导记者踊跃发问，并控制发布会时间；要注意尊重别人的发言和提问，不能有任何阻止别人发言的表情、言语和动作。发言人一般由旅游组织的高层领导担任，他们不仅对本组织的政策方针等整体情况有全面清楚的了解，而且他们的身份也决定了其发言更具权威性。

（五）确定邀请记者的范围

旅游公关人员应根据所发布信息的重要性、涉及的范围等因素确定邀请记者的范围：地方性记者或全国性记者，文字记者、图片记者或音像记者，中文报刊记者或外文报刊记者等。在邀请有关记者时，要特别注意不能遗漏与旅游组织有密切关系的新闻机构的记者，并适当邀请一些著名的新闻机构记者参加。

（六）选择合适的时间和地点

新闻发布会的日期要与将发生或已经发生的事件在时间上靠近，但又不能太紧迫，这是新闻发布会的最佳时机。此外，选择时机还应考虑被邀对象的特点，尽量避开节假日和有重大社会活动的日子，以免影响新闻发布会的效果。关于新闻发布会的地点，旅游公关人员应根据发布信息的内容及影响，选择本地区或外省的大、中城市，甚至首都；具体地点可利用新闻中心、宾馆、会议厅、会议室等场所。

（七）编制新闻发布会预算

新闻发布会的费用要视活动的规格和规模而定。旅游公关人员应根据预先的款项制定出合理的开支计划，并留有余地，一般应考虑印刷费、邮电费、会场租金、器材租金、摄影费用、礼品费、餐费及酒水费、文具费、会场布置费、交通费、住宿费等。

（八）做好会务工作

新闻发布会前三四天，旅游公关人员就应将请柬送到邀请对象手中；对会场提前进行实地观察，做好布置工作，包括桌椅座位的准备（把贵宾的座位安排在较突出的地方）；完成与会者胸前佩戴名牌和桌上名牌的制作及排列，检修好电源，准备好电话、电传、录音辅助器材及其他设备；把各类宣传资料送到现场并作好具体布置。现场工作人员要合理分工，会议程序要力求周密、紧凑。

（九）评估新闻发布会的效果

新闻发布会结束后，旅游公关人员应检验其效果是否达到了预期目的。具体评估方法有：全面搜集与会记者在报纸、杂志、广播、电视等媒介上发表的文字和图像报道，进行归类分析，存为资料，评估传播效果，并检查是否在传播过程中出现偏差，以便及早补救；对照与会记者名单，核查发稿率，供日后邀请记者时参考；追踪和调查记者对新闻发布会准备与组织工作的反应，检查新闻发布会筹备、组织工作状况以及在接待、服务等方面存在的不足，以不断提高新闻发布会的质量；对已发新闻稿的记者，应主动联系并致谢，以加强与记者的感情沟通。

二、新闻发布会的注意事项

（一）按新闻发布会的程序进行演练

旅游组织要保证新闻发布会的成功，最好的检查方法就是事先按新闻发布会的程序演习一遍，以发现准备工作中的不足并加以改进。

（二）对待记者要一视同仁

旅游公关人员在新闻发布会中，要平等对待一切新闻记者，要注意不要因为记者所属新闻机构的大小或与旅游组织关系的亲疏而区别对待，以免造成不良影响。

（三）与旅游组织的宣传口径保持一致

对于新闻发布会要发布哪些消息、某一消息公开到何种程度等，都应有统一安排，并与旅游组织一贯的宣传口径保持一致。否则，就会引起记者反感，造成社会公众对旅游组织的误解。

（四）掌握回避问题的技巧

新闻发布会免不了会有记者提出一些组织者事先没有认真考虑过的问题，对于这类不便回答的问题，一般需采取回避态度，尽量避免使提问变成辩论。即使对方讲的与事实有出入，或发现对方有其他用意，也不应给对方难堪，伤害对方感情，造成对立情绪。旅游公关人员要学会通过避正答偏、诱导否定等言语的变化技巧，在不知不觉中转移话题。一般说来，记者也是通情达理的，当你进行了必要的解释并及时地转换了话题后，他们也就不会再继续追问了。

第三节 会 议 活 动

作为一种沟通交流方式，会议可以起到集思广益、提高公众参与度的作用，为决策者提供传播愿景、制定战略计划的机制，具有新闻价值的会议还可以成为旅游组织的信息传播源。然而，要使会议具有价值、富有成效，旅游组织必须在确定会议必要性的基础上，通过精心策划组织，遵循清晰实用的会议规则，运用会议技巧，层层推进，增加会议的有效性。

在举行会议之前，旅游组织必须明白，没有零成本的会议。如果通过常规例会、电话、电子邮件等方式就可以解决问题、传递信息，那就没有必要再开会。一般而言，可以采用会议形式完成工作的情况是：

需要依靠集思广益获得最佳决策时；

需要听取多方面的意见，协调多方的合作共同完成某项工作时；

发生重大变革、突发事件，按常规步骤来不及决定时；

传递的内容复杂但是很重要，要求所有的人都要正确理解时；

主题事宜对参加者具有训练价值和激励作用，需要通过身体语言和口头表达来传递信息时。

一、会前准备工作

在决定通过会议形式来解决问题后，就要开始着手准备各项工作，主要内容如下：

（一）制定会议预案

1. 确定会议主题及名称

无论组织什么样的会议，都要确定会议主题，即明确要研究解决什么问题、达到什么目的。议题必须具有必要性、明确性和可行性。每次会议的议题应该尽可能集中、单一，不宜太分散。

会议主题应该通过恰当、确切的名称来体现，概括并显示会议的内容、性质、组织者、参加对象、主办单位或时间、地点、届次、范围、规模等。它既可以用于会前的“会议通知”,使与会者心中有数,作好准备;又可用于会后的宣传,扩大会议的效果;更可用于会议过程中,使与会者产生凝聚力。

2. 确定会议议程

会议议程要确定的主要内容是:根据到会重要人士的情况,确定会议主持人;根据会议的主题,确定会议发言人;围绕会议主题,确定重点发言、讨论主题,并根据会议规模,确定讨论方式;根据会议拟达到的目的,安排相关人员作会议的总结。

(二) 确定与会者

与会者就是参加会议的正式成员,具体地说,确定与会者应考虑其必要性、重要性、合法性。

必要性指与会者必须是与会议直接有关的人员,是有权了解会情、提出意见、表示态度、作出决定的人,或者是能提供信息,深化讨论,有助于会议达到预期效果的人。

重要性指与会者是与会议有必然的、直接的关系,有利于会议的进展或扩大会议效果的人员。

合法性指有些重要的会议,与会者必须具有合法的身份和法定的资格。如:旅游公司董事会或股东大会的与会者必须是按照公司法和公司章程正式确定的董事或股东、酒店协会换届选举大会的与会者必须是协会会员、旅游职业教育集团周年庆的与会者首先必须是集团成员单位或理事单位等。

(三) 准备并检查会议文件

准备和检查会议文件是一项非常艰苦而必要的任务,会议文件主要包括会议日程、会议通知、会议参阅资料等。检查会议文件时要认真核对每一项细节,尤其是时间、地点、车辆号码、嘉宾姓名、出席人数、住宿安排、主席台座次等,要确保每一项都与实际相符。确认没有问题以后,向会议主管汇报。

(四) 会议通知及邀请

在确定与会者及准备好会议文件后,应该进行会议通知及邀请工作。这项工作原则上要以文字形式进行。在会议通知书或邀请函上,要写明以下事项:会议名称、议题,会议召开以及结束的预定时间,会议场所(附导向图)和联系人,其他事项(如有无会议资料、有无停车场、有无就餐安排等)。

(五) 会场选择与布置

1. 会场选择

在会场的选择上,应该注意:符合旅游组织的形象以及与会者的身份、等级;地点对与会者来说应该方便快捷;能保证必要的使用时间;费用要符合预算;环境舒适、设施设备齐全。

2. 会场布置

布置会场要考虑会议的目的、人数、会场的大小等情况,并考虑会议的整体风格和气氛。

(1) 坐席配置。坐席的配置可以参考以下几种方法:

① 圆桌形。圆桌或椭圆形桌子可使与会者消除不平等的感觉,有利于互相交换意见。

② 口字形。用长桌或方桌围成一个很大的口字形，适用于比圆桌形有更多人数的会议。

③ H字形、V字形。与会者能更清楚地看到主持人及会场背景，适用于需要使用多媒体的会议。

④ 剧场形。主持人和领导坐在讲台一侧，适用于传达报告情况、多人参加的会议。

(2) 座次安排。主席台一般按职务高低排列座次，以主席台座位为准，单数以中间为上，双数中间两人以左为上，然后依次排列。其余与会者的座次安排一般以职务高低或姓氏笔画为序排列。在与会者彼此不熟悉的情况下，应在每个与会者桌上摆放姓名牌，以便他们互相了解、结识。

(3) 准备设备和用品。会议设备和用品是指各类会议都需要的姓名牌、文具、桌椅、照明设备、投影和音响设备、茶具、烟灰缸等。另外，可以在会议主持人的对面墙壁放置一个醒目的挂钟，会议记录人则可根据需要另外安排一张小桌子。

(六) 接站报到

会务组在整理与会者信息后，在会议开始前，要对需要接站的宾客进行统一调度，安排人员至车站、机场迎接。对于自备交通工具者，应提前告知到达路线。对抵达报到的与会者，会务组要做好报到登记工作，确认和分发住店钥匙、会议资料文件、餐券等。必要时，应引导与会者到住宿房间，并简单介绍环境和会议概况。

二、会中工作

(一) 签到、入座

签到能帮助工作人员及时、准确地统计到会人数，便于安排各项工作。签到一般有以下几种方法：

1. 簿式签到

与会者在预备好的签到簿上按要求签署自己的信息，表示到会。这种方法的优点是利于保存，便于查找，适用于小型会议。

2. 证卡签到

在签到证上写明会议名称、日期、座次号、编号等，事先发给与会者，与会者在上面写好自己的姓名，进入会场时，将签到证交给会议工作人员，表示到会。其优点是比较方便，缺点是不便保存查找。

3. 座次表签到

事先制定好座次表，标明与会者姓名和座位号码，一旦到会就在座次表上销号，表示出席。这样做，与会者能在签到时就知道自己的座次号，起到引导的效果。

4. 电脑签到

利用电脑技术，使与会者通过刷卡就能完成签到手续，快捷准确，适合大型会议。

在签到后，会议接待人员应有礼貌地将与会者引入会场就座，对重要人士应先引入休息室，由领导亲自作陪，会议开始前几分钟再引到主席台就座。

(二) 会议推进

在主持人宣布会议开始后，会议就进入了正轨。要使会议在召开过程中前后连贯、层次分明、重点突出，主持人的主导和推进作用不可忽视。主持人应该做到以下几点：

1. 直入主题

直截了当地宣布会议的目的和主题，介绍会议的议程及与会者。通常，与会者会提前收到会议文件或通知，但口头说明有助于为与会者明确地限定讨论的问题，而且能够消除在会议开始时人们思绪的混乱状态，集中大家的注意力。

2. 有效控制，推进会议

(1) 控制时间。没有控制好开会时间往往会出现“拖会”或是会议比预定时间提前结束的情况。对此，主持人要根据现场情况作出相应的调整。如果时间不够，或提醒压缩讲话内容，或把会议发言改为书面交流，或精简自己的主持内容。如果时间多余，可安排小组讨论，消化会议内容；可安排现场咨询，解决疑难问题；也可以安排代表发言交流。

(2) 控制气氛。主持人应该根据会议的类型变换语言和语气，调节会议的气氛。如主持小型座谈会时要力求语言活泼、语气轻松，努力为与会者畅所欲言营造宽松的氛围；主持大型会议时则要力求语言朴实、语气平缓，努力为会议营造庄重严肃的气氛。

(3) 控制局面。会议主持人要注意紧扣议程，避免走题；观察与会者的反应，并给予反馈；协调与会者的发言，引导与会者沟通交流；及时处理不良现象如随意走动、接听电话等，保持会场的良好秩序。

(三) 会议总结

会议总结可以引导会议的良性进展，不至于使会议最终没有取得任何效果，或乱七八糟，没有任何的条理性。会议总结要做到几点：

1. 剔除小的、次要的问题，确认会议的主要决定和行动方案。
2. 回顾会议议程达成的共识和成果，表明已经完成的事项和待完成的事项。
3. 给与会者一点时间，简单说最后几句话。
4. 就下次会议的日期、地点等事项达成一致意见。
5. 对会议进行评估，对与会者表示谢意或赞赏。

三、会后工作

(一) 媒体宣传

为扩大会议影响力或通报会议决议，在某些会议结束后，应该通过新闻发布会等形式来加强与当地新闻界的沟通和合作，加强会议对公众的影响，加速彼此信息的交流。

(二) 会后考察参观

会议结束后，可以安排与会者组成访问团、考察团，对与会议主题相关的旅游项目、旅游路线进行实地参观和调研，以深化会议主题，加深沟通交流。

(三) 安排与会者返程

大型会议结束后，主办单位一般应为外来与会者提供一切返程的便利，主动为对方联络、提供交通工具，或是替对方订购、确认返程的机票、船票、车票。当团队与会者或与会特殊人士离开本地时，还可安排专人送行，并帮助托运行李。

（四）处理材料，形成文件

会议一结束，就要根据工作需要与有关保密制度的规定，对与会议相关的一切图文、声像材料进行细致的收集、整理，尽快形成各种文件资料，如会议决议、会议纪要等，并及时下发或公布；对应该回收的材料，一定要如数收回；对应该销毁的材料，则一定要仔细销毁。

（五）会后工作跟进

会议结束并不意味着真正的会议终结，在后期，相关负责人必须及时对会议决议的执行情况、执行成绩以及存在的问题进行了解、监督，并根据情况适当调整。

第四节 展 览 会

展览会是综合性的传播活动，它通过实物、产品、图片、资料的展示，使公众对旅游组织的产品和服务有一个直观、具体的了解，是旅游组织与公众直接沟通的最佳方式。同时，展览会又是新闻媒介报道的热点，具有很好的传播效果，历来被旅游组织所广泛采用。

一、展览会的作用

展览会作为一种高效传播活动，其作用主要表现在以下几个方面：

（一）提高知名度

展览会具有真实性、知识性和趣味性的特点。生动的图片、形象的文字说明、声情并茂的讲解、直观的实物展示都直接展示着旅游组织的特色和成就，能吸引广大公众的注意，增进公众对旅游组织的了解，提高旅游组织的知名度。

（二）促进销售

一个成功的展览会也是一个成功的广告。旅游组织可以通过举办或参加各种旅游贸易展览会来促进旅游产品或服务的销售，并巩固发展与各行业的关系。

（三）促进交流

展览会能使旅游组织了解公众不同的旅游需求，把自身的产品行情、推销等信息及时传达给公众，达到与公众多方交流、密切沟通的目的。

另外，旅游业是社会的窗口，充分利用展览会这一活动形式，参加各项国际旅游展览活动，能把中国的政治、文化和民族风情传播出去，从而吸引世界各地的顾客来华旅游，增进国际或地区间的政治文化交流。

二、展览会的类型

按照不同的标准，可将展览会分为以下不同的类型：

（一）贸易展览会和宣传展览会

按展览会性质的不同，展览会可分为贸易展览会和宣传展览会。贸易展览会主要通过产品、实物的展示来直接促成交易，往往展览和贸易同步进行。旅游组织举办这类展览会的特点是面向目标客源，重点吸引的对象是展览会举办地的旅游消费者，引导旅游者去目的地旅游观光。另外一种贸易展览会是旅游商品交易会，这是旅游组织最值得参加的一种旅游展销会，其特点在于参展者都是各地旅游组织的代表，参观者则是各地旅游产品的代理商和旅游行业专家，双方深入洽谈、签订合同。宣传展览会主要是对旅游组织及其产品服务的宣传，配以图片、资料、实物等，以达到与公众沟通的目的，并不直接有贸易活动。

（二）综合展览会和专题展览会

按展览会内容的不同，展览会可分为综合展览会和专题展览会。综合展览会全面介绍一个地区的情况，其综合概括性强，能让参观者留下全面而深刻的印象。这类展览会的产品或服务品种繁多，规模庞大，组织工作复杂。专题展览会是因某一特殊专题而搞的展览活动，与综合展览会相比，其内容较少，规模较小，不具综合性，但要求主题鲜明、内容集中而有深度。

（三）室内展览会和露天展览会

按展览会地点的不同，展览会可分为室内展览会和露天展览会。室内展览会往往在一个大厅或展览馆举行，不受天气影响，并可精心布置，展出效果较好，但展台租金较贵，且受空间限制。露天展览会一般在室外的广场、操场等空旷地带举行，不受空间限制，且投资较少，但受天气影响较大，因而展览时间不宜过长。

（四）大型展览会、小型展览会和微型展览会

按展览会规模的不同，展览会可分为大型展览会、小型展览会以及微型展览会。大型展览会一般由行业主管部门发起和组织，参展单位多，展品丰富，影响比较大，譬如“国际旅游博览会”等。小型展览会通常由若干社会组织或某个社会组织主办，参展单位少，规模比较小。微型展览会又称袖珍展览会，如橱窗展览、流动车展览等。这类展览会看似简单，其实技巧性要求较高，如举办得当，也能扩大组织的影响。

（五）固定展览会和流动展览会

展览会还可分为固定展览会和流动展览会。固定展览会一般在室外或某一固定空间举办，可进一步分为长期性展览会和周期性展览会。前者往往长期稳定不变，后者则是定期更换内容，而地点和名称不变。流动展览会也被称为一次性展览会，它没有固定的举办地点，而是在展品的实际运用过程中宣传旅游组织及其产品或服务的形象。

三、展览会的组织实施

展览会是一种综合性的活动，要耗费大量的人力、物力和财力。为保证展览会的成功举办，旅游组织公共关系人员需做好以下工作：

（一）分析举办或参加展览会的必要性

展览会是大型综合性公共关系活动，耗费较大，因而在举办或参加展览会之前，旅游组织公共关系人员一定要对举办或参加展览会的必要性和可行性进行分析研究，防止盲目投资、得不偿失，或因准备不足而起不到应有的作用。

（二）明确展览会的目的和主题

任何展览会都有一定的目的，即通过展览会的举办或参与，要解决旅游组织的什么问题，达到一个什么样的目标。具体来说，是以促销为目的，还是以宣传组织形象为目的等。主题应是展览目的的概括体现，是展览会的精神核心和指导宗旨，通常用一两句高度概括的语言表现出来，并书写在展览会醒目的位置上，给参观者留下深刻的印象。

（三）确定展览会类型及参展单位和项目

有了明确的目的和主题，可以进一步确定展览会的类型、参展项目及邀请对象。如举办大型综合展览会，通常用广告和邀请函等形式向可能参展的组织讲明展览宗旨、项目类型、要求及费用等，为潜在参展组织提供决策所需的资料。

（四）选择展览场地

展览场地最好租用交通方便、设施齐全的展览馆，这样既方便展品运输，也方便参观者到会。此外，还应考虑展品的安全和保卫工作及与周围环境协调等因素。

（五）了解参观者的类型

展览会的参观者是谁，范围有多大，层次、要求、数量等状况如何，这些都是旅游组织公共关系人员在展览会前应分析研究的问题。这样才能根据不同层次的参观者来准备接洽、解说和相关材料，从而保证展览会的顺利开展。

（六）准备各种宣传资料

展览会需要的材料很多，如展览徽标、宣传招牌、图片、展品、广告、气球等。还有些要分发给参观者，如旅游组织及其产品或服务的简介、宣传画册、纪念品等。这些都应在展览会前作好充分准备。

（七）培训展览会工作人员

展览会组织得成功与否、质量好坏，与工作人员的素质高低有很大关系，特别是一些专业性较强的展览会，如果工作人员没有一定的专业知识，展览会的组织、洽谈、解说、咨询等工作就会受到影响。此外，工作人员的公共关系素质和接待、礼仪、讲解的技巧，都会影响展览会的效果。因此，必须对展览会工作人员进行事前培训，提高他们的素质和技能。

（八）完善参展设施和配套服务

旅游组织公共关系人员筹办展览会应准备好电源、电话、照明、音响、影像等辅助设施，以及邮政、检验、保险、银行、交通、住宿等配套服务，以保证展览活动能集中、高效率地进行。

（九）与新闻界的联络

展览会要利用一切可以调动的传播媒介进行公共关系活动，使公众通过视、听等多种渠道了解有关旅游组织的信息。展览会前应组建专门的新闻机构，负责展览会的新闻宣传，如新闻处、秘书处等。由专门的新闻机构邀请记者参加开幕式和采访，与新闻媒介保持密切联系，举办记者招待会，为记者采访提供方便和相关资料等。

（十）策划展览会的开幕式

展览会的开幕式应隆重而热烈。可邀请政府官员、各界名人出席，请政府部门的负责人为开幕式剪彩，还可以邀请大型乐队来助兴，以营造声势，烘托气氛，并请参观者、来宾签名留念。开幕式是展览活动的前奏，一定要搞得有声有色、富有吸引力，给参观者留下良好的印象。

(十一) 展览会经费预算

经费预算是把投资展览会的总金额落实到展览活动的每一个具体项目中,使每一个项目的经费得以落实,如场地租金、设计装修费、广告费、电费、运输费、接待费、资料费、劳务费等。旅游组织公共关系人员应有计划地分配展览会所需的各项资金,防止超支和浪费。

(十二) 评估展览会效果

展览会带来的最直接的效果是旅游产品成交量的提升。旅游产品成交量是评估旅游贸易展览会的主要标准。此外还可以通过参观人数、新闻媒介的报道数量、咨询台、留言簿、问卷调查、有奖测验、新闻分析等方法评估展览会的效果,宣传展览活动不直接促销,因而多采用上述评估方法。通过评估,总结出展览会的成绩和不足。

四、展览会的组织实施技巧

(一) 确定时间的技巧

展览会的时间依据展览内容和规模而定。切记避开高温、严寒季节,最好与社会上的重大活动同步举行。

(二) 安排好介绍人员

介绍人员应对旅游组织的产品、服务,景观的特色、类型、价值、价位等情况以及旅游组织的经济实力和信誉、发展远景等有较全面的了解,还要有一定的语言表达能力,面对客人的提问能对答如流。介绍人员应着装整齐、仪态端庄、面带微笑,尊重每一位顾客,可以身着绶带也可佩戴标签,绶带和标签上应有旅游组织的名称或标志。

(三) 安排团体订购及工作人员

工作人员应懂得订购的相关程序和知识,并按组织订购规定进行工作;工作中应热情接待客户,主动介绍订购规定及优惠政策。

(四) 安排迎宾礼仪小姐

展览会的场面大、来宾多,应专门安排礼仪小姐。礼仪小姐既要热情迎客,又要做好引导工作,还可为参展单位散发产品宣传单。

(五) 公共关系活动安排

可采用一些公共关系技巧,使展览会办得生动活泼、别具一格,如现场抽奖、赠送礼品等。展览厅最好的位置一般在一楼的入口附近,离入口位置越远、楼层越高,参观购买的人越少。展览位置不好的旅游组织应设法以一些新奇事物来吸引客人。

第五节 庆典活动

庆典活动是指旅游组织为了扩大知名度和美誉度,给社会公众留下深刻的印象,创造一个良好的社会关系环境,利用重大的节日或重大的事件向公众展示组织综合能力的一种庆祝活动。

一、庆典活动的类型

（一）节日庆典

节日包括国家法定的节日，比如春节、五一国际劳动节、清明节、端午节、国庆节等；有地方特色的节日，比如哈尔滨冰灯节、吉林雾凇冰雪节、云南彝族火把节等；有某一组织的节日，比如店庆、周年庆等。围绕节日开展的庆典活动不仅可以扩大社会影响，同时对旅游组织而言，可以借此机会总结过去，展望未来，提出新的目标和新的任务，并通过新闻媒介对自己进行广泛的宣传报道。

（二）开业竣工典礼

开业竣工典礼是旅游组织走向社会的第一步，它给公众留下的第一印象是组织能否顺利发展的重要前提。开业竣工典礼有助于塑造出本组织的良好形象，提高知名度与美誉度；有助于扩大本组织的社会影响，吸引社会各界的重视与关心；有助于将本组织的建立或成就“广而告之”，借以为自己招揽顾客；有助于让支持过本组织的社会各界一同分享成功的喜悦，为日后的进一步合作奠定良好的基础；有助于增强本组织全体员工的自豪感与责任心，从而为自己创造一个良好的开端，或是开创一个新的起点。

（三）喜庆活动

喜庆活动包括庆功会、颁奖仪式等，北京申奥成功、上海成功申办世博会时都曾举办过庆功会。这类庆典活动可以利用旅游组织的特殊日期，也可以利用社会生活中各种盛大节日或有意义的纪念日来组织。

二、庆典活动的组织实施

庆典活动既然是庆祝活动的一种形式，那么就应当以庆祝为中心，把每一项活动都尽可能组织得热烈、欢快而隆重。不论是举行庆典的具体环境、场合，还是全体出席者的情绪、表现，都要体现热闹、欢愉、喜悦的气氛。为了达到这样的效果，一般应当做好以下的组织工作：

（一）拟定庆典活动程序

庆典活动的程序一般是：

1. 宣布典礼开始，全体起立，奏国歌或与场合相适应的主题歌曲。

2. 主持人宣读重要嘉宾名单。

3. 领导人和重要嘉宾致辞。本组织领导人致辞，其内容是对来宾表示感谢、介绍此次庆典的缘由等，其重点应是庆典的可“庆”之处。

4. 剪彩（或挂牌、揭幕、奠基）仪式。剪彩是领导人和重要嘉宾使用剪刀剪断被称之为“彩”的红色缎带。剪彩者走向彩带，应步履稳健，全神贯注，不和别人打招呼。拿剪刀时以微笑向服务人员和礼仪小姐表示谢意。剪彩时，向手拉绸带或托彩花的左右礼仪小姐微笑点头，然后神态庄严地一刀剪断彩带。待剪彩完毕时，转身向四周观礼者鼓掌致意，同时奏乐、鸣放鞭炮、放飞气球或鸽子。

5. 宣布庆典结束。

（二）精心拟定出席庆典活动的嘉宾名单

一般来说，庆典活动的出席者应包括如下人士：

1. 政府和有关部门的领导。他们关心、指导本组织的发展，为了表示感激之心，特邀请其参加。

2. 知名人士。知名人士能够引起社会公众的广泛关注，邀请他们，将有助于提高本组织的知名度。

3. 新闻记者。通过他们的宣传报道，能够提高本组织的知名度、美誉度。

4. 合作伙伴。在商务活动中，合作伙伴经常是彼此同呼吸、共命运的，邀请他们是为了分享成功的喜悦。

5. 员工代表。员工是本组织的主人，每一项成就的取得，都离不开他们的努力工作。邀请他们，将有助于增强本组织的凝聚力。

以上人员的具体名单一经确定，就应尽早发出邀请或通知，可以通过打电话、发请柬、上门邀请等形式，力争使各方面的嘉宾都能光临。

（三）组织接待小组，负责接待事宜

接待小组的具体工作有以下几项：

1. 来宾的迎送、引导、招待。

2. 签到、剪彩、放鞭炮（在允许燃放鞭炮的地区）。

签到：宾客到场后，有专人请他们签到。如此时有一些关于本组织的背景资料，可发给宾客，以扩大组织的知名度。

3. 负责摄影、录像、音响工作。

4. 精心布置好举行庆典活动的现场。

（四）安排一些必要的节目

为了制造热烈、喜庆、祥和、欢乐的气氛，在庆典活动过程中可以安排锣鼓、礼花、歌舞等节目，最好由本组织员工担任表演者。

（五）其他事项

庆典活动结束后，安排参观及座谈、宴请、颁发纪念品。并准备好笔墨纸砚，供来宾题诗作画。

（六）庆典活动结束后的工作

庆典活动结束后，要注意收集传播媒介及公众舆论的各方面的反映，做好新闻报道、简报、资料、照片、录像及各种文稿的存档工作，写好庆典活动的总结报告。

三、举办庆典活动应注意的问题

（一）明确目的

无论什么类型的庆典活动，都是集中显示组织强大实力，展示组织优良形象，提高知名度、美誉度的专项活动，目的要明确，要与组织目标联系在一起。

（二）确定主题

每一次庆典活动都应有一个明确的主题，主题明确，才能给社会公众留下深刻、良好的印象。可以用一个醒目的标题或令人耳目一新的口号来概括庆典活动的主题，以

便引起公众的广泛兴趣，留下美好的记忆。

（三）经费预算

庆典活动一般耗费较大，活动之前要提出具体的预算，活动预算也不能满打满算，应留有余地，以备不时之需。

（四）确定时间、地点及规模

在时间安排上，要善于选择组织性质和社会效应相关联的时机来开展庆典活动，以获得公众的广泛注意，产生轰动效应。而在举办地点的选择上，要考虑的因素很多，应结合庆典活动的规模、影响力以及本组织的实际情况来决定。一般考虑放在目标公众所在地，例如，本组织的会议厅、本组织内部或门前的广场，以及外借的大厅等。不过在室外举行庆典活动时，切勿因地点选择不慎，制造噪声、妨碍交通或治安，顾此而失彼。

（五）活动前的宣传

庆典活动之前，要利用大众传播媒介广泛宣传与庆典活动有关的消息，创造一个良好的组织氛围，有利于庆典活动的举办。同时要确定与新闻界的联系，为记者采访和宣传报道提供一切便利条件。活动程序应当事先印制好，连同纪念品一起送给来宾，做到来宾人手一份，以便他们了解和掌握活动安排。

第六节 赞助活动

赞助活动是旅游组织为了支持社会公益活动，无偿地提供一定的资金或物质所进行的活动。它是一项较高投入的公共关系专题活动，需要旅游组织具备一定的经济实力。其目的旨在为旅游组织树立具有高度社会责任感的形象，提高旅游组织的知名度和影响力，获取社会公众的好感。

一、赞助活动的形式

（一）赞助体育

随着人们生活水平的不断提高，参与或欣赏体育运动、体育表演已成为一种时尚，赞助体育成为最常见的一种赞助形式。具体赞助方式有：出资、冠名、企业与体育联姻等。这类赞助大多是出于增强广告效果的目的。如富士、可口可乐等在各项体育比赛中大出赞助风头，引起公众兴趣，其产品也畅销不衰。

（二）赞助文化

文化活动在社会中涉及的公众范围很大，影响面较广。赞助文化即赞助各种文化活动及文化表演等。具体赞助方式有：扶持民族文化、艺术，赞助城市雕塑、文艺演出比赛、影视之节目制作、图书发行、有奖征文、评选新闻等。

（三）赞助社会慈善和福利事业

赞助社会慈善和福利事业是旅游组织追求社会效益的有效手段之一。它虽然没有赞助体育那么轰轰烈烈，但却更能体现旅游组织崇高的社会形象，从而获得政府的好感。具体赞助方式有：援助希望工程、残疾人基金会、敬老院、幼儿园、下岗工人、受灾或经济落后地区等。

（四）赞助教育

教育是一项关系国家千秋大计并日益受到社会重视的事业，赞助教育是今天投资、明天收益的举措，有助于人才的培养和社会的进步。具体赞助方式有：捐赠图书、教学、实验设备，提供奖学金等。

（五）赞助社会公益事业

赞助社会公益事业也是赞助活动的一项重要内容，它对促进社会文明进步和旅游组织自身的发展都有着积极的影响和作用。具体赞助方式有：赞助制作交通安全宣传栏、见义勇为基金会、文物保护基金会等。

二、赞助活动的组织实施

旅游公关人员要使赞助活动取得最佳投资效果，需要重点把握以下几个环节：

（一）确定赞助类型

旅游公关人员应首先确定赞助活动的类型，这要根据赞助的目的而定。如果旨在扩大影响和知名度，旅游组织可赞助体育活动；如果旨在树立良好形象，旅游组织可赞助教育事业；如果旨在培养感情，增进社会理解，旅游组织可赞助社会福利事业等。

（二）制定赞助计划

赞助类型确定后，旅游公关人员就应制定出一个完整的赞助计划，该计划是赞助目标的具体化，通常包括赞助范围、赞助对象、赞助形式、赞助费用预算、赞助实施步骤等内容。

（三）实施赞助活动

赞助活动的实施要由专门的旅游公关人员进行。为了扩大影响，赞助活动应举办一定规模的签字仪式，邀请政府部门负责人、新闻记者、各界朋友参加，并在签字仪式上宣布赞助金额，展示实物。被赞助单位本着互利的原则，应尽可能为赞助单位提供宣传机会，使宣传活动与赞助活动同步进行、协调一致。赞助单位对赞助资金的使用、赞助项目的落实，以及补偿条件的兑现，要进行必要的监督，并在赞助款的兑现上分阶段到位，按实施效果分段提供，以便从经济上约束被赞助单位，实现赞助目标。

（四）评估赞助效果

研究确定赞助类型、制定并实施赞助计划的目的是要赢得赞助的良好效果。因此在每次赞助活动中，旅游公关人员都应注意赞助效果的检查测定，要求将赞助的具体实施情况和赞助后公众及新闻界的反应与赞助计划相对照，明确指出完成了哪些预定指标，哪些指标没有完成，并分析其原因，然后写出评估总结报告，上报旅游组织的领导层，并做好档案工作，为日后的赞助活动提供参考资料。

三、赞助活动的注意事项

（一）选择合适的赞助对象

赞助活动是旅游组织自愿履行社会责任和义务的表现，因而旅游组织拥有选择赞助对象的权利。当遇到不必赞助或明显没有社会效益的情况，旅游组织要坦率相告，说明原因；对虽然适合，但旅游组织难以负担的赞助请求，旅游组织应坦陈自己的难处，婉转地表达减少赞助的希望或表示不宜参与赞助；若遇上无理纠缠者，旅游组织必须坚决用法律维护自己的权益，不能向威胁和恐吓屈服。

（二）充分利用赞助提供的机会

旅游组织在承诺赞助后，要尽量利用赞助活动来宣传自己。因为赞助活动的主办方有许多事情要做，他们只能给赞助者提供机会，而怎样利用赞助所提供的机会则是赞助者自己的事。

（三）提高赞助的效率和质量

旅游组织可以出面把多方面的资金集中起来，设立一个基金会。基金会可单独或联合向社会公益事业提供稳定的长期资助，以取得长期的社会效益。

（四）严格控制赞助预算

赞助活动在财务方面要严格管理，以免资金被挪作他用，或被私人非法侵吞。旅游组织还应严格控制赞助的预算，以防超支，此外还要注意保留一部分机动款项，以备临时之用。

第七节 开放参观与游览

一、开放参观

开放参观是指旅游组织敞开门户，欢迎公众到旅游组织内部观察、了解组织的设施、生产经营活动和各种成果的一种活动。其主要目的是让公众更好地了解旅游组织，增进旅游组织与公众间的联系，培养员工的自豪感，创造和谐的社区关系，提高知名度与美誉度。

（一）开放参观的作用

1. 提高组织的透明度

通过开放参观，能够增强旅游组织的透明度，消除公众的误解和疑虑，使公众对旅游组织产生信赖感。

2. 提高组织的凝聚力和吸引力

通过开放参观，旅游组织与公众直接接触，公众能全面了解旅游组织的设施、工作（或生产活动）流程和各种成果，同时公众的建议也能及时反馈给旅游组织，增加了旅游组织与公众之间的感情联络，从而提高旅游组织的内部凝聚力、外部吸引力。

（二）开放参观应注意的问题

1. 确定主题

每一项开放参观活动都应有一个明确的主题，即想通过这次活动达到什么目的、取得何种效果。

2. 安排好开放参观的时间

开放参观时间视旅游组织的需要而定，最好安排在一些特殊的日子，以强化参观者的印象。

3. 安排好参观活动的路线

为了安全起见,不要让参观者随便乱走,应由导游引领。

4. 准备宣传资料

宣传资料主要包括介绍参观内容的宣传小册子、说明书、解说词、图片、模型、实物、视听资料等,以帮助参观者了解参观内容。

5. 准备纪念品

最好是本组织的小型产品、模型产品或刻有本组织名称、反映产品特征的小型纪念物。

(三) 开放参观的程序

1. 接待、登记。

2. 参观前放映视听材料。主要是介绍参观内容的背景材料,分发宣传小册子以便参观者边看实物边对照,更好地理解参观内容。

3. 引导参观实物。引导参观者按预定线路进行参观,观摩实物,讲解说明,回答问题。

4. 对于时间较长的参观,中间最好设有休息时间,备好茶水。

5. 参观结束后,在出口处设有留言簿,最好安排负责人出场与参观者座谈,听取意见和建议,赠送纪念品。

二、游览

组织游览活动,应注意以下几点:

(一) 项目的选定

根据来访者的目的、性质、兴趣、意愿,结合当地实际情况,选定某些游览的项目。

(二) 安排布置

事先计划好游览行程,如去哪些地方、游玩多长时间、集合地点等。不要将时间安排得太紧,应预留一点自由活动时间。

(三) 陪同

根据客人情况安排陪同人员。陪同人员在陪同客人游览的过程中应边看边介绍,同时回答客人提出的各种问题。

(四) 摄影

陪同人员应主动介绍、组织游览人员到现场的最佳摄影点进行摄影。通常可以游览的地方都允许摄影,不准摄影的场所应树立标志,并向来宾作出解释。

本章小结

本章着重介绍了旅游公关常见的各种专题活动的特点,要求理解各种专题活动的价值并掌握旅游组织举办各种专题活动的程序及应注意的事项。旅游公共关系专题活动,是指旅游组织为了某一明确目的,围绕特定主题,精心策划的与公众进行重点沟通的公关活动。旅游公关专题活动的类型很多,如新闻发布会、会议、展览会、庆典活动、赞助活动、开放参观等，这些活动有诸多共性，从而形成了操作这些活动的普遍性方法，即一般公关工作法。这些活动具有不同的公关目标和公关对象，因此也有不同的活动程序和技巧。公关工作人员必须在掌握公关专题活动基本程序的基础上，针对组织的具体公关目标，遵循正确的工作原则，有效运用各种技巧，高效灵活地完成各项公关专题活动。

思考与探究

1. 新闻发布会、展览会、赞助活动这三类旅游公共关系专题活动的基本特点和基本要求有哪些？

2. 新闻发布会的筹备应如何进行？注意事项都有哪些？

3. 一些大型会议往往在主会场之外还设有分会场，请问该如何协调主、分会场的工作？

4. 赞助和捐赠有什么联系和区别？

5. 实地参加一次旅游行业的展览会，拍摄照片并制作 PPT 在课堂上演示，请老师和同学作出评价。

6. 请班委会同学组织一次公益爱心捐赠活动，看看需要作哪些准备。

案例分析

案例分析一

酒店新闻发布会策划方案

一、会议目的

以本酒店在省内酒店业界首家获得国际金钥匙组织认证为新闻由头，塑造、宣传酒店形象，树立酒店品牌，扩大酒店影响，加强国际金钥匙组织认证的公众受知度，沟通传媒与公众。

二、会议时间：9 月 20 日上午 9：30

三、会议地点：本酒店 5 楼会议厅

四、拟请参会政府领导：(名单略)

拟请参会旅游企业：(名单略)

拟邀请媒体及记者：(名单略)

五、会议流程

1. 9：00 前会场布置完成。

2. 9：30 所有与会人员准点入场。

3. 主持人致欢迎词及开场白，介绍与会领导及媒体(3 分钟)。

4. 国际金钥匙组织及本酒店建立和实施国际金钥匙情况介绍(10 分钟)。

5. 国际金钥匙组织中国区主席为本酒店颁发国际金钥匙组织认证证书。

6. 酒店领导发言。

7. 省旅游局领导发言。

8. 与会记者提问。

9. 主持人致结束语，记者与与会嘉宾自由交流。

六、会前准备

1. 随时与认证中心保持联系，确保18日前完成取证工作。

2. 18日前完成制作与发放邀请函工作。

3. 会场布置，包括会场的选定和布置、签到台设置、横幅制作等，以及饮料、茶水、水果的准备。会场采用U型展示台，在布置上应突出酒店形象，多使用带有酒店标识的宣传画。

七、宣传资料准备

1. 新闻通稿：××执笔，交评审中心审阅，16日前完成。

2. 国际金钥匙组织及酒店建立和实施国际金钥匙情况介绍，××执笔，18日前完成。

3. 各嘉宾的发言，提前通知到本人，由各嘉宾准备。

4. 参会人员名录。

（资料来源：范文大全网）

请结合案例和本章内容思考：

1. 在新闻发布会中，如果有媒体对所发布信息、资料的准确性及真实性有疑问，应该如何应对？

2. 有学者在发言人答记者问环节中提出一个"6秒原则"，即不管记者问什么问题，必须在6秒以内迅速回答，否则就不合格。"6秒"的意义和作用何在？作为发言人，应如何努力贯彻这一原则？

案例分析二

酒店连锁店开业庆典活动方案

一、活动背景、目的及意义

背景：酒店在W市第一家门店即将开业，正式进入W市市场。

目的：引起市场同行、媒体朋友的关注，增强品牌对外亲和力；加强与本地媒体的互动和交流，为区域市场销售和推广营造良好的舆论环境；与相关政府部门建立良性合作伙伴关系，为后续的市场经营及推广作好铺垫。

二、活动流程

（一）筹备工作

1. 活动规模

参加人数300—400位左右。

2. 工作计划拟定

活动流程及方案由公关部于12月20日完成，完成后交至驻店经理处审核。

3. 人员邀请

(1) 旅游局各级领导；

(2) 各大旅行社负责人;

(3) 政府接待处负责人;

(4) 新闻记者;

(5) 各行业办公室主任。

4. 现场布置

(1) 场外布置

在酒店大门两侧的马路边插上带标志的彩旗;在酒店大门两侧放置2个升空气球,气球下悬挂条幅,内容待定;酒店大门上沿挂一条横幅,内容:酒店开业庆典;酒店主楼的墙壁上悬挂祝贺单位的条幅;酒店门口两侧摆放祝贺单位的花篮;周边主干道上增加20条条幅作宣传;酒店大门上悬挂2—4个大红灯笼(增加喜气,烘托气氛);酒店大门右侧搭建一个7 m×4 m的舞台(舞台布置:以带有酒店LOGO和活动主题的彩板为背景板,舞台上设麦克风、演讲台、音响设备等);酒店大门入口处设置气球拱门,拱门上设置横幅,内容为活动的主题内容;楼顶放置6个升空气球,气球下悬挂条幅,内容待定;主宾区铺上红地毯。

(2) 室内布置

酒店通道必须有醒目的引导标识;签到区设置在大厅入口处,签到桌上摆放签到用品:签到牌、签到簿、签到笔、桌花等;总台、休息区的茶几上摆放鲜花和烟缸;酒店的电梯内悬挂宣传物品。

(二) 仪式程序

7∶00 筹备组人员到场,检查电源,调试音响设备,布置舞台,对所有准备工作进行最后检查;

8∶00 各部门人员各就各位、各司其职,背景音乐循环播放喜庆欢快的乐曲;

8∶20 庆典工作人员、礼仪小姐、接待人员在指定位置准备;

8∶30 礼仪小姐熟悉接待路线、接待方式和位置等;

9∶30 酒店领导迎接嘉宾,礼仪小姐配合签到,佩戴胸花,发放资料,引导嘉宾休息;

10∶18 主持人就位,介绍出席的领导和嘉宾名单,宣布仪式开始;

10∶20—10∶35 驻店经理宣布新店正式开业并致欢迎辞;

10∶35—10∶50 公司领导致辞;

10∶50—11∶00 政府部门嘉宾致辞;

11∶00—11∶05 酒店全体员工宣誓仪式,显示出很强的团队精神;

11∶05—11∶20 公司领导与重要嘉宾揭牌及剪彩;

11∶20 主持人宣布仪式圆满结束;

11∶20—11∶50 公司领导接受媒体访问;

11∶50—13∶30 答谢午餐;

结束后向与会人员发放纪念品。

三、后勤保障工作安排

1. 活动经费安排:专人专项进行管理。

2. 活动工作报告:定期通报准备工作进展。

3. 活动安保及应急:10名保安员现场全面监控。

4. 现场卫生清理:10 名清洁工随时清扫,确保现场整洁。

5. 交通秩序:4 名保安负责入口交通秩序,专人负责嘉宾车辆停放。

6. 消防:配置灭火器、2 名保安员。

7. 电工、音响:主会场配备专业电工 1 名、发电机 1 台、专业音响师 2 名。

8. 防雨措施:准备 1 座规格为 20 m×15 m 的气棚房,以备急用。

四、费用预算

活动预算表

项目	规格	数量	价格(元)	备注
舞台	7 m×4 m×0.8 m	1 个	700	含运输、安装
背景板	7 m×4.5 m	1 个	788	含运输、安装
音响		1 对	450	调音师一名
红地毯		50 平方米	175	含安装
气球拱门		1 个	230	含横幅、安装
礼炮	高 1.2 米	7 门	490	
红绸布		1 条	130	揭牌时用
胸花	鲜花制作	200 个	700	嘉宾使用
旗袍		10 套	500	礼仪小姐穿着
剪彩用具		9 套	225	
花草		若干	300	装饰舞台
演讲台		1 个		庆典公司赠送
摄像			300	含刻盘
媒体		10 人	3000	报纸宣传
礼品		60 份	3000	普 50 份/VIP10 份
合计			10988	

(资料来源:“360doc”网)

请结合案例和本章内容思考:

1. 怎样使庆典活动既经济节约,又收到隆重热烈的效果?

2. 庆典活动当天,如果出现天气突变、重要嘉宾因故不能出席等意外情况,应如何处理?

第九章

旅游公共关系危机管理

章前导语

旅游业的繁荣发展给旅游目的地带来了巨大的经济、社会、文化以及生态效益。然而，由于旅游活动在空间上的异地性和时间上的暂时性，以及在运行过程中呈现出的高关联度的综合特征，旅游业很容易受各种危机事件的影响而产生波动，这种波动在造成经济损失的同时，还可能对旅游目的地的形象、社会与环境发展等产生消极影响，并破坏目的地旅游业的正常、有序发展，从而在一定范围内引发旅游危机。只有认识旅游公共关系危机，科学预测与决策，修订合理的危机应急计划，并在危机发生过程中充分运用科学的手段，才能减少危机给旅游组织与公众带来的影响，进而寻求公众的谅解，以重新树立和维护旅游组织的形象。

本章导学

【学习目标】

了解旅游公共关系危机的含义、特征及类型；
理解旅游公共关系危机发生的原因；
掌握旅游公共关系危机防范策略；
理解旅游公共关系危机处理原则；
熟悉旅游公共关系危机处理程序。

【关键术语】

旅游公共关系危机　旅游公共关系危机防范　危机预警系统　危机处理机构　旅游公共关系危机处理原则　旅游公共关系危机处理程序

第一节　旅游公共关系危机概述

社会组织的持续分化使旅游组织面对越来越复杂的社会环境，公众的复杂性、需求的多样性也使旅游组织不断面临新的挑战，危机事件随时可能发生。在强大的公众舆论压力和危机四伏的社会公众环境之下，危机事件不仅会使旅游组织的经济利益蒙受损失，而且可能导致组织形象和声誉严重受损，并且危及社会和公众。

一、旅游公共关系危机的含义及类型

（一）旅游公共关系危机的含义

旅游公共关系危机，也称旅游公共关系突发事件，是指突然发生的、严重损害旅游组织形象，甚至危及生命财产安全，给旅游组织带来严重后果的重大事件和工作事故。如自然灾害的恶性事故、人为造成的工作事故、不利的社会舆论、公众的指责批评与对抗行为等都属于旅游公关危机。这些危机会使旅游组织陷入巨大的舆论压力之中，严重阻碍旅游组织的生存和发展，甚至给整个旅游产业带来严重的恶性影响，造成旅游市场的一蹶不振。

（二）旅游公共关系危机的类型

1. 行为不当危机

由于旅游组织内部的战略决策、投资选择、经营运作、财务管理、人事安排等方面的失误而造成产品和服务质量下降、公众利益受损等状况；由于旅游组织与外部公众沟通不畅而引起公众误解、旅游组织信誉受损等状况；由于与同行关系处理不当而引起竞争对手的恶意攻击，如假冒伪劣、制造谣言、诽谤中伤等状况。上述这些危机都

可能引起公众的激愤和反感,造成严重的信用危机或经营危机,影响旅游组织的生存和发展。

2. 突发事件危机

按照突发事件与旅游组织的相关性,突发事件危机可分为内部突发事件危机与外部突发事件危机。内部突发事件危机发生在旅游组织内部,对本组织的影响最大,对本组织的合作单位影响次之,对其他社会组织影响较小。外部突发事件危机发生在旅游组织的外部,影响多数社会组织的利益,旅游组织是其受害者之一。

按照突发事件的基本原因,旅游公共关系突发事件还可分为人为突发事件、非人为突发事件两类。人为突发事件是指由旅游组织内部或外部的人为原因造成的突发性事件,这类事件通常具有可预见性、可控性的特点。非人为突发事件是指非人为原因造成的突发性事件,如不可抗力的自然灾害、流行疾病等造成的重大伤亡事故。非人为突发事件大部分不可预见,不具有可控性,造成的损失通常是有形的。

3. 媒介报道危机

指旅游组织的有关事件被新闻媒介报道后,事实真相对旅游组织的发展非常不利,使组织形象严重受损的事件;或者是由于新闻媒介的误解而导致对旅游组织的报道不准确、不公正,从而引起公众对旅游组织造成威胁性影响的事件。

4. 政治法律危机

指由于国家的政治体制、政权格局、政府态度、政策法规以及国际关系、外交政策的变化,对旅游组织的发展造成不利,甚至构成潜在威胁的事件。国际贸易战是旅游组织面临的主要政治法律危机。

5. 环境问题危机

指旅游组织为了追求经济效益,无法兼顾社会效益和生态效益,造成生产和销售过程中的资源浪费、环境污染或产品质量下降等现象而引起公众的抗议和反对,致使旅游组织形象受损的事件。

旅游公共关系危机所造成的损失可分为有形损失和无形损失。有形损失是指人员伤亡或财产的重大损失;无形损失是指事件对旅游组织形象的严重损害。有形损失明显、难以挽回、易于评估,如果不采取措施最终会导致旅游组织的无形损失。无形损失尽管在始发阶段并不明显,但是如果不采取紧急有效的措施,随着时间的推移,旅游组织的形象将变得越来越坏,最终必然蒙受更大的有形损失。

二、旅游公共关系危机的特征

(一) 爆发突然

旅游公关危机通常是在人们毫无觉察或准备的情况下发生的,使人措手不及。这种突发性事件往往打乱旅游组织的正常工作程序,给组织带来一定程度的混乱,使组织陷于被动不利的局面。

(二) 危害严重

旅游公关危机的爆发时间、规模、态势和影响范围一般都不可预测,因此往往造成严重的后果。在旅游组织内部,会引起员工的恐慌和混乱,破坏正常的经营管理秩序,影响员工的工作积极性和对组织的信任感。旅游组织的外部公众也会保持戒备状态，甚至暂停合作，疏远和旅游组织的关系，使旅游组织的社会地位和声誉迅速下降，形成旅游组织发展的障碍。

（三）扩散延续

旅游公关危机具有空间上的扩散性。危机事件往往会成为新闻媒介的素材，也会被公众运用各种传播媒介迅速扩散，引起社会多个领域公众的注意，成为社会舆论关注的焦点和热点。旅游公关危机还具有时间上的延续性。危机爆发后，旅游组织及公众都会在较长时间内处在危机的阴影中，造成招聘困难、沟通受阻、合作不顺的局面，这种负面影响很难在短时间内完全消除。

（四）普遍广泛

旅游业的脆弱性和敏感性使其发展极易受到自然因素和人为因素的影响，任何旅游组织都不可能完全避免旅游公关危机的发生。旅游公关危机是客观普遍存在的、不可避免的，作为管理者要时刻有危机意识，迎接危机的挑战。

（五）内外警示

旅游公关危机的爆发对旅游组织内部来说是惨痛的教训，但也为旅游组织定期检查自身状态、认识危机、正视危机作了有力的警示。同时，旅游公关危机对外部公众及其他旅游组织也起着警示作用，提醒所有旅游组织要居安思危、行事缜密，采取各种预防措施避免危机的发生，如果有发生的迹象，应立刻采取有效手段加以处理。一旦发生危机，应尽量缩小危机影响的范围，减少造成的损害。

（六）亟待解决

旅游公关危机具有较大的破坏性，对于旅游组织形象有着很大的冲击和影响。危机一旦爆发，其破坏力会使旅游组织遭受更大的损失。因此，危机发生后，旅游组织必须当机立断，积极处理，尽量缩小危机的影响范围，最大程度地降低危机对组织内部和公众利益的损害，尽力争取公众的同情、理解和谅解。

三、旅游公共关系危机的成因

总的来说，旅游公共关系危机产生的原因有两类，一类是旅游组织内部可以在事前、事后加以控制的内部原因，另一类是旅游组织难以控制的外部原因。

（一）旅游组织内部原因

1. 管理不善

旅游组织内部对人力、物力、财力的管理松散或脱节，会导致服务和产品质量下降，设备设施缺乏安全检修，员工玩忽职守、违规操作、从中牟利等，从而致使公众利益和社会利益受损。由于这类事故完全是旅游组织的失职造成的，故最容易引起公愤，受到公众谴责和社会舆论的强烈抨击，对旅游组织形象的损害极为严重。

2. 决策失误

如果旅游组织过于追求经济效益而忽视了社会效益和生态效益，违背了可持续发展的理念，使旅游组织的总体目标、公共关系目标与组织内部的现实条件和外部的客观环境严重脱节，就有可能使组织目标与社会利益目标相对立，从而引发公众对旅游组织的抵触、排斥和敌对的情感，使旅游组织陷入危机。

3. 疏于沟通

旅游组织与内外公众的有效沟通是旅游公共关系顺利开展的决定性因素。但在实际经营管理中，有些旅游组织的管理者忽略了沟通环节，导致公众对旅游组织产生误解。内部公众的误解会降低内部公众对组织的信任感；外部公众的误解，尤其是媒体公众的误解，会误导公众，形成不利的舆论环境，造成危机。

（二）旅游组织外部原因

1. 自然灾害

包括地震、海啸、火灾、洪水、泥石流等，是人们难以预料和无法阻止的，一旦发生，对旅游业的影响极大。

2. 社会政治

包括国家的政策变动、战争、社会动乱、恐怖组织活动等，势必威胁旅游组织的经营活动，给一个国家和地区的旅游业造成巨大的损失，带来严重的危机。

3. 经济危机

经济危机指资源、能源和生活必需品严重短缺，金融信用危机或其他经济安全上的重大威胁等。本国经济发展状况、区域性经济发展状况，特别是世界经济发展状况，对国际旅游业的发展影响很大。

4. 事故灾难

主要包括工、矿、商、贸等组织的各类安全事故、交通运输事故、公共设施和设备事故、环境污染和生态破坏事件等。

5. 人为破坏

(1) 恶性竞争。是指某些社会组织在竞争中运用不正当手段，如造谣中伤、诽谤陷害、散布虚假信息、不法分子的破坏等，形成公共关系危机事件。

(2) 顾客行为责任。由于外部公众不遵守旅游组织的规章制度、不听取旅游组织的善意提醒而引起危及生命财产安全的事故，致使旅游组织声誉受损。

(3) 公共卫生事件。主要包括传染病疫情、群体性不明原因疾病、食品安全和职业危害、动物疫情及其他严重影响公众健康和生命安全的事件，这类事件会影响区域性的旅游发展。

第二节　旅游公共关系危机防范

旅游公关危机的产生虽有其突发、人力不可控制的一面，但是，就多数的旅游公关危机来说，又都是可以“预见”的，在一定程度上是可以避免的。因此，旅游组织应根据旅游公关危机的可预见性，树立危机意识，采取积极而明智的策略，制定出一套预防危机、应对危机事件的规章制度。

一、建立危机预警系统

“凡事预则立，不预则废。”一般而言，除了自然灾害等非人为的突发危机外，大多数旅游公关危机都有一个潜伏期，在这个过程中，无论如何隐蔽，总有一些先兆表现出来。因此，在旅游组织内部建立危机预警系统可以使公关人员及早发现危机的早期征兆，使旅游组织有可能将危机消除于它的萌芽状态。这是危机预防最重要的手段，其核心是善于监测和积极反馈信息。

建立危机预警系统，需要做好以下两个方面的工作：

（一）对旅游组织的行为进行监测

分析和研究旅游组织的生产、经营、管理活动等环节，经常检查与相关公众发生业务联系的部门的工作情况，及时向旅游组织的决策者通报所发现的种种问题。

（二）对社会舆论进行监测

及时收集涉及旅游组织经营管理活动的社会舆论及公众对旅游组织的态度，对此进行认真的分析和研究，从中发现其发展动向及趋势。特别是要善于从这些信息中寻找那些容易引起危机的先期征兆，一旦发现这些征兆，要及时向组织的领导人作出汇报，提出消除这些征兆的办法和措施。

二、设立危机处理机构

尽管危机是旅游组织较少遇上的特殊状态，但是它有极大的危害性。旅游组织设立危机处理机构（简称“危机小组”），通过行之有效的工作，可在有危机先兆时防患于未然，而一旦危机发生，即能加以遏制，以减少其对旅游组织形象的损害程度。

“危机小组”应由职位相对较高的管理者、专业人员及公关人员组成，他们对组织和环境较为熟悉、了解，可在危机处理中发挥最大的功效。“危机小组”应抓好以下几方面的工作：

根据本组织或其他组织发生过的相类似的危机，对可能发生的各种类型的危机作出预测和分析，对其性质、规模、影响范围等作出恰当的估计。

针对已发生过的危机和可能发生的危机的种类、性质、规模、影响范围，制定出相应的应急方案，并由专人负责。

将危机预测和处理的设想编印成小册子，发给组织内每一个成员（小册子内还应包括“危机小组”成员名单）。通过多种方式把处理危机的方法向组织成员介绍，让他们对危机爆发后的应对措施有一个大体的了解。

确定新闻发言人。一旦危机发生，由新闻发言人代表组织向内外公众介绍事实真相和组织为此作出的反应。

危机爆发后，由“危机小组”全权负责危机处理工作。

三、制定危机防范策略

虽然当危机真实发生时，不可能一成不变地遵循危机处理方案的步骤来行事，但制定尽可能详细的策略方案还是非常有益的。危机防范策略主要是对潜在危机进行分类并评估其特点，然后再确定应采取的对策。潜在危机包括可能导致危机的现实环境、过去曾发生过而且有可能再发生的危机、其他类似的组织发生的危机。在鉴别分类的基础上要针对每种潜在危机的情况，明确分工责任，制定应对方案，最后形成书面方案，在主要管理人员中散发，让全体组织成员熟悉其内容。

四、危机防范方案演习

由于危机是较少遇上的特殊状况，而旅游组织内各种工作千头万绪，在长期“和平”环境中，从管理人员到员工都可能产生麻痹和松懈，一旦出现危机则手足无措，从而错失转危为安的最佳时机。为了在危机处理中掌握主动权，旅游组织应当未雨绸缪，每隔一段时间举行一次危机演习，使全体管理人员及员工熟悉危机防范方案，一旦危机真正发生，能处变不惊，最大限度地减少危机对组织和社会公众的伤害。演习后，由“危机小组”人员进行征询意见的活动，从中发现方案的不足之处，予以纠正。

第三节　旅游公共关系危机管理

旅游公关危机管理，是指旅游组织调动各种可以利用的资源，采取各种方式，预防、控制和处理危机以及危机产生的消极影响，从而使潜在的或现存的危机得以解决，使危机造成的损失最小化的方法和行为。通过妥善处理已发生的危机，一方面争取公众的谅解，改变组织在公众心目中的印象；另一方面通过危机的警示作用加强组织自身的经营管理，改进不足，树立组织担负社会责任的良好形象。

旅游公关危机可以预防，但并不是都可以被消灭于潜伏阶段的，因此，还必须在公关危机预防的基础上，做好公关危机的处理工作。只有将两者紧密结合起来，才能取得旅游公关危机管理的最佳效果。

一、旅游公共关系危机处理原则

旅游公关危机处理起来有一定的难度。要有效地处理危机，最大限度地消除负面影响，改变组织不良形象，协调改善组织内外部环境，旅游组织及其公共关系人员在处理危机时应灵活掌握以下原则：

（一）公众利益至上

保护公众利益，是处理旅游公关危机的第一原则。旅游公关危机发生后，旅游组织会遭受很大的损失，然而公关人员首先应考虑的是公众的利益，因为公众是组织存在的根基。旅游组织要有强烈的社会责任感，勇于承担责任，以公众利益为重，赢得公众的理解与支持。

（二）公开性

旅游公关危机一旦爆发，立刻会引起政府部门、相关媒体和社会大众的关注。此时，旅游组织作为当事人，不论危机产生的原因是主观的还是客观的，都应主动地与新闻媒介取得联系，向公众公开事实真相，公布事件的原因、结果、组织的态度和在危机处理中所作的努力，争取公众和媒体的理解与支持。在现代高度信息化的社会空间里，一个组织很难隐瞒信息，含糊其辞、封锁消息反而容易导致对组织不利的流言飞语，造成负面的影响。

（三）真实性

在旅游公关危机的初发阶段，公众会产生种种猜测和怀疑。因此，旅游组织要想取得公众和新闻媒介的信任，必须采取真诚、坦率的态度，向公众提供真实的信息，并通过大众传播媒介进行宣传，从而消除误解。如果有些事项确实无法向公众公布，应说明理由。同时也可以说明组织为防止、解决危机所作出的努力和已经取得的成绩，尽量引导公众对危机和组织获得全面的印象。

（四）及时性

旅游公关危机处理的目的在于尽力防止事态的恶化和蔓延，减少危机造成的损失，在最短的时间内重塑或挽回组织的良好形象。如果旅游组织在危机开始的突发期和扩散期积极反应，遏制危机，往往成本较低，效果也较理想。一旦到了爆发期，处理和平息危机的成本将呈几何倍数增长，事情处理起来就更棘手了。因此，危机发生后，"危机小组"一定要抓住处理问题的最佳时机，以积极的态度去赢得时间，以正确的措施去赢得公众，创造妥善处理危机的良好氛围。

（五）主动性

旅游组织如发生消费者投诉、新闻媒介曝光等危机后，不能回避和被动应付，而应迅速召集领导层和公关人员共同协商妥善的处理办法，主动面对危机，有效控制事态。如对消费者或社会公众造成人身伤害，应主动与新闻界沟通，并且开辟高效的信息传播渠道，以防止负面影响的扩大；对直接上门投诉的消费者，应热情接待，及时答复和妥善解决投诉纠纷。

（六）连续性

当旅游组织发生较大公关危机后，由"危机小组"拿出具体的解决方案，一方面处理有关事务，另一方面应通过新闻媒介向社会公众不断地公布调查取证、事故原因、组织采取的善后措施和改进办法等方面的消息，从而使公众对事件有一个全面、客观的了解，对组织所持的积极态度和工作效果产生良好的印象。

（七）补偿性

旅游组织的公关危机有时会造成人身危害和财产损失，旅游组织应对财产的损失给予相应的赔偿，对受到身体伤害的人员及时给予相应的治疗和补偿。

二、旅游公共关系危机处理程序

对于旅游公关危机的处理，需要制定正确的工作程序和要求，这是规范化处理旅游公关危机的前提。妥善处理公关危机可以减少旅游组织利益和公众利益的损失，挽救或重建旅游组织的形象。一般来说，旅游公共关系危机的处理都要经过以下几个程序：

（一）深入现场，了解事实

公关危机爆发后，公关人员及组织领导必须具备良好的心理素质，首先应该保持冷静，迅速查明有关事故的基本情况，然后带领"危机小组"到现场调查具体原因。

1. 组织人员，奔赴现场

得知发生了公关危机后，应立即成立或带领"危机小组"奔赴现场，开展工作。

2. 隔离危机,控制危机

在调查事实的同时,要迅速隔离危机、控制危机,以免危机恶化或蔓延。隔离危机应从人员隔离、危机隔离两个方面入手。人员隔离:把组织的人员划分为处理危机和维持日常工作两部分,并指定具体的负责人。如果组织因为危机爆发而停止了正常运营,会遭受更大的损失。危机隔离:对危机的隔离应从发出警报时开始,报警信号应明确危机范围,使其他部分的正常工作秩序不受影响,同时也为组织处理危机创造有利条件。

3. 保护现场,寻求援助

"危机小组"赶到现场后,应该想尽一切办法保护现场,以便迅速、准确地查清事故的原委。如果危机还在继续,应及时采取紧急措施,依据现场情况与公安、消防、卫生等部门取得联系,使损失减少到最低程度。

(二) 全面调查,搜集信息

出现公关危机后,旅游组织应该运用有效的调查手段,迅速查明情况,判断危机的性质、现状、后果及影响,形成基本的调查报告,为处理危机提供基本依据。

1. 深入公众,了解情况

迅速与目击者或当事人取得联系,了解危机发生的时间、地点、原因,直接、间接受害的公众对象,伤害程度和人数,危机的直接和间接负责人,了解事态的发展及控制情况,调查相关公众的要求,找出处理危机的关键。

2. 记录整理,形成报告

认真记录在危机现场听到与看到的所有情况,在条件允许的情况下,应用照相机、摄像机拍摄现场镜头,用录音机录下某些内容,以利于作后续分析。在全面搜集有关信息的基础上对材料进行分类整理。组织有关人员进行认真分析,查找危机的真正原因,形成危机调查分析报告,并上交有关部门。

(三) 分析信息,确定对策

在全面调查、了解危机的情况后,要对获取的信息进行整理分析,深入研究和确定应采取的对策。制定对策时不仅要考虑危机本身的处理,而且要考虑危机涉及的各方面的关系,如旅游组织和员工、受害者、受害者家属、新闻媒介、消费者、客户、政府主管部门的关系等。

1. 针对旅游组织自身的对策

(1) 把危机的发生和组织对策告知全体员工,使大家同心协力,共渡难关。本组织员工若有伤亡,应立即通知其亲属,并提供一切条件,满足员工亲属的探视或吊唁要求,还要负责医疗和抚恤工作。

(2) 如果是不合格产品引起的恶性事故,应立即回收不合格产品,或立即组织力量对不合格产品逐个检验,并且通知销售部门立即停止销售该类产品,追查原因,追究责任,立即整改。

(3) 如果是个别服务人员恶劣的态度而引起的恶性事故,"危机小组"应先稳定客人情绪,责令当事人向客人当面赔礼道歉;安排公关部经理或该服务部门经理代表组织向客人道歉,并从精神上和物质上给客人以赔偿,以求得客人的谅解。

(4) 制定妥善的公关宣传方案，采取与新闻媒介保持联系的方式，向外界公布事故真相。

(5) 制定挽回影响和完善组织形象的工作方案与措施。

(6) 奖励处理危机的有功人员，处理有关责任者，并通告有关方面及事故受害者。

2. 针对相关公众的对策

(1) 首先考虑受害者的利益，全力解决受害者的问题，力争将其损失降到最低限度，以遏制危机势态的发展。

(2) 如果责任在组织自身，应马上公开道歉，认真听取受害者及其家属的意见，主动赔偿受害者的损失，尽量满足受害者的要求。

(3) 如果责任在受害者或者第三方，也不宜马上追究责任，而要给予受害者适当的安慰，最好等危机平息后再妥善处理。

(4) 如果双方都有责任，组织要尽力避免为自己辩护，积极争取受害者的谅解与合作，承担自身应负的责任，给予补救。

(5) 对与组织有业务往来的单位，也要尽快如实地传递有关事件的信息，通报正在采取的对策；如果有必要，还要安排公共关系人员直接到各单位去巡回解释。

(6) 在处理危机的过程中，无特殊情况，不应更换处理人员。

(7) 对待消费者，要通过梗概性的书面材料和报纸公布事故经过、处理方法和今后的预防措施。如有消费者团体前来询问，应热情对待，诚实地告知事故真相。

(8) 如果突发事件影响到社区公众的生活，旅游组织应登门向当地居民道歉，赔偿损失。对于影响较大的突发事件，必须综合运用多种形式和传播渠道，从多个侧面、多个角度进行沟通，打消公众的诸多猜疑，挽救组织的形象。

3. 针对上级领导部门的对策

(1) 事故发生后，应及时向政府及上级领导部门汇报，切记不应掩盖事实真相，更不应该歪曲事实，混淆黑白。

(2) 事故处理中，应定期报告事态的发展过程，求得上级领导的指导和支持。

(3) 事故处理后，应详细报告处理的经过、解决方法以及今后的预防措施等。

4. 针对新闻媒介的对策

(1) 统一口径、注意措辞，尽可能引导新闻媒介报道有利于组织的信息。

(2) 安排通讯员负责发布消息，集中处理与事件有关的新闻采访，给记者提供权威的资料。

(3) 应与新闻媒介保持联系，主动向其提供连续性的、真实的、准确的跟踪消息，及时纠正不正确的信息，公开表明组织的立场和态度，以减少记者的各种猜测，帮助记者作出正确的报道。重要事项应以书面材料的形式发给记者。

(4) 谨慎传播，在事实未完全明了之前，不要针对事发的原因、损失及其他方面发布推测性言论，不要轻易地表示赞同或反对。

(5) 对新闻媒介表示出合作、主动和自信的态度，不可采取隐瞒、搪塞、对抗的态度，对确实不便发表的消息也不要简单地表示“无可奉告”，而应该说明理由，博得记者的同情和理解。

(6) 注意以公众的立场和角度进行报道，不断提供公众所关心的消息，如补偿方法和善后措施等。

(7) 除新闻报道外，旅游组织可在刊登有关事件消息的报刊上发致歉广告，向公众说明事实真相，并向有关公众表示道歉及承担组织应承担的责任。

(8) 当记者发表了不符合事实真相的报道时，旅游组织应尽快向该媒体提出更正要求，指明不符合事实的地方，并提供与事实有关的全部资料，派遣发言人接受采访，表明立场，但注意避免产生敌意。

(9) 通过与本组织没有直接联系的有声望的第三方发言人的评论戳穿谣言。

(10) 记录所有对外发布的信息，避免在新情况出现时重复发布信息或者公布前后矛盾的信息。

(四) 分工协作，落实措施

1. 旅游组织的负责人应亲自组织和协调力量，甚至亲赴危机现场处理第一线问题，制定和落实得力的危机处理措施。要及时向公众和媒介宣布采取危机处理措施的情况，并详细记录在案。

2. 旅游组织全体员工应统一思想、统一认识，齐心协力地减少危机造成的损失，塑造良好的组织形象。但除发言人外，其他员工不得随意发表任何相关言论。

3. 坚持灵活性与原则性相统一的方针，负责处理事故的相关人员要根据各自分工处理项目的特点，选择适当的方式、方法。

4. 各有关人员有效分工、密切配合。危机处理工作力求果断、干练，要以友善的精神风貌、高效的工作风格获得公众的好感与信任。

5. 在一定范围或区域内，公共关系人员有权制止摄影师的活动，以防止可能产生的影像报道失实的情况，失实的影像报道比文字更有害。在接触公众的过程中，注意观察、了解相关公众的反应与要求，做好劝导工作。

6. 指定一名联络员，随时报告事态进展、公众的评论和建议情况等，并将实施过程中的细节作详细记录，写成报告，便于向组织负责人、主管部门、新闻单位以及往来的组织通报。

7. 聘请有经验的沟通顾问或法律顾问担任危机沟通负责人，帮助处于危机之中的组织迅速协调各方面的资源和力量。

(五) 多方沟通，化解危机

1. 继续保持与新闻媒介的联系，争取理解与合作，并通过新闻媒介发布危机的善后处理进展情况。对于某些重大事故可采取谢罪广告的形式在报上刊登，以表明旅游组织敢于承担责任的态度。

2. 尽量控制危机的影响面，避免产生连带效应。

3. 开放现场，或将与危机相关的原始管理记录公之于众，表明旅游组织对公众的坦诚。加强多方沟通，重建信任感。

4. 善待危机受众，做好伤亡者的救治与善后安置工作。耐心听取受害公众的要求以确定如何赔偿，并尽量避免因法律诉讼而带来的组织形象的再度受损。

5. 对危机管理流程、危机管理计划等进行修正，重塑组织形象。

（六）检测效果，改进工作

在危机的善后处理工作结束后，公关人员要注意从社会效益、经济效益、公众心理和组织形象诸方面进行评估。检测评估的内容包括：危机处理措施的合理性与有效性、原有的问题是否得到彻底解决、公众心目中的组织形象有何改变、组织不利的局面是否好转。评估既能检测本次工作的效果，根据存在的问题，制定具体的措施以改进工作，又可以为今后处理同类事件总结经验教训。

（七）吸取教训，重塑形象

当旅游组织形象重新得到建立，并进入良好形象的营运阶段，才意味着危机处理告一段落。旅游组织形象的重新塑造要从以下几个方面着手：

1. 树立重建良好公关形象的强烈意识

任何公关危机的出现，都会改变组织的公共关系状态，使组织的形象受到不同程度的损害。为此，旅游组织必须树立强烈的重建意识，要有重整旗鼓的勇气、再造辉煌的决心，进行公关形象的恢复和重建工作。

2. 确立重建良好公关形象的明确目标

重建良好公关形象的目标是消除危机带来的负面影响，恢复或重新建立组织的良好信誉和声望，再度赢得公众的理解、支持与合作。

3. 使公关危机的受害公众得到相应的物质赔偿或补偿以及精神上的同情、安慰和鼓励，取得他们的谅解。

4. 使观望怀疑者消除疑虑，成为组织的忠实合作者。

5. 使组织的知名度和美誉度达到有机统一，吸引更多公众的关注和支持。

6. 采取重建良好公关形象的有效措施

（1）在组织内部，以坦诚的态度对待员工，形成组织与其员工之间的上情下达、下情上达，部门之间的横向连通的双向交流，保证信息畅通无阻，以增强组织管理的透明度和员工对组织的信任感；吸引员工参与决策；制定组织在新环境下的生存与发展计划，让全体员工对组织的发展前景充满希望。

（2）与组织外部公众保持联络，及时告之危机后的新局面和新进展；针对组织公关形象受损的内容与程度，重点开展某些活动弥补形象；恢复正常的公关活动，与广大公众全面沟通，并以过硬的服务项目和产品在社会中公开亮相，从本质上改变公众对组织的不良印象。

本章小结

旅游公共关系危机会严重损害旅游组织形象，甚至危及生命财产安全，给旅游组织带来严重后果。旅游公关危机具有爆发突然、危害严重、扩散延续、普遍广泛、内外警示、亟待解决等特征。本章着重分析了旅游公关危机的成因、危机预警系统的构建、危机处理机构的设立、危机防范策略的制定等知识。旅游组织在发生公共关系危机后，唯有采取合适的处理原则和处理程序，才可以重塑组织形象，重建组织内外的信任。

思考与探究

1. 旅游公关危机有哪些主要的特征？
2. 旅游公关危机有哪些类型？
3. 导致旅游公关危机产生的原因有哪些？
4. 何谓“危机公关”？危机公关的原则有哪些？
5. 处理旅游公关危机时应如何与外界公众沟通？
6. 危机过后，应从哪些方面着手重新塑造旅游组织形象？

案例分析

案例分析一

天一酒店危机公关解决方案

日前，本酒店举行婚宴时因错误选择了质量不过关的熟食产品，导致数十位宾客中毒住院，对酒店的声誉造成了极坏的影响。为了摆脱酒店的危机处境，重塑酒店的形象，特拟此方案。

一、处境分析

日前本酒店举办婚宴时，由于某食品公司送来的熟食质量不过关，导致数十名赴宴的客人中毒住院。电视、报纸等媒体纷纷予以关注，媒体不明就里，把矛头直指本酒店，使酒店的声誉严重受损，很多新老顾客都对本酒店的食品安全问题产生了怀疑，致使本酒店本季度的营业额下降了15%。酒店现在的处境十分危急，必须采取正确有效的公关措施解除危机。

二、具体方案

（一）危机处理的准备阶段

1. 成立专门的危机应对小组

应对小组包括公关公司、客户方面的专职人员，须24小时对危机的发生和蔓延情况进行监控，每一阶段的处理结果都要形成决议，以便向外公布。

2. 全体酒店员工都要明确处理公关危机的5S原则

(1) 承担责任原则(Shouldering the Matter)：无论谁是谁非，都不要企图推卸责任。

(2) 真诚沟通原则(Sincerity)：企业应把自己所做、所想的，积极坦诚地与公众沟通。

(3) 速度第一原则(Speed)：危机发生后，能否首先控制住事态，使其不扩大、不升级、不蔓延，是处理危机的关键。

(4) 系统运行原则(System)：在逃避一种危险时，不要忽视另一种危险。在进行危机管理时必须系统运作，绝不可顾此失彼。

(5) 权威证实原则(Standard)：企业应尽力争取政府主管部门、独立的专家或机构、权威的媒体及消费者代表的支持，而不是自己去徒劳地解释或自吹自擂。

3. 言辞一致

酒店上下在对外发言时要统一口径,由酒店的权威机构直接或委派一个专门的发言人对外公布相关事宜。酒店的领导或员工切忌随意对外发布不一致的信息。

4. 制定好危机应对方案

(1) 对公众主动承认自己的过错,给公众树立一个敢于承担责任的企业形象。

(2) 请政府食品安全检查部门来酒店检查,并向公众公布检查结果,以表明酒店的食品安全卫生情况是合格的。

(3) 与媒体加强沟通,向公众说明事情的原委和真相。引导公众的思想,不让不良报道误导消费者。

(4) 去医院探望中毒的顾客,向顾客道歉,做好对顾客的理赔工作,希望得到顾客的谅解。

(5) 针对本次事件向顾客作一次问卷调查。掌握消费者对本酒店此次事件的了解程度、具体看法、对本酒店的信任度以及其他消费需求等。

(6) 根据调查问卷的分析结果,了解消费者的需求和担心的事项,然后制定出相应措施。

(二) 危机的处理阶段

根据在准备阶段制定的方针、对策,有步骤地实施危机处理策略。实施时要灵活变动,时时反馈,根据具体情况适当变更。同时每一阶段的处理结果都要形成决议,以便向外公布。

(三) 危机的恢复阶段

展开一系列的促销活动,改善危机事件带来的销售低迷现象。具体促销方案如下:

(1) 价格促销:大酬宾,让利消费者。活动时间为一个月,凡在本月期间到本酒店消费200元以内的顾客可享受9.8折优惠,消费200—500元可享受8.8折优惠,消费500—1000元可享受7.8折优惠,消费1000元以上可享受6.8折优惠。

(2) 广告促销:加大广告宣传力度,可在公车站牌处张贴宣传海报、在人多密集的广场处派发宣传单、加大电视广告的播出频率等。

(3) 质量促销:保证质量,优质服务。

(4) 特色促销:开放式厨房,让每一位顾客可以清楚地看见自己的菜肴是如何制作的,也可以让顾客看到酒店服务的规范性、食品的安全卫生程度。

(5) 口碑促销:利用公共宣传、发布新闻稿、请有公众影响力的人物发表讲话等。

三、危机结束后的总结

处理完危机后,酒店要立即召开中高层管理者的紧急会议,对此次危机进行总结,包括造成危机的原因、处理的经过、成效如何等。

本次事件是由于酒店选择食品供应商不当而造成的,因此今后必须把好供应商这一关,选择有保证、可信赖的供应商,对食品安全卫生进行层层把关。要改进酒店的管理模式,进行内部营销,让全酒店的职工都树立起高度负责的主人翁意识,贯彻酒店的规章制度,发扬酒店的企业文化。

另外,在危机处理的过程中,我们可以看到媒体在报道企业事件时有三个特点:一是媒体是从危机事件的第三方角度来看待问题,没有义务按照企业的理解和希望去确定报道的角度或重点；二是媒体可能因为不准确的语言描述而背离了企业所想表达的内容，因此给企业留下了危机的隐患；三是媒体报道的及时性。也正是媒体报道的及时性，需要在第一时间把报道发出去，造成媒体对报道事实缺乏足够的时间调查，从而为报道的失真埋下了隐患。媒体对企业的不良影响是不可估量的，小则使企业受到经济损失，大则关乎企业生死存亡。因此，我们在今后的公关工作中，必须高度重视和媒体的关系，恰当地处理好与各种媒体的关系。

（资料来源：张建庆《酒店公共关系》，上海交通大学出版社，2011 年）

1. 请你根据本章内容对此方案进行评价。

2. 如何做好公关危机预防分析并制定相应应急计划？公关危机处理中如何处理与媒体的关系？

案例分析二

多项举措恢复四川震后旅游

汶川地震给四川省的旅游业带来了极大的破坏和影响，旅游景区、旅游企业、旅游交通以及基础设施都遭受了不同程度的破坏。为促进旅游产业的快速恢复与振兴，四川省旅游局采取了多种措施。

（一）传递安全信息

重振旅游市场的第一步，是及时向社会各界传递四川旅游安全的信息。四川省采取的措施有：与海内外大型旅游集团和主流媒体合作，开展了多渠道宣传推广，如在北京、上海等影响力较大的城市投放四川旅游宣传广告和宣传专栏；与中国国际广播电台举办“美在四川”全球旅游知识竞赛，以 53 种语言宣传四川；在中央电视台、旅游卫视等强势媒体播放四川旅游形象宣传片；以“魅力四川 2008”活动为载体，在新浪、雅虎等门户网站上开辟四川旅游灾后恢复重建专栏和四川旅游频道等。

（二）开展宣传促销

成乐峨、川南、川东北三条精品旅游线路的启动和“四川人游四川”活动的开展成为四川省旅游市场恢复重振的“序曲”。从 2008 年 7 月开始，四川省先后在北京、上海、浙江、江苏、重庆、广东、福建、陕西等国内传统旅游客源市场开展旅游宣传促销活动，点燃了恢复省内游市场的“燎原之火”。之后的第九届中国西部国际博览会、旅游交易会、第五届国际旅游文化推介会、2008 上海中国国际旅游交易会等，也成为恢复旅游市场的重要平台。此外，通过打造“团团圆圆故乡游”、“团团圆圆省亲游”活动，推出“赏花”、“温泉”、“民俗”、“古镇”主题游和“千条自助游线路”等新产品，在全省 9 个市（州）开展“全国百城旅游宣传周”活动等，大力推动了四川省境内游市场的快速复苏。

（三）扩大国际影响

从2008年6月至2009年5月，日本、韩国、美国、法国、澳大利亚、新西兰、德国、意大利、荷兰等国家的旅行商和媒体考察团受邀来到四川考察。以省领导为代表的四川旅游促销团也先后到韩国、日本、葡萄牙、新加坡、马来西亚、德国等国家进行了旅游宣传促销，扩大了四川旅游的国际影响。

（四）实行优惠战略

2009年5月，"价格洼地"策略的实施将四川省旅游市场的恢复振兴推向了高潮。全省21个市(州)携手合作，推出了多项旅游优惠政策。九寨沟、黄龙、峨眉山、乐山大佛、都江堰、青城山、海螺沟等全省数百个景区在5月12日免费开放；数百个景区5月的门票实行半价优惠；并向海内外发行2000万张"熊猫卡"。

（资料来源：51766旅游网）

请结合以上案例和本章内容分析：为了重新获得公众的认可和支持，四川省旅游局采取了哪些措施恢复震后旅游？

第十章

旅游公关礼仪训练

章前导语

人类社会学家曾断言，农业文明时代以道德制胜，工业文明时代以法制制胜，而信息文明时代则以形象制胜。优雅的举止、端庄的仪态、合体的服饰是呈送给对方的无声名片。旅游从业人员在公共关系过程中所展现的基本礼仪，直接影响其个人、旅游组织的公关形象，以及公众对旅游产品的评价。旅游从业人员的基本礼仪包括仪容、仪表、仪态、礼貌、礼节。在旅游公关活动中，不同的仪容、仪表、仪态、礼貌、礼节在不同的场合针对不同的对象使用有着不同的含义，准确应用可以塑造旅游从业人员良好的形象和服务品质。

本章导学

【学习目标】

理解旅游公关人员的基本礼仪——仪容、仪表、仪态；
掌握仪容、仪表、仪态规范，能够在工作岗位上灵活运用、规范表达；
掌握礼貌、礼节规范，能够在工作岗位上灵活运用、规范表达；
掌握仪容、仪表、仪态的各项禁忌。

【关键术语】

仪容　仪表　仪态　礼貌　礼节

第一节　基本礼仪——仪容、仪表、仪态

中华民族有着数千年的文明史，素有“礼仪之邦”的美称，灿烂的礼仪文化源远流长。“中国有礼仪之大，故称夏；有服章之美，谓之华。”孔子把“礼”作为治国安邦的基础，“为国以礼”、“克己复礼”，积极倡导“约之以礼”，做“文质彬彬”的君子。礼仪是人际交往的基本行为规范，在人类社会生活的各个方面都发挥着重要的作用。同样，在旅游活动中，旅游礼仪也彰显出其不可替代的功能。在旅游活动中充满着人与人之间的交往，既有旅游者与旅游者之间的交往，也有旅游者与旅游从业人员之间的交往；既有和我国人民的交往，也有和国外人士的交往。这种人际交往的复杂化、国际交往的日常化和文化交流的多元化，使得人们更加需要“礼仪”来规范行为，调节彼此间的关系，增进相互间的了解和友谊。

一、仪容

仪容主要是指人的容貌，包括头发、面部等。仪容是可以修饰、完善和自我塑造的。良好的仪容能够给人以端庄、稳重、大方的印象，既能体现自尊自爱，又能表示对他人的尊重与礼貌。仪容美是内在美、自然美、修饰美这三个方面的统一。仪容礼仪讲究三个规则：整洁、自然、互动。它主要包括以下几个方面：

（一）头发及发饰

整洁的头发和恰当的发型、发饰是礼仪的重要表现形式。头发气味、头发颜色、发质、发饰等无不体现出一个人的精神面貌、生活习惯、职业修养等。

1. 头发的要求

头发应清洁整齐、柔软、有光泽、无异味、无异物，不染鲜艳的颜色。要勤洗头发，保持清洁，同时需要做好头发的健康护理。勤洗头发是为了去除灰垢，消除头屑，防止异

味，使头发清洁清爽、无异味。健康护理使头发丝丝可见光泽，具有弹性，不打结、不枯黄，呈现良好的健康状况。而健康护理头发的关键是从健康营养、健康生活等方面着手。

2. 发型的要求

设计高雅、流畅、简洁、大方的发型，展现良好的"个性化"。所谓发型的"个性化"，就是根据个人的身材、脸形、头型乃至年龄、职业来设计发型，使其能反映出个人的特点和情趣，以便取得整体、和谐、统一的审美效果。发型"个性化"设计原则及类别如表10－1：

表 10－1 发型"个性化"设计原则及要求

原则	要求	举例
基本原则	男性：头发长度一般以5—7厘米为宜，不能过短，也不宜留长发，给人留下清爽精神的印象。	男性旅游从业人员头发应得体、整齐，要勤理，长度适中，适合自己的身份，前发不附额、侧发不掩耳、后发不及领。
	女性：头发以端庄、简洁、秀丽为宜，勿让头发遮住眼睛。	女性旅游从业人员头发长度不宜过肩，若太长，应盘、梳起来，不宜随意散开，以体现出稳重、干练、成熟、时尚的职业形象。
充分考虑自己的个性特征，力求扬长避短。	个性特征是指人的性别、年龄、脸形、肤色、身材等个人因素，能够给人以美感的发式首先应与个人的个性特征相吻合。	青年女性发式可尽显青春活力，长短、曲直适宜；中年女性宜留中长发式，体现高雅脱俗的气质；"银发族"发式则以整洁、简朴为佳。
		脸形偏长者不宜选择过短的无刘海发式；相反，圆脸或脸形偏短者不宜选择有刘海的长发式；肤色偏黑者不适宜留披肩长发；个子高挑者，头发可梳理得蓬松些；身材矮胖者则宜留短发，以避免给人头重脚轻的感觉。
充分考虑个人角色、身份和职业性质，与自身的角色、身份和职业性质相吻合。	旅游从业人员不宜留披肩发（应当是不遮双眼、后面不长过肩的直短发），不宜长发飘逸，以束发或盘发为宜。	经常出现在公众场合的旅游从业人员以传统、稳重、保守发型为宜；经常出入社交场合者，以个性、时尚、艺术发型为宜。

（二）面部护理及修饰

面部护理及修饰是保持仪容礼仪的基本要求。台湾著名作家林清玄曾在其散文中谈道："三流的化妆是脸上的化妆，二流的化妆是精神的化妆，一流的化妆是生命的化妆。"

1. 面部的要求

表 10－2 面部的要求

部位	要　求
眼部	及时清除眼角处分泌物； 清洁眼角分泌物时应注意场合，勿在公众场合面对他人用手绢、纸巾擦拭或者用手抠。

续 表

部位	要　求
鼻部	随时保持鼻孔清洁，切忌当众挖鼻孔或者擦鼻涕； 男性应及时修剪鼻毛。
口部	口部清洁包括牙齿的清洁和口腔的清新； 上班之前不能食用蒜、葱、韭菜、腐乳等有强烈气息的食品，餐后应清洁口腔； 早晚刷牙，饭后漱口，吃东西后马上擦嘴，并及时清除牙缝中残存的食物，勿当众剔牙； 如果口腔有异味，可以使用漱口水、口香糖或茶叶等去除气味，保持口腔的整体清洁； 在他人面前嚼口香糖是不礼貌的，特别是与人交谈时更不应嚼口香糖； 牙病或者其他疾病造成口中异味的，应及时治疗； 打嗝、打哈欠时应避开他人，如忍不住时，应用手绢或者手捂住嘴，并向他人道歉。
颈部	保持颈部的清洁卫生，尤其是脖子、耳朵后易藏污纳垢，应经常清洗； 颈部注意健康营养护理，防止皮肤老化，以免与面容产生较大差异。

2. 面部的清洁与护理

面部的清洁与护理是仪容美的关键，良好的肤质是实现仪容美的基础。精神愉悦是最好的美容保健方法。一位美国科学家说："笑是一种化学刺激反应，它能激发人体各个器官，尤其是头脑和内分泌系统的活动。"笑的时候，面部肌肉舒展，皮肤新陈代谢加快，能促进血液循环，增强皮肤弹性。每天早晚要坚持洗脸，及时清除附在面颊、颈部的污垢、汗渍等不洁之物。正确的洗脸方法有助于保持皮肤的弹性，促进血液循环和新陈代谢。

清洁分为表层清洁和深层清洁。正确的洗脸方法是用温水润湿脸部，使用适合的洗面奶或洗面膏等，用手由下向上揉搓、打圈，借助于光滑的洗面奶或洗面膏等对皮肤进行按摩，然后用温水冲净面部的洗面奶或洗面膏等。最后，用凉水冲洗，令毛孔收缩。

皮肤一般分为干性、中性、油性三种类型。针对不同的皮肤类型，在洗脸时应采取相应的措施。

表 10－3

面部清洁小技巧

皮肤类型	清洁方法
干性皮肤	在用玫瑰浸泡的水中加入几滴蜂蜜，沾湿整个面部，用手拍至干燥。这样每晚反复 2—3 次，便能滋润面部，使之光滑细腻。
中性皮肤	晚上用冷水洗脸后，再用热一点的水蒸气蒸脸片刻，然后轻轻抹干。
油性皮肤	洗脸时在热水中加几滴白醋，能有效地清洁皮肤上过多的皮脂、皮屑和尘埃，使皮肤显得光洁美观，并减轻毛孔阻塞。

合理的饮食是面部皮肤护理的根本，多吃水果蔬菜、多喝水能使皮肤保持足够的水分，防止皮肤粗糙干燥。另外，充足的睡眠是最好的皮肤护理方法，可使面部红润。晚上 10 点到凌晨 2 点是皮肤新陈代谢最旺盛的时间段，俗称为美容时间，此时皮肤血管扩张，在白天受损的细胞在这段时间内进行恢复，所以应充分保证这段时间的睡眠质量。

3. 面部修饰

面部修饰主要指通过化妆来修饰自己的仪容、美化自我形象的行为。淡妆上岗是对女性旅游从业人员最基本的仪容修饰的规范要求。淡妆有三个作用:一是塑造形象,员工淡妆上岗能体现良好的精神面貌,呈现出旅游企业的统一性、纪律性,有助于旅游企业形象的塑造。二是体现尊重,淡妆是一种自尊自爱的表现,是旅游从业人员对自己的尊重,同时也是对服务对象的尊重,对旅游工作来说,它不是个人私事,而是展现旅游服务、旅游礼仪的最基础的外在表现形式。

礼貌的淡妆遵循 3W 原则,即 When(什么时间)、Where(什么场合)、What(做什么)。不同场合配不同的妆容,是得体形象的定位与诠释。从旅游公关礼仪这个层面来讲,有以下四点需要注意:

表 10-4

面部修饰原则

自然	自然妆容看起来会真实而生动,清淡而又传神。旅游岗位基本的仪容修饰的规范要求是淡妆,即所谓"清水出芙蓉,天然去雕饰"。淡妆上岗给人以健康美的感觉,不宜浓妆艳抹,不宜标新立异。
美化	旅游从业人员应在正确认识自身条件的基础上,把握面部个性特征和树立正确的审美观,进行化妆技巧与方法的合理选择与搭配。对旅游从业人员来说,化妆的总原则是少而精,强调和突出自身所具有的自然美部分,减弱或掩盖容貌上的某些缺陷,以浅妆、淡妆为宜,避免使用气味浓烈的化妆品。
协调	淡妆的目的不在于追求局部的亮丽,而在于表现个人的整体美,各部分的妆容应协调、整体考虑。 注重妆面协调,指化妆部位色彩搭配、浓淡协调; 注重全身协调,指面部化妆还必须注意与发型、服装、饰物协调,力求取得完美的整体效果; 注重身份协调,要考虑到自己的职业特点和身份; 注重场合协调,化妆要与所去的场合气氛一致。
避人	不在公共场合化妆是基本的礼仪要求。在工作岗位上化妆会给别人三心二意、用心不专的感觉,在国际交往中会被别人误会;在众目睽睽之下或在公众场合修饰面容会被认为是不礼貌的行为。如果需要化妆或补妆,应到洗手间或其他私密场所进行。

(三)手部

一位法国美容专家曾说:"手是女人的身份证明。"在旅游行业中,许多人认为手是旅游从业人员的第二张脸。在交际活动中,手占有重要的位置。如接待客人时,通常以握手礼节来表示对客人的欢迎、伸出手递送名片以相互认识等,在这一过程中客人总是先接触到我们的手,形成第一印象。手部清洁状况可以判断出一个人的修养与卫生习惯,甚至对生活的态度。因此,手部的清洁与一个人的整体形象密切相连,应当引起足够的重视。

旅游从业人员应随时保持双手的清洁,并定期修剪、洗刷指甲,避免指甲缝内有污垢。指甲应该光亮整洁、长度适当。不可涂有色指甲油,不宜进行美甲镶饰。另外,在任何公共场合修剪指甲都是不文明、不雅观的行为。

(四)体味

社交过程中,旅游从业人员身体上散发的气味会严重影响宾客对其的印象。清爽、淡雅的气息有助于良好形象的形成。旅游从业人员应养成良好的卫生习惯，勤洗澡、使用祛除体味的物品是非常必要的，目的是为了保证身上散发出清爽、清新的气息，如果带有汗味或者其他异味则被视为失礼行为。

适当使用香水有益于在社交过程中增加个人魅力。喷洒香水不要过量，在1米范围内散发淡雅清新的香味较为适合，如果在1米范围外就能闻到香水味，靠近时就容易让人感觉气味刺鼻。在喷洒香水时需要注意，香水要喷于不容易出汗、脉搏跳动明显的部位，如耳后、脖子、手腕及膝后。

二、仪表

仪表是人的外表，包括人的容貌、姿态、服饰、风度等。仪表的重点在于着装。在社交中，一个人的仪表反映出其精神状态和礼仪素养，是人们交往中的“第一形象”。

心理学中的“首因效应”指出对人的观察规律是由远及近，由视觉观察到声音交流再到皮肤感触(如握手、拥抱等)。因此，仪表是最先进入人们眼帘的，对方所获得的印象基本是由仪表传递的，而仪表的80%体现在着装上。“一个人的穿着打扮，就是他的教养、品位、地位的最真实的写照。”(莎士比亚)得体的穿着不仅使人显得更加美丽，还可以体现良好的修养和独到的品位。

(一) 服饰选择原则

1. TPO原则

TPO原则是目前国际上公认的着装标准。TPO概念是由日本男装协会于1963年提出的，T—时间(Time)、P—地点(Place)、O—场合(Occasion)，即要求仪表修饰根据时间、地点、场合的变化而相应变化，使仪表与时间、环境氛围、特定场合相协调。

2. 适应性原则

仪表修饰往往通过服饰的形式呈现出来。服饰是一种文化，可以反映一个民族的文化素养、精神面貌和物质文明的发展程度；服饰又是一种“语言”，能反映一个人的社会地位、文化修养、审美情趣，也能表现出一个人对自己、对他人以至于对生活的态度。服饰不简单地等同于穿衣，而应与自身的性别、年龄、容貌、肤色、身材、个性、气质以及职业身份等相适宜，是基于自身的阅历修养、审美情趣、身材特点，根据不同的时间、场合、目的，力所能及地对所穿戴的服饰进行精心的选择、搭配和组合。

3. 协调性原则

仪表修饰既要关注整体美感，也要关注局部细节。发挥服饰的修饰功能，追求刻意雕琢而又不露痕迹的效果，呈现自然适度、风格各异、个性鲜明、浑然一体的仪表风采。

4. 整洁性原则

仪表修饰不一定追求高档时髦，但必须端庄整洁，避免邋遢。整洁原则：整齐，不折不皱；清洁，勤换勤洗，不允许存在明显的污垢、油迹、汗味和体臭；完好，无破损、无补丁。

5. 文雅原则

文雅原则要求仪表修饰文明大方，符合社会的传统道德和常规做法，体现旅游从业人员文雅的气质。在工作中忌穿过露、过透、过短、过紧的服装，不能为了展示自己的线条，打扮得过于性感，更不能不修边幅，使自己的内衣、内裤轮廓凸显在过紧的服装之外。

（二）服饰礼仪规范

1. 女士服饰礼仪规范

从事旅游工作的女士在服饰选择方面要考虑自己的职业与身份，不要过分性感、过分艳丽、过分奢华。服饰价格不求很高，但是要协调、合理搭配，无论是颜色系列还是饰物、手包等都要注意细节，体现高雅、大方、端庄的气质。服饰穿戴要适合自己的年龄、身材和职业，切不可盲目追求新潮时髦。

表 10－5 女士服饰礼仪规范

服饰		规范要求
着装	面料选择	女士套装应选用上乘的纯天然质地的面料，而且上衣与裙子所使用的面料应该一致。以薄花呢、人字呢等纯毛料的面料为佳，高档丝绸、亚麻、毛涤也可供选择，但必须匀称、平整、光滑、柔软、挺括，并且弹性要好，不易起皱。
	色彩选择	服装色彩应清新、雅致而凝重，不应选鲜亮抢眼的色彩以及跟着时尚走的流行色；套装的色彩主要以冷色调为主，因为冷色调才能体现出着装者典雅、端庄、稳重的气质。
饰品	袜的搭配	穿套装要配穿纯色的丝袜，袜子的颜色要与裤、裙和鞋的颜色相协调，以肉色为佳。一般情况下多色、亮色、有图案花纹、款式过于繁杂的袜子均不宜穿着。穿丝袜时，袜边不能外露，穿明显破损的丝袜是不雅的。
	鞋的搭配	根据穿着舒适、方便、协调而又不失优雅的原则选择不同款式的鞋子。鞋子应是船式或盖式的高跟、半高跟皮鞋，以黑色牛皮鞋为最佳。不宜穿艳丽的皮鞋，不宜穿布鞋、旅游鞋、凉鞋、轻便鞋等。
	缀饰的搭配	缀饰可以使套装在稳重中透出生动，在保守中显出活泼。可采用领花、丝巾、胸针、围巾等饰品点缀，不可过多，有点睛之处即可。

2. 男士服饰礼仪规范

对于从事旅游工作的男士，西装是最普遍的选择。西装是一种国际性服装，是男士出席正式场合、接待宾客时的首选服装。男士在选择西装时，要充分考虑到自己的身高、体形，如较胖的人最好不要选择瘦型短西装；较矮者也最好不要穿上衣较长、肩较宽的双排扣西装。作为正式礼服用的西装颜色可采用深色，如藏蓝色、灰色、棕色、黑色，须选择单色、无图案的纯毛、纯羊绒、毛涤混纺面料，具有轻、薄、软、挺四个特点。日常穿的西装颜色可以有所变化，面料也可以不讲究，但必须熨烫挺括。

标准的套装色彩是蓝色、灰色、棕色、黑色。衬衫的色彩最好为白色。皮鞋、袜子、公文包的色彩为深色，并且保持颜色一致，男士尤其要注意。一般情况下，我们可以遵循“三色原则”，即正装的色彩在总体上最好控制在三种颜色之内。色彩少有助于保持正装庄重、保守的总体风格，显得规范、简约、和谐。

表 10－6 男士服饰礼仪规范

服饰	规范要求
西装	口袋宜少装物品，最好不装物品，包括上衣、背心和裤子口袋。内侧胸袋可别放钢笔、钱夹或名片夹，不宜放过大、过厚物品；外侧下方两只口袋不宜放任何物品，建议口袋缝线不要拆开。
衬衫	穿西装时配长袖衬衫，衬衫整洁挺括，不宜过旧、走样。衬衫下摆掖在裤子里，领子不能翻在西装外。衬衫领口和袖口分别高于和长于西装领口和袖口 1—2 厘米，领口和袖口沾上污渍就不宜再穿，须清洁干净、熨烫挺括。
内衣	衬衫内除了背心之外，最好不要再穿其他内衣。如果天气较冷，衬衫外面还可以穿上毛衣或毛背心，但毛衣(V 领)一定要紧身，不能过于宽松。
领带	在旅游接待工作过程中，穿西装应系好领带。领带长度要适当，达到皮带扣处为宜；如果佩戴领带夹，应在衬衫的第四、第五个纽扣之间。
西裤	西裤的两个侧口袋不宜存放较大、较重物品，如手机、香烟、名片等常用物品；正式场合不宜将双手放入其中。
鞋	皮鞋应整洁、有光泽、无破损，皮鞋的颜色要与西装相配套，正式且传统的皮鞋是系带皮鞋。
袜子	穿皮鞋须配合适袜子，袜子颜色要比西装稍深，黑色袜子一般是男士必备的。
纽扣	双排扣西装应把纽扣全部扣上；单排两粒扣的西装，只扣上边那粒纽扣或者全部不扣；单排三粒扣西装可以扣上边两粒纽扣也可以只扣中间一粒。
插袋巾	插袋巾是男士西装的饰品，质料不宜太软，插在袋里挺括自然，颜色应与场合、职业、身份等相符合。有时也常用鲜花作“插袋巾”以示喜庆。

3. 旅游行业制服礼仪规范

在选择制服的过程中，不仅要考虑制服本身的材质、色彩和款式，同时还要考虑与旅游企业整体环境风格相协调。

表 10－7 旅游行业制服礼仪规范

服饰	规范要求	
制服	干净整洁	旅游从业人员所穿的制服必须无异味、无异物、无异色、无异迹。制服应定期或者不定期地进行换洗。
	整齐挺括	外观整洁、挺括，忌褶皱。为了防止制服产生褶皱，脱下制服应挂好或叠好；洗涤过后应熨烫好；穿着时不要乱靠、乱坐等。
	完整完好	制服发生破损应及时修补或更换，如开线、磨毛、磨破、纽扣丢失等。
	外观协调	制服整套穿着，不得随意搭配，否则制服作用无法发挥。此外，如果在穿着制服时出现敞胸露怀、不系领扣、高卷袖筒、挽起裤腿、乱配鞋袜、不系领带等现象，则不仅有损制服的整体造型，还会影响整个旅游企业的形象。

续 表

服饰		规范要求
饰品	戒指佩戴	旅游从业人员仅能佩戴1枚戒指，且要求造型简洁、大方。戒指佩戴在不同手指上暗示的意义不同：食指表示想结婚，即求偶；中指表示已在热恋中；无名指表示已订婚或结婚；小拇指则表示独身，暗示自己是独身主义者。
	项链	旅游从业人员在工作时佩戴项链宜选择链细、坠心小的款式。
	耳饰	旅游从业人员在工作时佩戴耳饰宜选择款式小巧、简洁、大方的耳钉。
	手镯	旅游从业人员在工作时不宜佩戴手镯或手链，如企业允许佩戴也应选择款式简洁、大方且较细的手镯或手链佩戴，且仅能佩戴1条。
	胸饰	胸饰需要按企业规定标准佩戴，如名牌、胸花等。
	丝巾	丝巾对制服起着烘托和美化作用，色泽鲜亮的丝巾能让暗色制服灿烂生辉、别致生动。旅游从业人员佩戴丝巾应按统一标准执行。

三、仪态

在人际交往中，人们的每个动作都会影响到对方的情绪，都会给对方一定的感染，这对从事服务行业的人来说尤其应该引起重视。仪态美，属于人的行为美学范畴，它以无声的体态语言向人们展示出一个人的道德品质、礼貌修养、文化品位、人品学识等。仪态美主要表现在站姿、坐姿、走姿等方面。

（一）站姿——站如松

1. 基本站姿规范

站姿，又称为立姿，是人的最基本的姿势，是一种静态的身体造型，是培养一个人全部仪态的基础。

表10－8 基本站姿规范

分解姿态各部位		规范要求
要求	头颈部	抬头，颈挺直，下颔微收，嘴唇微闭，双目平视前方，面带微笑。
	上半身	双肩放松，气向下压，身体有向上的感觉，自然呼吸； 挺胸收腹，立腰、平肩。
	双臂双手	双臂放松，自然下垂于侧，虎口向前，手指自然微曲，中指压裤缝。
	下半身	两腿并拢立直，提胯，膝和两脚跟靠紧，脚尖分开似“V”字形，两脚呈45—60度角。
要领	总体	抬头、挺胸、收腹、立直，优美挺拔、精神饱满。
	上提下压	下肢躯干肌肉线条伸展、上提，双肩保持水平、放松下压。
	前后相夹	臀部向前发力，而腹部肌肉收缩向后发力。
	左右向中	人体对称的器官向正中线用力。
	重心中间	重心线在两腿中间向上穿过脊柱及头部，防止重心线偏左或偏右。

2. 旅游公关礼仪站姿规范

总体要求是男士挺拔沉稳、女士优美典雅。在旅游公关工作中，为客人服务的站姿一定要合乎规范，严格按照旅游企业仪态标准执行。以下几种常用站姿规范适用于不同部门和不同场合。

表 10－9 常用旅游接待站姿规范

常用站姿	规范要求
前腹式	男性：两脚打开与肩同宽，平行着地；两手在腹前交叉，左手握成拳头状，右手握左手手腕部；身体立直，身体重心放在两脚上。
	女性：两脚脚尖略展开，左脚在前，将右脚跟靠于左脚内侧前端，呈左丁字步；两手在腹前交叉；身体重心在两脚或一脚上，通过重心转移减轻疲劳。
后背式	双目平视，下颌微收，挺胸立腰，两手在身后交叉。 男性：两脚跟并拢，脚尖展开，两脚呈 60 度左右。 女性：两脚呈丁字步。
单臂式	两脚尖展开，两脚呈 90 度，左(右)脚向前，将脚跟靠于右(左)脚内侧中间位置，呈左(右)丁字步；左(右)手置于后背，右(左)手下垂；身体重心放于两脚上。

3. 站姿禁忌

不正确的站姿往往是姿态不雅、缺乏敬人之意的不礼貌行为，在站立过程中身躯歪斜、弯腰驼背、趴伏倚靠、半立半坐、浑身乱动等都是不礼貌的举止。

（二）坐姿——坐如钟

1. 基本坐姿规范

正确的坐姿给人以文雅大方的感觉，传递着自信、友好、热情的信息，同时也显示出高雅庄重的良好风范；坐姿不正确则显得懒散无礼。

表 10－10 基本坐姿规范

分解姿态各部位		规范要求
要求	头颈部	头部端正，下巴要向内微收，脖子挺直。
	上半身	躯干挺直，两肩放松，胸部挺起，背部与臀部呈直角。
	双臂双手	双手自然放于两膝，双臂自然弯曲。
	下半身	两膝并拢，小腿与地面基本垂直； 男士两膝间以一拳为宜，女士则不宜分开。
要领	总体	轻、缓、紧。轻，入座要轻，尽量避免发出响声；缓，动作轻缓，按住椅面，而后入座；紧，坐定后，腰背挺直，给人以精神集中的感觉。
	入座时	走到座位前，转身后右脚向后撤半步，从容不迫地慢慢坐下，把右脚与左脚并齐。女性入座要娴雅、轻柔和缓，用手把裙子向前拢一下。
	坐定时	坐满椅子的 2/3，如果是沙发，座位较低，又比较柔软，应注意身体不要下滑而陷在沙发里。
	会谈时	面对面会谈时，前 10 分钟左右不可松懈，保持良好精神以示礼貌；对坐会产生压迫感，应当稍微偏斜，轻松自然。

续 表

分解姿态各部位		规范要求
	离座时	起立时，右脚先向后收半步立起，向前走一步离开座位；离座时要端庄稳重，不可猛起猛坐，弄得座椅乱响，造成紧张气氛，更不能带翻桌上茶具，以免尴尬被动。
要领	腿的姿态	正襟危坐式。适合最正规场合，要求上身和大腿、大腿和小腿呈直角，双膝、双脚完全并拢。
		垂腿开膝式。男性正规坐姿，要求上身和大腿、大腿和小腿都呈直角，小腿垂直于地面；双膝允许分开，分开的幅度不要超过肩宽。
		双腿叠放式。适合短裙女士，要求将双腿上下交叠且两腿间没有缝隙，犹如一条直线；双脚斜放在一侧，斜放后的腿跟地面呈 45 度角，叠放在上的脚的脚尖垂向地面。
		双腿斜放式。适合穿裙子女士在较低的位置就座，要求双腿首先并拢，然后向左或向右侧斜放，力求使斜放后的腿部与地面呈 45 度角。
		双脚交叉式。适合各种场合，要求双膝并拢，双脚在踝部交叉；交叉后的双脚可以内收，也可以斜放，但不要向前方远远地直伸出去。
		双脚内收式。适合一般场合，要求大腿并拢，双膝略微打开，小腿可以在稍许分开后向内侧屈回。
		前伸后曲式。适合女性，要求大腿并拢，向前伸出一条腿，并将另一条腿屈后，两脚脚掌着地，双脚前后保持在一条直线上。

2. 旅游公关礼仪坐姿规范

旅游从业人员除了掌握基本的坐姿规范，还要了解坐姿的礼仪。

入座首先要注意顺序、分清尊卑，请长者、尊者等先入座；面对服务对象时，一定要先请对方入座，这是待人以礼的表现。其次，入座应合“礼”，即与他人同时就座时，应当注意座位的尊卑，并且主动将上座相让于人。入座时还应讲究“左入左出”，从座位左侧入座，从左侧离座。这样做是一种礼貌，是“以右为尊”的一种具体体现，而且也容易就座。另外，入座时动作应轻而缓、轻松自然，尽量不要坐得座椅乱响，使噪声扰人，不可随意拖拉椅凳。就座时，若附近坐着熟人，应主动跟对方打招呼。若不认识身边的人，亦应向其先点头示意。

离开座椅时，身旁如有人在座，须以语言或动作先向其示意，然后方可站起身来。与他人同时离座，须注意起身的先后次序。地位低于对方时，应稍后离座；地位高于对方时，则可首先离座；双方身份相似时，可同时起身离座。起身离座时，最好动作轻缓，但不要“拖泥带水”，弄响座椅或将椅垫、椅罩掉在地上。

3. 坐姿禁忌

以基本坐姿规范为基准，旅游从业人员的坐姿还需注意一些细节问题，如勿满座，忌抢位，忌身躯歪斜、双手抱胸或叉腰，忌趴伏倚靠、频繁地变动姿势，或是脚位不当造成不雅举止。

（三）走姿——行如风

1. 基本走姿规范

良好的走姿应该是自如、平稳、轻盈、矫健、敏捷，给人动态之美，表现出朝气蓬勃、积极向上的精神状态。协调和韵律感是走姿的最基本要求，矫健轻快、从容不迫的男士走姿体现阳刚之美，女士则款款轻盈，体现阴柔之美。

表 10－11 基本走姿规范

<table>
<tr><th colspan="2">分解姿态各部位</th><th>规范要求</th></tr>
<tr><td rowspan="4">要求</td><td>头颈部</td><td>抬头，含颌，目光平视，头正颈直。</td></tr>
<tr><td>上半身</td><td>挺胸，收腹，躯干挺直，双肩放松，胸部挺起，上身带动下身。</td></tr>
<tr><td>双臂双手</td><td>双肩持平不摇，双臂摆动自然；
大关节带动小关节，手臂伸直放松，手指自然弯曲，摆动时以肩关节为轴，上臂带动前臂；
肘关节略屈，前臂不要向上甩动，向后摆动不超过 30 度，前后摆幅在 30—40 度。</td></tr>
<tr><td>下半身</td><td>双腿直而不僵，步幅适中均匀，双脚落地呈直线，脚跟先着地。</td></tr>
<tr><td rowspan="8">要领</td><td>总体</td><td>身体协调，姿势优美，步伐从容，步态平稳，步幅适中，步速均匀，走成直线。</td></tr>
<tr><td>步位标准</td><td>女士要求双脚内侧落地时在一条直线上，男士要求平行前行，双脚内侧着地的轨迹不在一条直线上，而是在两条直线上。</td></tr>
<tr><td>步幅适当</td><td>标准步幅为 1—1.5 脚，即前脚脚跟与后脚脚尖之间的距离为本人脚长的 1—1.5 倍。男士步幅略大，以展示阳刚之美，应稳健、有力、洒脱；女士步幅略小，以体现阴柔之秀，应轻盈、蕴蓄、优雅、飘逸。</td></tr>
<tr><td>步频均匀</td><td>步频应保持均匀、平衡，如遇急事，可加快步频，但不可奔跑。</td></tr>
<tr><td>步高合适</td><td>行走时脚不宜抬得过高，看上去缺乏稳健；也不宜抬得过低，脚后跟拖着走，使人感觉缺乏朝气、步履蹒跚。</td></tr>
<tr><td>重心放准</td><td>起步时身体向前微倾，身体的重量落在反复交替移动的前脚，勿让重心停留在后脚。当前脚落地、后脚离地时，膝盖要伸直，落下脚时再稍微松弛，并使重心前移，形成良好的步态。</td></tr>
<tr><td>摆臂自然</td><td>双臂自然放松，保持平衡以防左右摇晃，以肩关节为轴，上臂带动前臂，手掌向着体内，前后自然摆动，不要左右摇摆，摆幅约 30 度左右。</td></tr>
<tr><td>造型优美</td><td>行走时脚掌先落地，然后脚跟触地；要有节奏感，产生一定的韵律。</td></tr>
</table>

2. 旅游公关礼仪走姿规范

旅游从业人员除了掌握基本的走姿规范，还要注意旅游工作中一些具体的走姿规范。

表 10－12

旅游工作中具体走姿规范

具体走姿	规范要求
陪同引导	当客人不熟悉环境时，应进行引领，陪伴客人并排行进时，应居于右侧； 单行行进时，居于客人前方1米左右； 在陪同时，行进速度须与客人相协调，勿我行我素、走得太快或太慢； 每当经过拐角、楼梯或道路坎坷、照明欠佳处时，应提醒客人留意； 行进时请客人先行，应面向客人，稍微欠身； 行进中交谈或回答客人询问时，头部和上身应略微转向客人。
上下楼梯	走指定的工作人员楼梯；上下楼梯时，不宜并排行走，应自右侧而上、自右侧而下，以便有急事的人顺利通过；注意礼让、保护客人，在引导客人服务中，上楼梯时请客人先行，下楼梯时自己先行，万一客人没站稳，可以进行保护。
进出电梯	使用工作人员专用电梯；照顾客人进出电梯，控制好电梯门按钮，等客人进入电梯后，自己再进入电梯，并站在电梯靠近控制面板处；到达楼层后，控制按钮，等客人出电梯后，自己再走出电梯。
迎面相遇	行进时客人从对面走来，应停步或缓步，侧身面向客人行礼，请客人先行。

3. 走姿禁忌

行走时男士不要晃肩，女士不要晃肩、摆胯，忌讳塌腰翘臀；在人多的地方，切忌乱冲乱撞；在人多路窄的地方，应注意照顾他人，不应抢道先行；行走时忌过分用力或穿有金属鞋跟、钉有金属鞋掌的鞋子，“咚咚”直响；行走时不宜情绪化，避免激动时行走变成了上蹿下跳，甚至连蹦带跳；若有急事，适当加快步伐，最好不要在工作时跑动，尤其是不宜当着客人的面狂奔。

（四）其他仪态

1. 蹲姿

在拾取物品、提供蹲式服务过程中，应注意蹲姿要雅观，特别注意不要出现一些不文雅的动作。

表 10－13

蹲姿规范

各类蹲姿	规范要求
要领	走到物品左边，以半蹲姿态拾取物品； 下蹲时左脚在前，右脚在后，两腿膝盖以上紧靠或者右腿压住左腿，慢慢地屈膝并且腰部用力下蹲，不弓背，用右手拾起物品； 女士双腿靠紧，如穿着低领上装，应用一只手护住胸口； 男士则可适度双腿分开； 拾物时不要东张西望，不要弯腰屈背，不要采用全蹲姿态，使腿部显得粗、短，不要用翘臀姿态，尤其女性穿短裙时。
高低式	下蹲时左脚在前，右脚稍后，左脚完全着地，小腿垂直于地面；右脚掌着地，脚跟提起；右膝低于左膝，右膝内侧靠于左小腿内侧，形成左膝高、右膝低姿态。
交叉式	下蹲时右脚在前，左脚在后，右小腿垂直于地面，全脚着地；右腿在上，左腿在下，两者交叉重叠；左膝由后下方伸向右侧，左脚脚跟抬起，脚掌着地；双腿前后靠近，合力支撑身体；上身略向前倾，臀部朝下。这种蹲姿适用于女性，尤其是身着裙装的女性，造型优雅。

续 表

各类蹲姿	规范要求
半蹲式	下蹲时上身稍许弯下,但不宜与下肢构成直角或锐角;臀部向下,双膝略微弯曲,其角度可根据需要有大有小,但一般为钝角;身体重心放在一条腿上,双腿不宜分开过大。

使用蹲姿应注意的礼仪包括:不要突然下蹲、不要离人太近、不要方位失当、不要毫无遮掩、不随意滥用、不可蹲在椅子上、不可蹲着休息等。

2. 手势

手势是一种极其复杂的符号,是运用手部的动作变化来表达一种无声的语言。在旅游接待工作中,手势起着重要作用,恰当地运用手势,可以增强感情的表达,起到良好的沟通作用。手势规范要求应适度,不宜过多,应该显得落落大方、明确而热情,与全身姿态配合协调,同时动作幅度不应过大,要给人以一种优雅、含蓄而彬彬有礼的感觉。

表 10-14

手势规范

各类手势	规范要求
递接物品	递接物品应以双手为佳,如不能双手递接时,应使用右手; 递接带尖、带刃或是其他易于伤人的物品时,切忌将尖、刃直指对方; 递接物品时,如双方相距过远,应主动走近对方; 递接物品时,如自己是坐着的,应在递接物品时起身站立; 递给物品时,应为对方留出便于接取物品的地方; 递给带有文字的物品时,应以正面朝向对方。
展示物品	当客人围起来时,应将展示物品举至高于双眼之处进行展示; 展示过程中,双臂横伸,将物品向前伸出,在肩至肘范围内活动,上不过眼部,下不过胸部; 展示过程中,被展示物品应正面朝向观众,留有适度展示时间以便客人充分观看,当四周皆有客人时,还需要变换不同展示角度; 无论是口头介绍还是动手演示,均应符合规定标准,介绍时应口齿清晰、语速缓慢,动手操作时,则应干净利索、速度适宜。
致意服务	手势表示"请",右手五指并拢伸直,掌心展开,手与地面呈 45 度角,手心斜向上方,肘关节微屈,腕关节要低于肘关节; 表示"请"的动作时,手从腹部抬起至胸前,以肘关节为轴向右摆动至身体右侧稍前处,勿把手摆到体侧或是体后。
招呼客人	招呼客人时,应使用手掌表达手势,忌用手指。
欢迎客人	欢迎客人时,以鼓掌表示,右手手掌拍左手手心,避免时间过长、用力过分。
指示方向	手臂抬至胸高,以肘关节为轴,向外侧横向摆动,五指并拢,手掌伸开,指尖指向行进方向,眼睛要看着目标并兼顾对方是否看到指示目标,同时微笑看着对方,点头示意"请这边走"。
请人进门	站在客人侧前方,以"指示方向"手势示意"请进"。
请人就座	手臂由上向下斜伸指示座位,手掌先略微向下,后向上;也可以肘关节为轴,手由上而下摆动,指向斜下方座位处,示意客人"请坐"。

使用手势时，忌伸出手指向对方指指点点；交谈中，忌双臂环抱；接待中，忌摆弄手指或物品，忌抚摸身体，如摸脸、擦眼、搔头、剜鼻、剔牙、抓痒、搓泥等，这些手势都会给他人留下缺乏公德意识、不讲究卫生、个人素质极其低下的印象，也不能搔首弄姿，容易产生表演的嫌疑，影响恶劣。

第二节 公关礼仪——礼貌、礼节

“礼”是表示敬意的通称，是人们在社会生活中处理人际关系并约束自己的言行以表示尊重他人的准则。“礼”属于道德的范畴，渗透于人们的日常生活中，体现着人们的道德观念，确定了人们交往的准则，指导着人们的行动。对于礼仪，《说文·示部》解释为“礼，履也，所以事神致福也”；《辞海》解释为“本谓敬神，引申为表示敬意的通称”。由于“礼”的活动都有一定的规矩仪式，于是又有了“礼节”、“仪式”的概念。在礼学体系中，礼仪是有形的，包括行为表情、服饰器物、语言（包括书面和口头的）三大最基本要素，即仪表、仪容、仪态、礼貌、礼节。

一、礼貌、礼节的关系

（一）礼貌

礼貌是通过语言、行动向交往对象表示谦虚和恭敬的规范，是社会交往过程中相互表示敬重和友好的行为准则，体现了时代风尚和人们的道德品质、精神风貌、文化内涵、个人修养及文明程度。它通过言谈、表情、姿态等来表示对他人的尊重和关心，是待人接物时的外在表现，能调节人际关系，缓解或避免冲突。

礼貌包括礼貌行动和礼貌语言两个部分。礼貌行动是一种无声的语言，如微笑、点头、欠身、鞠躬、握手、双手合十、拥抱、亲吻等。礼貌语言则包括使用“请您指教”、“欢迎光临”等敬语，“对不起，打扰您了”、“请稍后”、“这边请”等雅语，“我能为您做点什么”、“服务不周，请多指教”等谦语。现在提倡的礼貌语言为五句十个字，即“您好”、“请”、“谢谢”、“对不起”、“再见”，就充分体现了语言文明的基本要求。

（二）礼节

礼节是人们在日常生活中，特别是在交际场合，相互问候、致意、祝愿、慰问以及给予必要协助与照料的常用形式，是本国或本民族对接待服务对象表示尊敬、善意和友好的行为，对一个人来说，是其心灵美的外在表现。礼节的具体表现形式很多，如中国古代的作揖、跪拜、叩手礼，当今世界通行的点头、握手礼，南亚诸国的双手合十，欧美国家的举手、脱帽、碰杯、拥抱、亲吻礼，少数国家和地区的吻手、吻脚、拍肚皮、碰鼻子等。对旅游从业人员来说，要熟知各国、各民族的礼节，了解其风俗习惯，以避免在实际工作中出现不该发生的错误。

（三）礼貌、礼节的关系

礼仪通过礼貌、礼节得以体现，礼貌和礼节之间的关系是相辅相成的。礼貌是礼节的规范，是表示尊重的言行规范；礼节是礼貌的具体体现，是表示尊重的惯用形式和具体要求。在社会交往活动中，人与人之间的相互尊敬大都通过不同的礼节来表达，有了礼貌，就必须伴有具体的礼节；有礼貌而不懂礼节，容易失礼。

二、常用旅游公关礼仪

（一）见面、拜访与道别常用礼节

1. 见面时常用的礼节

表 10－15 见面时常用的礼节规范

常用礼节	规范要求	
介绍	类型	按照社交场合，可以分为正式介绍和非正式介绍； 按照被介绍者的人数，可以分为集体介绍和个别介绍； 按照介绍者，可以分为自我介绍、介绍他人和他人介绍； 按照介绍的性质和目的，可以分为商业性介绍、社交介绍和家庭成员介绍等形式。
	自我介绍	举止庄重、大方，有自信； 表情亲切，关注对方，善于使用眼神、微笑和亲切自然的表情； 介绍时可将右手放在自己的左胸上，忌在自我介绍中躲闪，以留给他人清晰的印象； 措辞坦然、直率，可直接介绍自己的姓名、身份、单位； 如对方希望进一步认识，可介绍其关心的内容，如兴趣爱好等。
	介绍他人	把握时机，如对方正在与别人交谈，不能随意打断别人的谈话； 分寸恰当、实事求是，切忌刻意吹捧，使被介绍人感到尴尬； 同时介绍几个人与对方认识，通常对其中身份高者或年长者进行适度重点介绍； 注意先后有序，国际上一般先把身份低的介绍给身份高的，把年轻的介绍给年长的，把男士介绍给女士，把未婚的介绍给已婚的，把客人介绍给主人，把后到者介绍给先到者； 商业性介绍不分性别，总是把身份地位低的介绍给身份地位高的。
	他人介绍	如作为身份高者被介绍后，应立即主动与对方握手； 如想要认识某人，又不适合自我介绍，可委托他人介绍； 介绍时，除女士和年长者可以就座外，一般应起立、微笑致意或说“认识你很高兴”之类的礼貌用语； 宴会桌上、会谈桌上不必起立，只需微笑点头，相距近者可握手，远者可举手致意。
握手	场合	在旅游接待工作中，通常在见面时、分别时、问候时、祝贺时以及表示友好、和解时都会使用握手礼。
	握手顺序	根据身份由位尊者决定，通常由主人、年长者、身份高者、女士先伸手，客人、年轻者、身份低者、男士先行问候致意，待对方伸手后再握手；身份相当时，谁先伸手，谁最有礼；祝贺对方、宽慰对方、谅解对方时，为显示诚意应主动伸手。 迎接客人时，主人先伸手，以示热烈欢迎；客人告辞时，客人先伸手，主人伸手回握。 礼节性握手应坚持对等、同步原则，一方伸手，另一方应及时回握；如反应迟钝，或拒绝握手，都会让对方感到尴尬。
	握手姿势	掌心向下显得傲慢，掌心向上是谦恭顺从的；在旅游接待场合，双方手掌均与地面呈垂直状态，表示地位平等。

续 表

常用礼节	规范要求	
握手	握手时间	初次见面时，握手时间不宜过长，以三秒钟左右为佳； 握手时间不宜过长，除非遇到老朋友或敬畏的客人，则时间越久显得越亲切。
	握手力度	握手力度要适度，用手掌和手指全部握住对方的手，然后微微向下晃动，握得紧一些代表热情； 不宜用蛮力以至于对方感觉粗鲁； 不宜太轻，仅用指尖与对方接触会使对方觉得你在敷衍。
	握手禁忌	忌交叉握手、左手握手、不摘手套、双手与异性握手、戴墨镜握手。
鞠躬礼	类型	鞠躬礼分为 90 度、45 度、15 度，以不同躬身角度表示敬重或感谢。
	90 度	最高礼节，通常适合于庄重严肃的场合。
	45 度	用于比较隆重的庆典仪式，通常对来宾行 45 度鞠躬礼，表达谢意。
	15 度	适合一切社交场合，使用频率高。
递接名片	递送名片	名片放在容易拿出的地方，便于需要时迅速拿出，男士可放在西装内的口袋或公文包里，女士可放在手提包内； 递出名片时，应双手递送，尤其是下级递给上级、晚辈递给长辈； 递出名片时，应将名片上的姓名朝向对方，便于对方观看； 递出名片时，还可以说“这是我的名片，请多多关照”等； 递出名片动作洒脱大方，态度诚恳，表情要谦恭。
	接受名片	双手接过名片后，应从上到下、从正面到反面认真观看，以示尊重，如有不认识的字可当面请教； 看完后，应郑重将名片放于名片夹内，表示谢意； 如暂时放于桌上，忌随意乱放。
	交换名片	一般是地位低者、晚辈或者客人先向地位高者、长辈或主人递上名片，然后再由后者予以回赠；若上级或长辈先递上名片，下级或晚辈应礼貌双手接过，道“谢谢”，再予以回赠。

2. 拜访时常用的礼节

表 10－16

拜访时常用的礼节规范

拜访	类型	两种类型：主动前往拜访、受邀前往拜访。 如是主动前往拜访，应事先电话预约。
	选择服装	通常正式宴会请柬上会注明“正装出席”或“礼服出席”。 出席喜庆宴会应穿着喜庆华丽；出席丧祭应以黑色或素色为宜，并带好手帕、面巾、香烟、打火机等物品。
	带好礼品	根据宴会类型进行准备，如生日寿诞、结婚喜庆宜送耐用、易保留及具有纪念意义的礼品。

续 表

拜访	抵达礼仪	拜访时应准时到达,或稍稍提早; 进门前,应擦净鞋上泥土,敲门忌用力过度或时间过长; 进门后应将大衣、雨具交主人放置,并向主人及在场家属或客人问候、寒暄,待主人安排或指定座位再坐下; 如果被访问的是年长者,主人没坐下自己不能先坐下,同时要注意民族风俗和主人习惯; 如有其他客人在场,可先在一旁静坐,不要打断谈话; 注意自己的仪表,站有站相,坐有坐相,要大方、彬彬有礼; 主人端茶敬烟时要起身道谢,双手接过;对于献上的水果,要等其他客人或年长者动手之后再取用; 在熟悉的朋友家里,也不可过于随便。如尽量克制吸烟,不要乱丢果核、果皮,更不可乱翻东西。
	合适举止	与主人打招呼,并对主人的宴请表示赞扬与谢意; 入席时要按既定次序入座,不可贸然坐下; 餐桌上注意仪态礼仪,主人祝酒时应专注地听,主人敬酒时应起立回敬。 进餐过程中要注意饮食礼仪,避免中途离席,确实无奈应向主人表明歉意方可离开。

3. 道别时常用的礼节

表 10－17 道别时常用的礼节规范

道别	真情告别	致以衷心感谢光临语言,如"祝您旅途愉快,欢迎您下次莅临!"、"祝您一路顺风,同时希望我们合作愉快!"等。
	热情周到	帮助客人确定所携带的行李物品,并且协助提送到车上; 关车门时,用力要恰到好处,不能太重亦不能太轻,同时注意不要让车门夹住客人的裙子或外套。
	规范合礼	关上车门后,应面带微笑,等客人车辆启动离开时挥手告别,目送车辆离去后方能离开。

(二) 接待、宴请常用礼节

1. 接待时常用的礼节

(1) 接待类型

表 10－18 接待类型及说明

接待类型	类型说明
公务接待	为完成上下级之间、平行机关之间的公务活动而进行的接待。
商务接待	针对一定的商务目的而进行的接待。
上访接待	指政府部门对上访群众的接待。
朋友接待	指朋友之间为增进友谊、加强联系而进行的接待。
室内接待	指机关团体的工作人员在自己办公室、接待室对各种来访者的接待。
室外接待	指对来访者到达时的迎接、逗留期间的陪访及送行时的接待。

(2) 接待程序

表 10-19

接待程序及要求

接待程序	要　求
了解客人基本情况	了解客人的单位、姓名、性别、民族、职业、级别、人数等； 了解客人的目的和要求以及住宿和日程安排上的打算； 了解客人到达日期、所乘车次、航班和到达时间； 将上述情况及时向主管汇报，通知有关部门作好接待准备。
确定迎送规格	按照身份对等的原则，安排接待人员； 对较重要客人，应安排身份相当、专业对口的人士出面迎送； 根据特殊需要或关系程度，可安排比客人身份高的人士破格接待； 对于普通客人，可由公关部门派专业人士接待。
布置接待环境	良好的环境是对来宾尊重与礼貌的表现； 接待室的环境应该明亮、安静、整洁、幽雅，配置沙发、茶几、衣架、电话，以备接待客人、进行谈话和通信联络之用； 室内应适当点缀一些花卉盆景、字画，增加雅致的气氛； 室内可放置几份报刊和有关企业的宣传材料，供客人翻阅。
作好迎客安排	与旅游公关部门联系，按时安排迎客车辆； 预先为客人准备好客房及膳食； 若对所迎接的客人不熟悉，应写上“欢迎××先生(女士)”以及本企业名称；若有需要，还可准备鲜花等。

2. 宴请时常用的礼节

(1) 宴请类型

常见的宴请类型有宴会、招待会、茶会、工作用餐四种。

表 10-20

宴请的形式及说明

宴会	类型	有国宴、正式宴会、便宴之分； 按举行的时间，有早宴(早餐)、午宴、晚宴之分，通常晚宴会较午宴、早宴更为隆重。
	国宴	是国家元首或政府首脑为国家的庆典，或为外国元首、政府首脑来访而举行的正式宴会，因而规格最高。宴会厅内悬挂国旗，安排乐队演奏国歌及席间乐，席间致辞或祝酒。
	正式宴会	除不挂国旗、不奏国歌以及出席规格不同外，其余安排大体与国宴相同，有时也安排乐队奏席间乐； 正式宴会对餐具、酒水、菜肴道数、陈设，以及服务员的装束、仪态要求都很严格。通常菜肴包括汤和几道热菜(中餐一般用四道，西餐用二或三道)，另有冷盘、甜食、水果，外国宴会餐前上开胃酒。
	便宴	即非正式宴会，常见的有午宴、晚宴，有时也有早宴； 便宴形式简便，不排席位，不作正式讲话，菜肴道数也可酌减，宜用于日常友好交往。
	家宴	家中设便宴招待，西方人喜欢采用这种形式，以示亲切友好。

续 表

招待会	冷餐会 自助餐	冷餐会不排席位，菜肴以冷食为主，也可用热菜，连同餐具陈设在餐桌上，供客人拿取，客人可自由活动，可多次取食； 冷餐会酒水可陈放在桌上，也可由招待员端送； 冷餐会设于室内或在院子里、花园里举行，可设小桌、椅子，客人自由入座，也可以不设座椅，站立进餐； 举办时间一般在中午12时至下午2时、下午5时至7时左右； 国内举行的大型冷餐招待会往往用大圆桌，设座椅，主宾席排座位，其余各席不固定座位。
	酒会	又称鸡尾酒会，形式活泼，便于与会人员广泛接触交谈； 以酒水为主，略备小吃，食品多为三明治、面包、小香肠、炸春卷等，饮料和食品由招待员用托盘端送，或部分放置在小桌上； 酒会不设座椅，仅放置小桌（或茶几），方便随意走动； 酒会举行的时间较灵活，中午、下午、晚上均可。
茶会		茶会对茶叶、茶具的选择有所讲究，或具有地方特色，一般用陶瓷器皿，不用玻璃杯，也不用热水瓶代替茶壶； 外国人通常用红茶，略备点心和地方风味小吃； 茶会招待形式简便，时间通常于下午4时（或上午10时）左右举行； 如果为某贵宾举行茶会，入座时应将主宾同主人安排一起。
工作用餐		按用餐时间分为工作早餐、工作午餐、工作晚餐； 工作用餐是现代国际交往中常用的一种非正式宴请形式，利用进餐时间谈问题； 双边工作用餐往往排席位，通常采用长桌式会谈排法，便于交流。

(2) 宴请的桌次安排

国际惯例遵循“中尊，右高，左低”原则摆放桌次牌，方便宾、主入座。宴请可以用圆桌、长桌或方桌。宴请座席间的距离要适当，各个座位间距离要相等。

表10－21 宴请的桌次安排

安排原则	桌次安排说明
确定主位	包厢内，面对正门的正中位为主位，通常是主人或主客所坐； 大厅内，主位应是最不易受打扰的位置，如离上菜位最远处。
以右为尊	除主位外，主位右手边的座位尊于左手边。
方便交流	身份相近、同一专业或同一语种的人排在邻近座位； 主人方的陪客应安排于客人之间，以便同客人接触交谈； 宾客间关系紧张者，应尽量避免把座次排在一起。
夫妇不相邻原则	按西方习俗，男女依次相间而坐。女主人坐在男主人对面，男主人的右侧是第一女主宾，左侧是第二女主宾；女主人的右侧是第一男主宾，左侧是第二男主宾。

(三) 社交舞会常用礼节

舞会是一种社交娱乐活动，也是微妙的谈判场所，既可以联络感情、增进友谊，又可以在轻松愉快的气氛中解决有些在谈判桌上未能解决的问题。

表 10-22 社交舞会常用礼节规范

服饰整洁	根据舞会的性质适当地修饰一下仪表，不可过分随便、不修边幅； 无论男士还是女士，服饰均应整洁、讲究，最好能与环境融为一体。
遵循惯例	按照惯例，第一场舞由主人夫妇、主宾夫妇共舞；第二场舞由男主人与主宾夫人、女主人与男主宾共舞；第三场舞方可普遍邀舞。
注重风度	男主人应陪无舞伴的女宾跳舞，或为她们介绍舞伴，并要照顾其他客人； 男主宾应轮流邀请其他女宾，而其他男宾则应争取先邀女主人跳舞； 男士避免全场只同一位女士跳舞，切忌同性相伴跳舞； 男士第一次和最后一次必须和自己的舞伴跳舞； 男士仅仅和自己的舞伴跳舞，忽略了其他女士是不礼貌的。
舞姿优雅	男士右手扶女士腰肢时，掌心向下、向外，用右手大拇指背面将女士轻轻挽住，而不是用手掌心紧贴女士腰部； 男士左臂以弧形向上与肩部呈水平线举起，掌心向上，拇指平展，将女士右掌轻轻托住，而不是捏紧或握住； 女士左手轻轻放在男士右肩上，不应勾住男士脖颈； 跳舞中双方握得或搂得过紧，都是有失风度的。
舞会礼仪	舞会内言谈举止文明，忌高声说笑，忌在舞池中穿行； 通常男士主动邀请女士，如女士有同伴在旁，应先向其同伴点头致意； 跳舞时要谦恭自然，保持一定的距离； 跳舞时不宜高声谈笑、大声喧哗，可以轻声交谈共同感兴趣的话题，也可默默不语，沉浸在优美的舞曲之中； 舞曲结束，男士应向女士致谢，陪送其回到原来座位，向其周围亲属点头致意后方可离去。 女士无故拒绝男士邀请是不礼貌的，实在不愿意共舞或太累时，可婉言谢绝，已辞谢邀请后，一曲未终，不可再接受别的男士的邀请。

本章小结

本章重点内容是旅游公关的基本礼仪训练。旅游从业人员的基本礼仪包括仪容、仪表、仪态、礼貌、礼节五个部分，仪容规范主要指旅游从业人员的头发、面部、手部、体味方面的规范要求；仪表规范主要包括服饰选择原则、服务礼仪规范；仪态规范主要指站姿、坐姿、走姿、蹲姿、手势的礼仪规范；礼貌、礼节方面本章着重介绍了礼节的部分，礼貌部分将在第十一章进行重点介绍。礼节方面主要介绍了见面、拜访、道别、接待、宴请、社交舞会的常用礼节。

思考与探究

1. 课堂上请每位女同学在 15 分钟内按基本礼仪标准给自己化一个漂亮的工作妆，每位男同学按基本礼仪姿态演示站、立、走的礼仪标准，师生进行妆容、礼仪姿态的点评和辅导。

2. 五星级饭店前厅部员工在向客人递送表格并请客人签字确认时，应特别注意哪些关键点？这些关键点在礼仪规范上有哪些要求？

3. 实地考察本地一家五星级饭店，观察饭店工作人员在接待客人过程中有哪些方面的做法符合礼仪规范，哪些方面的礼仪规范存在问题，需要进一步改进。

4. 礼仪规范培训是旅游企业新员工入职时必须进行的培训项目，请你制定一份针对旅游企业新入职员工的礼仪培训标准。

5. 实训练习：

(1) 在教师的指导下，学生分组练习，并互相纠正不良姿势。具体姿势包括基本站姿、各种服务性站姿，模拟情景，进行不同站姿的灵活运用。

(2) 在教师的指导下，学生分组练习，并互相纠正不良姿势。具体姿势包括基本坐姿、各种服务性坐姿，模拟情景，进行不同坐姿的灵活运用。

(3) 在教师的指导下，学生分组练习，并互相纠正不良姿势。具体姿势包括基本走姿、各种服务性走姿，模拟情景，进行不同走姿的灵活运用。

案例分析

案例分析一

最好的自我介绍

某五星级饭店要招聘一名总经理助理，经过层层选拔，有三位候选人进入最后环节——"向总经理作一个三分钟的自我介绍"环节。经过紧张而激烈的面试，在总经理给出最后意见之前，其他几位面试官一致推荐了一名看起来并不太不起眼的、年轻的小伙子。总经理要求几位面试官给出推荐的理由。

面试官解释，在三位候选人中，这位年轻的小伙子是唯一的一位没有经熟人介绍或打过招呼进入最后环节的候选人，而且他作了最好的三分钟自我介绍：他到达门口时擦去了鞋上的泥，进门时随手关门，这说明他礼貌谨慎；进入面试办公室，他先脱去帽子，回答问题干脆果断，证明他懂礼貌而且有教养。而其他两位面试者却是直接坐到椅子上，准备回答面试官的问题。

在面试环节中设置了障碍进行考核：一个被故意扔在地上的纸团。年轻的小伙子做得十分不错，能够拾起来放到废纸篓中，而另外两位候选人只关注回答问题，没有关注周围的环境。

这位年轻小伙子虽然衣着简单，并不华丽，但却整洁清爽，领口、袖口十分干净；头发梳理整齐，指甲干净。这些原因使几位面试官一致认为他所作的自我介绍是三位候选人中"最好的自我介绍"。

请你结合本章内容，评析礼仪在工作、生活中的作用，从中你得到了什么启示？

案例分析二

炎热的傍晚，有位穿着旧衬衫、身上带有汗味的老人来到一家餐厅门前，打量了很久没有进入，这时一位身着旗袍、笑容可掬的礼宾小姐走了过来，很有礼貌地望着老人，问道："大爷，我能为您做些什么吗？"老人有点胆怯地说："不用，只是外面天气热，我刚好路过这里，想在门口吹吹冷气，马上就走。"礼宾小姐听完后，马上请老人进入店里，请老人坐在大厅的沙发上休息，并为老人端上一杯凉茶。

喝完凉茶后，老人准备起身，这时礼宾小姐又微笑着过来搀扶。老人提出想要了解一下餐厅的菜肴，礼宾小姐耐心、热情地为老人进行介绍。听完后，老人突然从口袋里拿出一张皱巴巴的白纸，交给这位服务小姐，并说："我想把我孙子的婚宴放在你们餐厅，我去了几家餐厅，他们都不让我进去，我觉得你们这儿最好，这么热情地接待我、为我服务，对于一个不是你们客户的人尚且如此，更何况是你们的客户呢？在你们这里订婚宴，我放心。这是我孙子婚宴的参加人数和他的联系电话。"

以上案例中，礼宾小姐向老人展示了怎样的形象？老人为何选择这家餐厅？你如何理解"形象就是品牌，形象就是机会"这句话？

第十一章

旅游公关语言训练

章前导语

“言为心声，行为心表。”语言可以表达自己的思想情感。旅游从业人员在公共关系行为过程中所使用的语言包括有声语言和无声的身体语言。在不同场合对不同对象应灵活使用不同的语言进行表达，在表达过程中不仅要关注表达的内容、措辞，还要关注表达的方式、技巧、场合、对象，避免语言的忌讳。同时要注意结合无声胜有声的身体语言，进行有效的沟通，实现完美的对客服务目标。

本章导学

【学习目标】

理解旅游公关人员的语言规范——礼貌用语及身体语言；
掌握礼貌用语规范，能够在工作岗位上灵活运用、规范表达；
掌握身体语言规范，能够在工作岗位上灵活运用、规范表达；
掌握礼貌用语、身体语言的各项禁忌；
掌握微笑的规范与禁忌。

【关键术语】

礼貌用语　身体语言　肢体语言　表情语言

第一节　礼 貌 用 语

哈佛大学前校长伊力特说："在造就一个有教养的人的教育过程中，有一种训练必不可少，就是优美高雅的谈吐。"人与人之间的交往，在很大程度上也是情感的交流，礼貌用语最能体现对他人人格、情感的尊重和关怀。在礼貌言谈的原则中，最明显的表现是尊他。所谓尊他，就是指对听者和与其相关的事物表示尊敬之意。其次，礼貌用语还体现出自谦的意味。尤其是其中的"您好"、"请"、"谢谢"、"对不起"、"再见"这些基本的、常用的口语化礼仪用语，看上去简单平常，但其所蕴含的社会意义和历史经验却非常丰富。

一、信、达、雅、清、柔、亮

语言礼仪运用到工作中，具体要求大致可以用 6 个字概括：信、达、雅、清、柔、亮。

"信"是要求讲真话，不讲假话，表达诚实，态度诚恳，不夸夸其谈，不虚言妄语，不无中生有，不虚情假意。所谓"言必信，行必果"，遵守诺言，实践诺言。

"达"主要指用词标准，词达意至，表意清楚、明白、顺畅、完整，切忌冗长烦琐、词不达意。

"雅"是要求用词文雅，多用谦词敬语，给人以谦恭敬人、有涵养的感觉，杜绝粗话、脏话、黑话、怪话。

"清"是要求咬字准确，吐字清楚，语音标准，清晰入耳。

"柔"是要求语气柔和亲切。

"亮"是要求声音欢快活泼，抑扬顿挫，悦耳动听。

二、礼貌用语的常用类型

（一）礼貌的称呼语

表 11－1 称呼语

称呼方式	方法与举例
一般称呼	这是最简单、最普通，特别是面对陌生公众最常用的称呼，如先生、小姐、夫人、太太、女士、同志等。
按职务称呼	也是一种非常常见的称呼，以职务相称，以示敬意。 只称呼职务：部长、处长等； 职务前加上姓氏：赵科长、陈处长、王局长等； 职务前加上姓名：何冰书记、赵金局长等。
按职称称呼	对具有高级职称或拥有博士学位者，以职称相称，以示敬意。 只称职称或学位：教授、博士等； 职称或学位前加姓氏：李教授、王博士等； 职称或学位前加上姓名：王明教授、杨意博士等。
按职业称呼	直接以职业作为称呼，如医生、会计、老师、律师、法官等。
按尊崇称呼	宗教界：牧师、神父等； 君主制国家：陛下、爵士、王子、公主、亲王、阁下等。
按亲属称呼	交往中参照亲属关系称呼：爷爷、表姐、姨妈等。
按姓名称呼	除好友之外，姓名称呼一般要加上职务、职称等才合适，如何云科长、张明教授。
旅游从业人员最常用的称呼语是：1. 泛尊称，如先生、女士、小姐、夫人等；2. 姓氏加上职务、职称等，如何书记、沈院长、赵教授等。	

（二）亲切的问候语

表 11－2 问候语

问候方式	方法与举例
标准式问候用语	直接向客人问候，其常规方法是在问候之前加上适当人称代词或者其他尊称，如“你好”、“您好”、“各位好”、“大家好”、“先生们好”、“王先生好”等。
时效式问候用语	在一定时间范围内使用的问候用语，如“早上好”、“晚上好”、“各位上午好”、“王先生，早上好”等。
根据接待地点使用问候语	在宾馆时可以说“您好，欢迎下榻我们的宾馆（饭店）！”或“您好，欢迎您的光临！”等；在博物馆时可以说“您好，欢迎您来参观访问！”或“您好，欢迎您的光临！”等。
非正式问候语	一些非正式问候语，如“吃饭了么？”、“来了？”、“忙什么呢？”等不宜在旅游接待工作中使用。

（三）热情的迎送语

迎送语主要适用于旅游从业人员在欢迎或送别客人时使用，包括欢迎语和送别语。

1. 欢迎语

表 11-3 欢迎语

欢迎方式	方法与举例
客人第一次到来	“欢迎您”、“欢迎光临”、“欢迎您的到来”、“见到您很高兴”。
客人再次到来	“欢迎您的再次光临”； 加上姓氏、身份等的称呼，以示尊重，如“李小姐，欢迎您”； 加上问候语，以示对对方的重视和友好，如“张先生，您好！欢迎您再次光临”。

致欢迎语时，通常会综合使用称呼语和问候语，并伴随符合礼仪规范的神情动作，如注目、微笑、点头、鞠躬等。

2. 送别语

送别语是送别客人时必须使用的语言，常用的有“再见”、“您慢走”、“欢迎再来”、“欢迎下次光临”、“一路平安”等。

（四）委婉的请托语

请托语是向客人提出要求或求助时使用的语言。

表 11-4 请托语

请托语类型	方法与举例
标准式请托语	以“请”来表达请托内容，如“请稍等片刻”、“请跟我来”、“请让一让”等。
求助式请托语	最常见语言是“拜托”、“劳驾”、“请关照”等，通常是在向他人提出某一具体要求时使用。
组合式请托语	请求或者拜托他人时，可以将标准式与求助式请托语组合在一起使用，如“请您帮我拿一下杯子，可以吗？”、“麻烦您让一让”、“打扰了，劳驾您帮我照看一下”等。

（五）真诚的征询语

旅游从业人员在主动提供服务、了解对方需求、给予对方选择、启发对方思路、征求对方意见等时候经常需要对客人进行意见征询。恰当的征询能够适时地了解客人的消费心理和需求，更好地为对方提供服务，也便于及时了解客人的反馈，及时调整和改善服务。

表 11-5 征询语

征询语类型	方法与举例
主动式征询语	适用于主动向客人提供帮助的时候，如“您需要帮助吗？”、“我能帮您做点什么？”等。 优点：节约时间，直截了当；缺点：如把握不好时机，则会使人感到有些唐突、生硬。
封闭式征询语	适用于向客人征求意见或建议，往往只给对方一个选择方案，以供对方及时决定是否采纳，如“您觉得这种形式可以吗？”、“您要不先试试？”、“您觉得这道菜的口味怎么样？”、“您不介意我来帮帮您吧？”等。
开放式征询语	提出多种方案以供对方选择，显示尊重和体贴，如“您是喜欢浅色还是深色？”、“您是想住单人间还是双人间？”、“您觉得哪一种好，是这边的，还是那边的？”、“您打算预订豪华包间、雅间还是散座？”等。

旅游从业人员在使用征询语时应把握分寸，兼顾客人的态度变化，切勿滥用，否则会令人产生被强迫服务、强买强卖的感觉。

（六）恭敬的应答语

应答语是旅游从业人员在回应客人召唤或回复客人提问时的礼貌用语。应答语是否规范，直接反映服务态度、服务技巧和服务质量的优劣。旅游公关工作中使用应答语的基本要求是随听随答、有问必答、灵活应变、热情周到、尽力相助、不失恭敬。

表 11－6 应答语

应答方式	方法与举例
肯定式	用来答复客人的请求，如“是的”、“好的”、“随时为您服务”、“好，明白了”、“好，马上就来”、“您放心好了，我一定办好”、“请您跟我来”、“这边请”等。
谦恭式	在客人对被提供的服务表示满意，或是直接对旅游从业人员进行口头表扬、感谢时使用，如“这是我的荣幸”、“您太客气了”、“谢谢，您过奖了”、“承蒙夸奖，谢谢您了”、“别客气，这是我应该做的”、“不用谢，我乐意为您服务”、“不用谢，这是我应该做的”、“谢谢您的夸奖，这是我应该做的”等。
谅解式	在客人因故向自己致歉时，应及时予以接受，并表示必要的谅解，如“没有关系”、“没关系，这算不了什么”等。
询问式	对前来的客人进行接待，在客人开口之前或没听清时使用，如“欢迎光临！我能为您做什么?”、“您好，我能为您做什么?”、“很对不起，我没听清，请您再说一遍好吗?”等。
歉意式	在不能立即满足或无法满足宾客需求，拒绝客人无理或过分的要求时使用，如“对不起，请您稍候”、“对不起，让您久等了”、“很抱歉，我无法满足您的这个要求”、“对不起，我们没有这种做法”等。
恳请式	在需要客人合作时使用，如“有劳您费心了”、“能请您……吗?”、“请您不要这样做……”、“拜托您……”等。

（七）谦虚的致谢语

致谢语是表达谢意的用语，当获得他人的支持和帮助、赢得他人的理解或赞美、感受到他人的善意或者婉言谢绝他人时，需要用致谢语。恰当运用致谢语能够更好地传达出自己的心意，融洽双方关系。

表 11－7 致谢语

致谢方式	方法与举例
标准式	通常用“谢谢”，或者在后面加称呼语或表敬代词，如“谢谢您”、“谢谢诸位”等。
加强式	为了加强谢意，可以在前面加程度副词，如“多谢”、“非常感谢”、“十分感谢”、“万分感谢”等。
具体式	就某一具体事情致谢，致谢的原因通常一并提及，如“给您添麻烦了”、“有劳您了”、“这次让您费心了”、“上次给您添麻烦了”、“那件事让您为我操心了”等。

（八）真挚的赞美语

赞美语适用于交往中称赞或者肯定他人，既可以激励别人继续努力，也能促进或改善人际关系。旅游从业人员使用赞美语时，要求发自内心、恰到好处。

表 11-8 赞美语

赞美方式	方法与举例
评价式	经常采用的评价式赞美语有“太好了”、“真不错”、“十分正确”等。
认可式	认可对方见解并需要作出评判时使用，如“您说得非常正确”等。
回应式	适用于对宾客夸奖的回应，如“哪里，哪里，我做得还很不够，您过奖了”等。

（九）衷心的祝贺语

在旅游接待工作中，旅游从业人员对客人的喜庆日或值得开心的事情要适时使用祝贺语。

表 11-9 祝贺语

祝贺方式	方法与举例
应酬式	对客人的情况或心思有了初步或深入的了解之后，适时使用，如“祝您成功”、“祝您身体健康”等，以祝贺客人顺心如意。
节庆式	在节日、庆典以及喜庆之日使用，如“节日快乐”、“新年好”、“祝您寿比南山”等。

（十）婉转的推托语

当旅游从业人员难以满足客人提出的要求时，需要使用委婉的推托语，以避免客人不满意状况的发生。推托语如果使用得体、态度良好可以使被拒绝者的失望心理降到最低；反之，如果拒绝得过于冰冷，则很有可能令对方不悦，甚至发生更多的不愉快。

表 11-10 推托语

推托方式	方法与举例
道歉式	当对方的要求难以立即被满足，直接向对方表示自己的歉意，以取得对方的谅解。常用语有“抱歉！对不起！”、“请原谅”等； 在适当的时候，道歉用语还要和其他用语搭配使用。
转移式	不具体地纠缠提及的问题，主动提及另一件事情，以转移注意力，如“您不要点别的么？”、“给您多介绍几种别的类型的房间？”等。
解释式	说明原因，让对方理解自己的难处和其要求不能得到满足的合理原因，如“电梯已经满员了，超载很危险”等。

三、礼貌用语旅游行业规范

（一）饭店业常用礼貌用语

1. 对初次见面的入住客人应该说“欢迎您下榻我们的饭店！”、“欢迎您光临”等。

2. 在引路时应面带微笑，一边以手势指路，一边配以礼貌用语“请走好！”、“请这边来！”、“请往这儿走！”等。

3. 将客人安排好后，临走前应说“祝您住店愉快！”、“您有什么需要我帮助的，请尽管告诉我”等。

4. 饭店员工不得在工作区与客人并排而行，更不得从后面超到客人前面。如有急事，应首先同客人打声招呼，道一声“对不起！”或“对不起，打扰您了！”

（二）旅游业常用礼貌用语

1. 对前来咨询的客人应说“您好，请问您需要了解哪条线路？”、“请问，您喜欢哪种类型的旅游？是风光游，还是……”等。

2. 对刚接到的客人应说“您一路辛苦”、“您好，辛苦了”、“欢迎光临！”等。

3. 在游览观光中提醒客人注意有关问题时应说“请小心！”、“请注意安全！”等。

4. 送别客人时应说“祝您旅途愉快！”、“祝大家一路平安！”、“欢迎您再来！”等。

（三）旅游交通常用礼貌用语

1. 对旅客乘坐本交通工具表示感谢时应说“欢迎乘坐本次列车（本次航班、本次客轮）！”等。

2. 旅途中提醒旅客注意有关问题时应说“请大家照顾好自己的行李物品！”、“请大家注意随行儿童的安全！”、“请大家不要把头和胳膊伸出窗外！”等。

3. 因道路不好或水上航行因风引起颠簸向旅客致歉时说“对不起，让大家受苦了！”等。

4. 对下车（或其他交通工具）旅客主动说“请慢走！”、“欢迎您再次乘坐本次列车（本次航班、本班客轮）”等。

四、礼貌用语的技巧

“言以传情，情以动人。”除了态度诚恳、用语文雅、措辞规范、声音悦耳之外，借助语言传递的亲切和善意，能使宾客体会到温暖与友好，感受到尊敬和礼遇，这些都需要灵活、恰当的表达。

（一）礼貌次则

“礼貌次则”概念由英国学者里奇提出，他认为：人们在交谈中所表现出的语言，是一种不断变化延续的变量，它取决于语言之外的诸多不确定因素，主要包括利于谁、选择余地、语言间接程度和客气程度四种因素。

1. 礼貌次则四种因素

（1）利于谁。指对谁有利，对谁无利。如果对说者有利而对听者无利，这就是命令。

（2）选择余地。指给听者多少选择权。如果听者没有选择余地，就会有拒绝的可能。

（3）语言间接程度。指语言表达的间接程度。如果说者劝告听者，语言表达过于直言不讳，一旦听者恼羞成怒，劝告失败，最终只会适得其反。

（4）客气程度。语言表达出的信息对听者越有利，听者越感客气；给听者选择余地越大，听者越感客气；对听者的劝告越间接，听者越感客气；对听者有利的语言越直接，听者越感客气。

2. 礼貌次则六条

策略次则：尽量增加对他人的益处，尽力减少他人的付出。

慷慨次则：尽量减少对自己的益处，尽力扩大自己的付出。

赞扬次则：尽量表示对他人的赞扬和肯定，尽力减少对他人的批评和否定。

赞同次则：尽量夸大与他人的相同意见，尽力缩小与他人的不同意见。

谦虚次则:尽量夸大对自己的批评,尽力减少对自己的表扬。

同情次则:尽量增加和表示对他人的同情,尽力减少和缩小对他人的厌恶。

把上述原则运用于旅游公关工作中,设身处地地为客人着想,可以赢得客人的好感和回应,为人际交流营造良好的前提和氛围。

(二) 语言技巧

1. 言谈技巧

以语言的"美"吸引人,以语言的"礼"说服人。掌握以下言谈技巧,在服务中有可能达到较为理想的效果。

(1) 有效聆听,适当呼应。聆听需要思维的参与,需要通过表情、肢体动作和语言回应来向对方传递一种关注、重视的信息。有效聆听的关键是要让对方知道你对其谈话内容的关注,在聆听过程中要适当呼应。

表 11-11 有效聆听的技巧

关键点	技　　巧
聆听内容	聆听的基础是听明白对方表达什么,旅游从业人员需要听事实、听心声; 认真聆听对方谈话,给予对方宽松的交流环境,满足对方的表达欲望,对对方而言是尊重; 认真聆听对方谈话,使自己获得更多信息,冷静分析对方的态度及期望,让自己获得时间、理顺思想、考虑对策,能更完善地表达主张。
感性回应	以表情动作回应对方,目光关注对方,及时关注所指方向和位置; 以简洁语言回应对方,可以用"对呀"、"没错"、"真的"、"原来如此"、"太好了"、"同意"等回应,并寻找言谈中的价值,给予简短而积极的评价; 以适当提问打破沉默,如以"现在感觉怎么样"、"我在想你真的要……吗"、"后来呢"、"然后呢"、"那是为什么呢"等提问把握交谈内容与方向。
复述内容	复述关键点与重要文字,如"我听你说……"、"你刚才说……"等; 归纳对方谈话的要点,或按聆听内容进行整理,如以"我是否听明白了,你的意思是……"来确定自己理解的准确性; 简单复述使对方感觉到你的在乎,准确理解双方表达,避免误解。
分享感受	用自己的感受回应对方的表达,如"我也有同样的经历"、"我要是你的话也会……"等。

(2) 善于提问,巧妙插话。有效提问可以打破僵局、营造和谐关系、创造友好环境,可以帮助旅游从业人员发现和收集客人的需求与期望,提供有效服务。

表 11-12 有效提问的技巧

关键点	技　　巧
观察客人再提问	性格外向、善于言谈者,提问时开门见山; 性格内向、不善言辞者,提问时由浅入深; 客人学识水平、生活背景、人生阅历参差不齐,提问时都须考虑。
抓住关键再提问	可用开放式和封闭式提问技巧,抓住问题关键,最终解决问题。
找准时机再提问	交谈是动态的过程,借提问推动交谈的进程,把握交谈的动向; 客人正滔滔不绝时,避免用提问打断; 快要冷场时,可以借提问活跃气氛; 谈得差不多时,可以通过提问转换话题。

在交谈的过程中，有提问，有陈述，插话难以避免，适当插话可以活跃气氛，使谈话更好地继续下去。

表 11－13

巧妙插话的技巧

关键点	技　巧
征得客人允许	在旅游接待工作中，碰到客人正和他人谈话，可用“不好意思，请允许我插句话”、“请原谅，我能插句话吗”等委婉征询，忌直接打断谈话。
插话不是打岔	插话不能破坏主题或远离主题，插话时须了解谈论的主题，在适当时机介入。
插话不宜多	插话是交谈过程的一个暂时、意外的切入或补充，谈话时要控制插话数量和时间，不能打断客人思维，否则容易造成不满情绪。

(3) 委婉拒绝，温和缓解。拒绝是语言表达的一种逆势，将对方的想法和行动否定，触及他人的自尊心理，容易招致抱怨和不满。因此在旅游公关工作中，“不”的表达更需要技巧，以便将客人的失望和不满限制在最小范围内。

表 11－14

委婉拒绝的技巧

关键点	技　巧
友好的“不”	热情真挚、温婉柔和地表达“实在对不起”、“请您原谅”等抱歉语，舒缓对方的情绪及抵抗。
幽默的“不”	以幽默避开直接交锋，在令人轻松愉快的气氛中，缓解拒绝的冷峻；面对不合理挑衅，幽默也是巧妙“攻势”。
否定语换成肯定语	否定语听起来刺耳，换一种表达方式，用肯定语进行表达，如把“请不要浪费纤维袋”换成“请一把伞用一个纤维袋”等。
否定语换成祈使语	运用祈使语给对方提出替代方案，如把“不收信用卡”换成“能否请您用现金结算？”等。
否定语换成温和缓解语言	用温和委婉的语言来替代“不行”、“没有”这样的语言，如“真是不好意思，现在是高峰期……”等。

(4) 幽默表达，从容行事。幽默是一种特殊的情绪表现，是人们面临困境时减轻精神和心理压力的方法之一。幽默是建立在丰富的知识的基础上的，拥有广博的知识，才能做到谈资丰富、妙言成趣，从而作出恰当的比喻。幽默是一种宽容精神的体现，善于体谅他人，学会宽容大度、乐观地看世界，就会给生活增添一些趣味和轻松，使人与人的交往多一些善意和笑容。

美国一位心理学家说：“幽默是一种最有趣、最有感染力、最具有普遍意义的传递艺术。”幽默是具有智慧、教养和道德上的优越感的表现，旅游接待工作中善于利用幽默语言，将会使接待工作锦上添花。

2. 表达技巧

有声语言的表达技巧主要表现在声音的轻重、语速的缓急、语调的抑扬顿挫等方式上，具体应注意以下几个方面：

(1) 音量适度。控制说话音量，以保证对方能够听清楚、听起来舒适且不费力为宜。音量过大会显得粗鲁，过小则会显得软弱无力。切忌大声嚷嚷、高声谈笑或音量时大时小。

(2) 音高适当。音高是声音清晰明朗、信息准确传递的有力保障。音高过高,会显得生硬、傲慢或过分热情,听起来刺耳;过低,会得冷漠、沉闷,听起来感到压抑。切忌一惊一乍、时高时低、拿腔捏调、故弄玄虚。

(3) 语速适中。运用生活中与人随意交谈的自然语速为宜。语速过快,往往会给人情绪激动、兴奋难抑的感觉;过慢,又让人觉得漫不经心、怠慢敷衍、不可信任。

(4) 语调自然。控制说话时的音量、音高、语速,使音量适度、音高适当、语速适中,从而形成自然、平和的语调。

(5) 语气适宜。语气以温和、亲切为宜,能让对方感觉愉快,心生好感,从而有助于双方更好地交谈;语气生硬、拿腔捏调,只能让人心生不快,无助于交流顺利进行。

3. 公关谈判技巧

(1) 气氛和谐,有理有节。

表 11-15 和谐气氛要点

自然、轻松	“破冰”期以题外的轻松话题展开,松弛紧绷的神经,不要过早争论; 语气自然平和,表情轻松亲切,避免过早刺激对方; 过分的紧张会使思维偏激、固执和僵化,不利于细心分析观点,不利于灵活地运用策略。
友好、合作	营造“有缘相知”,双方都愿意友好合作,都愿意在合作中共同受益; 尽管出现激烈争辩或矛盾冲突,但要在友好合作的气氛中争辩,越辩越近; 谈判者真诚表达友好的愿望和对合作成功的期望; 热情的握手、热烈的掌声、信任的目光、自然的微笑都是有效的语言手段。
积极、进取	准时到达、仪表端庄整洁、精力充沛、充满自信、坐姿端正、发言响亮有力,呈现追求进取、追求效率、追求成功的决心,无论有多大的分歧、多少的困难,相信最终会获得双方都满意的结果。

(2) 投石问路,引而不发。“投石问路”是通过巧妙地向对方提出大量问题,引导对方作出全面、正面回答,分析对方观点,预测对方意图。旅游公关人员应具备对语言的把握能力和对外部事态的机敏应变能力,运用特殊的语气、语调、语速以及半遮半掩、委婉圆巧、引而不发的语言技巧来进行提问。“投石问路”的关键在于选择合适的“石”,提出的问题是己方关心,且是对方无法拒绝的。在使用“投石问路”策略的时候,也应该谨慎,并且注意不要过度,避免将己方的信息透露给对方。

表 11-16 “投石”类型

“投石”类型	举 例
一般性提问	“你认为如何?”、“你为什么这样做?”等。
直接性提问	“这不就是事实吗?”等。
发现事实提问	“何处?”、“何人?”、“何时?”、“何事何物?”、“如何?”、“为何?”等。
探讨性提问	“是不是……”、“你认为……”等。
选择性提问	“是这样,还是那样?”等。
假设性提问	“假如……怎么?”等。

(3) 循循善诱,启发暗示。循循善诱法是有步骤、有耐心、巧妙地引导对方,动之以情,晓之以理,使之心悦诚服的方法,它是最基本的、最为广泛使用的说服人的方法。暗示法是出于一定的目的,含蓄、巧妙地向对方发出某种信息,以此来影响对方的心理,使其不自觉地接受一定的信念或改变其行动的方法。暗示的技巧主要有谐音暗示、语义双关暗示、反意暗示、即景暗示等。

(4) 据理力争,辩驳结合。竭力维护自己的权利和利益,表达自己的愿望和要求,语言具有针对性,有的放矢;避免啰嗦、模糊的语言,以免使对方反感、疑惑而且降低己方的威信。

(5) 把握分寸,留有余地。说话应注意把握分寸,留有余地,根据对方的地位、身份、文化程度、语言习惯等选择合适、恰当的语言;注意语言场合,不要忽略具体时境的限制。

(三) 语言禁忌

常言道:"良言一句三冬暖,恶语伤人六月寒。"语言禁忌是指旅游公关人员应尽力避免使用的言语。

1. 俚语

俚语是指那些粗俗的、通行范围极窄的方言,它们的使用太过随便,不宜用于旅游公关工作。

2. 不尊重客人的蔑视语

对客人缺乏尊重之意,如面对残疾人或肥胖者时,随意谈论对方生理缺陷,有诸如"傻子"、"呆子"、"瞎子"、"聋子"、"麻子"、"瘸子"、"胖子"之类不敬称呼;面对老年人时,有"老家伙"、"老东西"、"老废物"等不敬称呼。

3. 自以为是的低俗语

沟通交流时,忌用匪气十足的用语,如以"老大"、"兄弟"称呼,谈论低级趣味话题。

4. 缺乏耐心的烦躁语

缺乏足够的耐心与热情,对客人的询问表现冷漠,以"着什么急"、"你问我,我问谁"之类的言语打发客人。

5. 刁难客人的斗气语

以鄙视的语气回应客人,如"你买得起吗"、"弄坏了你赔得起吗"等等。

6. 莫问个人隐私

在言谈上要注意莫问个人隐私。所谓个人隐私,指某一个人出于个人尊严或者其他方面的特殊考虑而不愿意对外公开、不希望外人了解的私人事宜或个人秘密。因此,在旅游公关工作中要注意:莫问年龄大小、莫问收入支出、莫问健康状况、莫问家庭状况、莫问政见信仰、莫问个人经历、莫问生活习惯、莫问所忙何事。

第二节 身体语言

身体语言通过身体的各种动作来表情达意,代替有声语言实现沟通的目的。狭义的身体语言包括身体与四肢所表达的意义,广义的身体语言还包括面部表情在内。

一、肢体语言

在非语言表达的场合,通过身体的各种动作来表达各种各样的情绪,如鼓掌表示兴奋、绞手表示紧张、捶胸代表痛苦、顿足代表生气、摊手表示无奈等,他人通过这些肢体动作来辨识所表达的情绪或信息。

(一) 肢体语言的特点

肢体语言是个人情感的外在表现,包括眼神、手势、动作……无一不显露着真实情感和想法,传递着情绪和感受,解读肢体语言获得的信息有时比有声语言还要多、还要准确。肢体语言往往有以下几个特点:

1. 视觉性

肢体语言无论以何种方式呈现,都需通过视觉来感受,如眉毛上扬意味着惊讶,正视对方表示友善、诚恳或自信等,懒散地坐表示无聊或轻松一下,不停走动有时意味着急躁、生气或受挫等。客人往往不会通过有声语言准确表达内心的情绪和感受,而肢体语言却能够传递其内心的信号。旅游从业人员要通过仔细观察,积累经验,预知需求,提供针对性服务,使客人从内心感到满足或满意。

2. 真实性

肢体语言比有声语言要真实得多,是内心世界的显性反映,这种真实性无法用有声语言进行控制和掩饰。因此,通过观察客人的表情、姿态,可以了解客人真实的心理需求和想法。

3. 辅助性

肢体语言不是独立的语言形态,而是有声语言的辅助手段。仅仅通过肢体语言或有声语言来辨识客人的真实想法,有时会出现判断失误。旅游从业人员应与客人进行互动沟通,既要做到倾心聆听客人的有声语言,又要观察、理解客人的肢体语言,将两者结合起来进行判断,提供完善的、针对性的服务。

(二) 观察客人肢体语言的技巧

"心有所想,身有所动。"对肢体语言的识别要放在客人所处的具体环境中进行,从而感受到客人内心的真实情感、需求与期望。在旅游工作中,通常为客人提供三种服务:1. 客人讲述得很明确的需求;2. 旅游企业规定的常规服务,即应当为客人提供的、不需提醒的服务;3. 客人没有想到、没法想到或正在考虑的潜在的服务需求。满足这三种服务需求,特别是客人潜在的需求,就需要旅游从业人员具有敏锐的观察能力,特别是观察客人的肢体语言的技巧,这也是所有接待服务中最有价值的部分。

表 11-17 观察肢体语言的技巧

安全距离空间	人与人之间有安全距离空间,这个距离约 80 厘米。当小于安全距离时,一个人就会感到自己的"私人领域"遭到了侵犯。因此,与客人交流过程中应保持合适的交谈距离。 不同国家的人对于交谈距离的要求略有不同,法国人、南美人喜欢交谈距离稍近些,英国人、美国人喜欢交谈距离稍远些; 交谈中如果感觉客人往前挪,可能是距离太远了,如果往后退,说明距离可能太近,恰当利用安全距离空间,强化沟通效果; 两位客人面对面、十分靠近,则关系可能极为亲密;两位客人脚的位置呈直角或是呈 60 度左右分开站立,可能两人关系并不太深,充分保留着他人介入的余地,此时旅游从业人员可适当介入服务。

续 表

紧张与自信的客人	紧张的客人往往会压低下巴、合拢双臂交叉放在胸前，笑时会紧闭双唇、说话时眼睛会看地上等，这些肢体语言反映出客人紧张或防卫的状态，旅游从业人员应以细致和热情感染客人，使其放松心情； 自信老练、富有经验的客人往往会抬头挺胸，抬高下巴环顾四周，或把双手背在身后，或手插入口袋时露出大拇指，坐着时会双手掌心相对、手指合起来作出尖塔形手势等。
疲惫烦躁的客人	久等入住或结账会使客人感到疲劳或烦躁，往往会表现出吹口哨、抽烟，玩硬币、钥匙、手机，坐立不安，绞扭双手或紧握双手等行为，有时脚会作出小幅度的摆动，大多数人在等待 15 分钟后都会有这种动作。
为难的客人	客人用手搔头或用手轻轻按着额头，通常表示困惑、为难和拿不定主意，旅游从业人员应视情况适时服务，引导客人作出合适的选择。
思考的客人	客人用手抚摸下颌或用手轻轻敲头时，表示正在考虑作决定； 客人用手摸后脑勺时，表示正在思考或紧张； 客人紧闭双目低头不语、触摸鼻子表示正在思考并犹豫不决； 客人忽然把双脚叠合起来，暗示他的拒绝或否定； 客人用手搔抓脖子表示犹豫不决或心存疑虑； 客人讲话时搔抓脖子表示对所讲内容缺乏把握，旅游从业人员处理问题时不可轻信，应充分调查。
心不在焉的客人	心不在焉的客人表现为目光游移、拨弄头发、环顾四周、手指在桌子上敲打、不断地看表或者不停地摆弄小物品、用铅笔在纸上乱涂乱画、双臂和双腿都摆出互相交叉的姿势等，这些肢体语言说明客人心绪已游移到交谈之外，此时想让客人表示心悦诚服是非常困难的，需要改变服务策略。
表示否定的客人	客人讲话时用右手食指按着鼻子，表示不同意你的话； 客人坐着时将整个上半身都靠在椅背上，下颌微含，双臂环抱于胸前，暗示没有被服务或言语打动。

（三）不同场合的肢体语言表达

1. 演讲

演讲时肢体语言更重要，正确的站姿显得精神振奋、充满信心。旅游公关人员在客人面前演讲或演示时，应采用开放式肢体姿态，两腿稍稍分开，抬头，挺胸，眼睛看着对方，给人以坦率、自信的印象。假如两腿交错或一脚触地，会令人感觉缺乏自信、紧张、不够大方。

上台时应精神饱满、步履稳健、神态自然、面带微笑；下台时应从容自信、面带演讲成功的喜悦表情，切不可慌张跑下，也不可漫不经心，令人对整个发言失去好感和信任。演讲时移步走动要特别谨慎，每动一下都要有明确的目的。

2. 商务谈判

商务谈判主要包括主体语言、伴随语言两部分。主体语言是有声语言，伴随语言是伴随有声语言而产生的副语言和肢体语言。

副语言由语调、语气、语速等构成，其中最重要、最有说服力的是语调，它通过对有声语言的停顿、轻重、高低的选用，表达出不同的意愿；其次是语气，它根据不同的场合、不同的谈判对象，表达出谈判者的情感态度。肢体语言是指谈判中通过人的身体的各个部位，如眼睛、脸、嘴、手、腿、脚、腰等的动作传递的信息和表达的意愿。

另外，沉默也是一种伴随语言，它与肢体语言一起构成“无声语言”。谈判者能否成功使用有声语言清楚、流畅地陈述自己的观点和要求，能否通过副语言和肢体语言恰如其分地表达自己的感情和愿望，是决定商务谈判成败的关键因素之一。

二、表情语言

表情语言通过面部形态的变化表达内心的思想感情。脸被称为“第一表情”，手、腕、肩并列第二，身体和脚则为第三。美国心理学家艾伯特·梅拉比安把信息的表达总结为：信息的表达＝7%语调＋38%声音＋55%表情。面部情态是眼、眉毛、嘴巴、面部肌肉以及它们综合反映出的心理活动和情感信息。表情呈现是复杂的，能够传达非常丰富的信息。恰如其分的表情为仪态加分。

（一）微笑——甜蜜的情绪

“如果你不漂亮，就要使自己有才华；如果你既不漂亮，又没有才华，你就要学会微笑！”美丽的要素，就是微笑。发自心底的微笑，会给对方留下温暖的感觉，它是最富有吸引力、最有价值的面部表情。微笑是友善的象征，表现着人际关系中诚信、谦恭、融洽等最为美好的感情因素。旅游公关人员在各种场合恰如其分地运用微笑，可以传递情感、沟通心灵。

希尔顿饭店集团的创始人康拉德·希尔顿视微笑为效益的先导、饭店成功之宝。“希尔顿的微笑”不仅挽救了经济大萧条、大危机时代的希尔顿饭店，而且也造就了今天遍及世界五大洲、近百家连锁的五星级希尔顿饭店集团。康拉德·希尔顿曾经指出：“酒店的第一流设备重要，而第一流的微笑更为重要。”如果没有服务人员的微笑，就好比花园失去了春日的阳光和微风。在旅游接待工作中初次与客人见面，给对方一个亲切的微笑，瞬间就拉近了双方的心理距离，使客人有宾至如归的感觉；同样，客人报以微笑也显示了尊重和理解。

1. 微笑的要求

（1）微笑真诚、甜美

真正富有感染力的微笑应发自内心，渗透着自己的情感，表里如一，毫无包装或矫饰。微笑是两个人之间最短的距离。因为微笑表现真诚友善，使人在交往中自然放松，不知不觉地缩短了心理距离。

微笑应该真诚甜美、温柔友善、亲切自然、恰到好处，给人一种愉快、舒适、幸福的好感。甜美而真诚的微笑是旅游从业人员的基本功之一，它贯穿于旅游接待服务全过程。

（2）微笑三结合

表 11－18 微笑三结合

微笑三结合	要　求
与眼睛结合	微笑时，眼睛也要“微笑”，避免给人“皮笑肉不笑”的感觉； 眼睛会说话，也会笑，眼睛的笑容包括“眼形笑”和“眼神笑”； 学会用眼神与客人交流，微笑才会更传神、更亲切。
与语言结合	微笑着说“早上好”、“您好”、“欢迎光临”等礼貌用语，不要光笑不说，或光说不笑。
与身体结合	微笑要与正确的肢体语言、礼仪动作相结合，给人以最佳礼仪形象，防止生硬、虚伪、笑不由衷。

(3)“眼形笑”与“眼神笑”的训练

取一张厚纸遮住眼睛下方部位，对着镜子，心里想着最使自己高兴的情景，整个面部就会露出自然的微笑，眼睛周围的肌肉也处于微笑的状态，这是“眼形笑”。

然后放松面部肌肉，嘴唇也恢复原样，可目光中仍然脉脉含笑，这就是“眼神笑”。

2. 微笑的方式

微笑能强化有声语言的沟通功能，通过微笑，可以将友好、融洽、和谐、尊重、自信的形象和气氛传递给客人；微笑是情绪语言，可以和有声语言及肢体相配合，起“互补”的作用，沟通心灵，架起桥梁，给人以美好的享受。

(1) 微笑的嘴角

微笑从嘴角开始，笑容的基本形态就是嘴角向上。嘴角向上，大脑就会感到愉快，而且会真的高兴起来。这说明了表情和心情的相互关系，所以越是压力大和紧张的时候，越要咧开你的嘴角。嘴角向上，心情就会变得积极、乐观，笑容会很自然。

微笑时要露出牙齿，传递感情。最佳的笑容是露出8颗牙齿。露出牙齿是打开心扉、表露感情的信号。紧闭嘴唇的脸，任何人看到都会感到生硬，但如果微笑着露出牙齿，表情一下就开朗了，给人以好感。默念“Cheese”或“茄子”时的口型正好是微笑最佳的口型，经常练习可以收到一定的效果。

(2) 微笑的眼神

没有眼神的接触，就不是笑容，目光相视是认可的表现，也是自我展示。能够与人有眼神交流的人更容易与人产生共鸣。通过眼神的接触，可以更容易地传递愉快的情绪，只需要眼神接触持续0.5秒即可。

3. 微笑的禁忌

(1) 微笑不是大笑。在正式场合不能放声大笑，即使发现某个人的身上有可笑之处，也不应该笑，否则会被视为嘲笑、失礼。

(2) 微笑不能虚假。敷衍的笑、机械呆板的笑、尴尬的笑，以及皮笑肉不笑等都是忌讳的。

(3) 微笑不能滥用。微笑在一些特殊场合是不被允许的，如当身处充满尴尬、悲伤气氛的场所时，当客人满面哀愁时，当发现客人有某种先天的生理缺陷时，当客人出了洋相而感到极其难堪时，便不适合微笑。

(二) 目光——心灵的语言

“即使你不说话，你的眼睛也会多嘴多舌。”(弗洛伊德)眼睛是展现面部表情的关键部位，最能准确表达人的感情和内心。目光反映着人的性格和内心动向，具有反映深层心理的特殊功能，是心灵的语言。

1. 目光关注的要求

通过目光的交流可以促进沟通，目光的方向、眼球的转动、眨眼的频率都可以表示特定的意思和流露情感。正视表示尊重，斜视表示轻蔑，双目炯炯会使听者精神振奋，柔和、热诚的目光会流露出对别人的热情、赞许、鼓励和喜爱，目光东移西转会让人感到是心不在焉。因此，不能忽视目光的作用，平时应注意培养自己用眼睛“说话”的能力。

(1) PAC规律

P——Parent,家长式的目光、教训人的目光,与人交流时视线是从上到下审视对方,仔细观察对方行为有无异常。

A——Adult,指用成人的目光与人交流,互相之间的关系是平等的,视线从上到下。

C——Child,一般是小孩的目光,视线向上,充满期盼,表示请求或撒娇。

(2) 三角定律

大三角定律适用于陌生或不熟悉的客人,目光关注在以肩为底线、头顶为顶点的大三角形区域;小三角定律适用于较为熟悉的客人,目光关注在以下巴为底线、额头为顶点的小三角形区域;倒三角定律适用于关系亲密的客人,目光关注在以眼睛为底线、鼻子为顶点的倒三角形区域。

(3) 时间规律

每次目光接触的时间不要超过3秒,交流中用60%—70%的时间与对方进行目光交流是最适宜的。少于60%说明对话题、谈话内容不感兴趣;多于70%表示对对方本人的兴趣要多于其说的话。

2. 目光关注的技巧

表11-19 目光注视的关键点与要求

注视关键点	要　求
正确的目光	交流时目光应柔和、亲切,既不咄咄逼人,又无怠慢之意; 放松精神,目光放虚,不要聚焦于对方的某个部位。
特殊的目光	不盯视人,只盯物,盯视人会使人感到不安、难受,像是受到了侮辱; 眯眼意味深长,容易引起误会,应慎用。
注视的部位	关注对方的面部,遵循三角定律; 关注对方双眼,表示自己全神贯注:问候对方、听取诉说、征求意见、强调要点、表示诚意、向人道贺或与人道别时,皆应注意对方双眼,但时间不宜过久; 关注对方的全身:同对方相距较远时,应当以对方的全身为关注点; 关注对方的局部:在特殊场合或状况下,对对方身体的某一部位多加关注,如在递接物品时,应注意对方的手部。
注视的角度	正视对方:注视他人时应正面相向,上身前倾,表示重视,正视是交往中的基本礼貌; 平视对方:注视他人时,双方处于相似高度,表现地位平等、不卑不亢; 仰视对方:注视他人时,所处的位置比对方低,需仰视对方,往往使对方产生被信任感; 旅游从业人员为多位陌生客人服务时,需要按照先来后到的原则服务,同时以略带歉意、安慰的眼神,去环视等候的客人。

本章小结

本章重点内容是旅游公关的语言训练。旅游公关语言规范包括礼貌用语和身体语言两个部分。在礼貌用语方面,旅游工作者要注意信、达、雅、清、柔、亮,在不同场合使用不同类型的礼貌用语。身体语言主要包括肢体语言和表情语言,肢体语言在不同场合应用有助于情感的表达、效果的强化。表情语言包括微笑与目光，微笑是甜蜜情绪的传递，目光则是心灵的语言。

思考与探究

1. 课堂上请一位同学用一张纸把眼睛以下部位遮住，通过目光来表达老师给定的情绪词汇，让其他同学猜测该同学表达的是什么情绪。

2. 五星级饭店餐饮部迎宾在服务过程中，有哪些关键点应特别注意？这些关键点在语言规范上有哪些要求？

3. 实地观察本地一家五星级饭店，观察饭店工作人员在接待客人服务过程中会使用哪些礼貌用语，并结合课程内容进行分类。

4. 礼貌用语培训是旅游企业新员工入职时必须进行的培训项目，请你制定一份针对旅游企业新入职员工的礼貌用语培训标准。

案例分析

案例分析一

两种句式的不同

句式一：甲方提出一个建议："我们去划船。"乙方回答："好，但是我还是想去看画展。"甲方也继续说："好，但是还是先吃饭吧。"……双方一直以这样的句式继续。

句式二：甲方以同样的建议开始谈话："我们去划船。"乙方回答："好，而且还可以去看画展。"甲方也继续说："好，而且可以一起吃饭。"……双方一直以这样的句式继续。

每种句式都进行一分钟时间，然后请同学们共同思考与分析：

1. 句式一和句式二，给你什么不同的感觉？

2. "好，但是……"的句式如果使用在旅游公关工作中，会造成什么样的情况？

3. 哪种句式更适合于旅游公关工作？

案例分析二

请一组同学模拟以下场景：

1. 晚上9点刚过，两个稍有醉意的客人高兴地来到餐厅，刚进入餐厅，就听服务员说："不要来了，已经关门了。"

2. 一个客人进了店，想坐在靠窗的座位，就朝那边走过去。服务员看见后，说："不可以的，那个位置已经被预订了。"

3. 客人正悠闲地喝着咖啡，想抽支烟，刚要点火，就听服务员说："不能抽烟，这里是禁烟区。"

看完模拟场景之后，分析这些场景是否会引起客人的不满与争论，问题症结出在哪里，如何改变。

请另一组同学根据讨论结果，再次模拟场景，要求将小组讨论的改变方法融入场景之中。最后由老师根据模拟结果进行评析与指导。

第十二章

旅游公关交际训练

章前导语

旅游公关人员在公关活动过程中，应该遵循平等原则、宽容原则、互惠互利原则、诚实守信原则，运用白金法则、黄金法则，主动积极地接受、重视、赞美公关对象，使之感到满意与舒适，从而在旅游公关人员、旅游企业、公众间建立起良好、稳定的联系；通过在公关交际过程中对形形色色公众的服务、对各种各样公关问题的有效解决，展现完美的公关交际技巧与高效的处理问题技能。

本章导学

【学习目标】

理解公关交际原则、理论及要素；
掌握白金法则及黄金法则；
掌握公关交际的四要素；
掌握公关交际开始阶段的四个关键部分；
了解公关交际过程的关键技巧。

【关键术语】

公关交际　白金法则　黄金法则　首因效应　近因效应　光环效应　刻板印象
人际吸引率　3A 原则

第一节　公关交际原则、法则、理论及要素

俗话说："人上一百，形形色色。"人与人之间的交往极其复杂，旅游公关人员需要面对形形色色、需求各不相同的公众，处理各种各样的建议与投诉，掌握良好的公关交际技巧极其重要。

一、公关交际原则与法则

人际交往活动是组织开展公共关系的基础，是公共关系极其重要的一项日常工作。公关交际是围绕目标与公众进行思想、态度、情感、价值观、行为意向交流，运用人际沟通技巧实现信息传递的过程。在公关交际过程中，需要遵循相关原则与法则。

（一）公关交际原则

1. 平等原则

平等，是人与人之间建立情感的基础，也是人际交往的一项基本原则。每个人都希望得到别人的平等对待，获得友爱、受人尊敬。在与人交往过程中采取平等、尊重的姿态，才能形成人与人之间的心理相容，产生愉悦、满足的心境，出现和谐的人际交往关系。

2. 宽容原则

世界上没有两片完全相同的叶子，更没有两个完全相同的人。每个人的思想观念、脾气性格、认识问题的角度都可能不一样。"严以律己，宽以待人"，应允许他人有不同想法。宽容原则要求换位思考，设身处地为他人着想，理解他人的心情，容忍他人的缺点与不足，尊重他人的兴趣和行为习惯，肯定他人的立场、观点。

3. 互惠互利原则

公关交际应考虑双方的共同价值和共同利益，满足共同需要，互惠互利、相互补偿、相互满足。遵循互惠互利原则应注意明确互惠互利是以不损害第三方的利益为前提的，任何以损害第三方的利益来达到互惠互利目的的行为都是不被允许的；注意精神上的互惠互利，考虑他人在精神上的、心理上的需要，关心他人，爱护他人，从而使交往双方得到心理上的满足，这是最不可缺少的互惠互利；注意经济上的互惠互利，驱使人们去交际的动力既有情感因素，也有明显的利益要求。

4. 诚实守信原则

公关交际的诚实原则表现在为人处世言行一致、表里一致，任何时候、对任何人都是尊重事实、心口如一。守信原则表现在交往中讲信用，说到做到，言必信，行必果。守信原则是处理人际关系的重要准则，无论在公务交往、社会交往，还是礼节性的交往中，都要对人讲信用。由于种种原因，交际双方有时会产生误会，如果双方都以诚相待、讲信用，再大的误会也是可以消除的。

（二）公关交际法则

1. 白金法则

1987年，美国学者亚历山大·德拉博士和奥康纳博士提出"白金法则"，在人际交往中要取得成功，就一定要做到交往对象需要什么，我们就要在合法的条件下满足对方什么。在国际社会，尤其是在旅游行业里，白金法则早已被普遍视为交际通则和"服务基本定律"。

白金法则的要点：在交际过程中必须自觉地知法、懂法、守法，行为必须合法；交际的成功有赖于凡事以对方为中心。具体而论，白金法则对交际活动有两方面启示：

(1) 摆正位置。旅游从业人员为客人提供服务，应强调在交际过程中互动，坚持以客人为中心，能够进行换位思考，令自己站在对方的位置来观察思考问题，从而真正全面而深入地了解对方的所思所想、所作所为，以求更好地与之进行互动。旅游从业人员要主动热情地接待对方，并善于观察对方、了解对方、体谅对方，才能为客人提供令其满意的服务。

(2) 端正态度。旅游从业人员要想真正地摆正自己与交往对象之间的位置，首先应端正自己的态度。心态决定一切，要做到善待自己，善待他人，和而不同。善待自己是指在工作与生活中应具有健康的心态，要尊重自己、爱护自己。善待他人是指接受他人，不要主动站在客人的对立面，不要有意无意地挑剔对方、难为对方、排斥对方，而是要容纳对方、善待对方。善待自己与善待他人实际上互为因果，往往缺一不可。和而不同是指尊重多样性，真正承认了这一点，就容易理解他人、尊重他人，承认相互依存。从本质上看，旅游从业人员与客人是相互依存的。

2. 黄金法则

对客服务的黄金法则要求旅游从业人员想要客人怎样对待自己，就要怎样去对待客人，"己所不欲，勿施于人"。美国著名作家、学者爱默生在《报酬》中写道："每一个人会因他的付出而获得相对的报酬。""在生活当中，每一件事，都存在着相等与相对的力量。"

对客服务的十条黄金法则：

(1) 干净、整洁；

(2) 给予客人直接关注；

(3) 显示自豪感；

(4) 微笑、热情地招呼客人；

(5) 积极聆听；

(6) 保持目光接触；

(7) 称呼客人姓氏；

(8) 保护客人的隐私；

(9) 永远为客人多做一点；

(10) 永远重视客人的询问，或尽可能向其提供帮助。

二、公关交际理论

美国著名企业家乔·富勒曾说过："知识使人变得文雅，而交际使人变得完善。"在现代文明社会，交际极为重要，它是人之基本社会需求，可达到自我实践与肯定，增加事业成功的机会，同时也是协调集体关系、形成集体合力的纽带。没有人可以独自面对人生，更没有人可以独自取得成功。

美国著名的成功学家、营销大师卡耐基曾经提出这样一个公式：成功＝15％的专业技术知识＋85％的为人处世。也就是说，一个人要想成功，15％依靠专业技术知识，85％依靠为人处世的技巧，良好的交际是成功的一个重要核心因素。洛克菲勒也说过，他愿意花费更多的金钱来提高自己与别人打交道的能力，这种能力比天底下任何一种能力都更为重要。

(一) 首因效应与近因效应

1. 首因效应

又称第一印象，交际总是从第一印象开始的，良好的第一印象可以让人们心理相容，反之则可能导致心理相斥。心理学的实验结果证明：人们常常以对他人的第一印象来对此人的学识、涵养、性格等进行评价，以及对此人以后的行为进行推测。良好的第一印象是打开交际大门的一把无形的钥匙。可以说，良好的开始是成功的一半。给别人留下良好的第一印象，可为将来的成功奠定基础。

2. 近因效应

即最近印象，是在交际过程中，由交往对象的最近信息所形成的印象。

(二) 光环效应

光环效应也叫晕轮效应，是指人们常常从对方知觉的局部特征泛化到其他一系列整体特征。也就是说，人们对他人的判断最初多数是根据个人的好恶得出来的，一个人被大多数人认为是好的，他就被一种积极的光环所笼罩，从而也就被赋予其他好的特质。

(三) 刻板印象

刻板印象是指社会上对于某一类人或事物形成的一种比较固定、概括而笼统的看法，也叫社会刻板印象，如科学工作者严谨但缺乏情调、西方人直率而开朗、旅游从业人员礼貌而热情等。

（四）人际吸引率

1. 相似吸引律

相似反映了一致性，当交往双方在年龄、性别、文化层次、职业、爱好等方面基本相似时，就很容易产生共鸣，进而产生共同语言和吸引力。

2. 相异吸引律

相异体现了差别，当交往双方在许多方面有差异时，如地理位置相隔甚远、文化背景迥然不同、年龄大小不相当、社会地位不相称，反而可能给对方造成神秘感，从而吸引对方，结下友谊。

3. 对等吸引律

对方喜欢自己，自己也对对方抱以好感。人人都渴望受人尊敬、有人赞美，对给予自己爱的人给以相应的回报是很自然的。

4. 互补吸引律

交往过程中，交往双方在个性、需要及满足需要的途径方面呈互补状态，从而产生一种强烈的吸引力。如男性阳刚之气与女性阴柔之美的性别互补吸引、人们在性格特征上的互补吸引等。

5. 光环吸引律

当某人因某方面的特殊成就成为名人时，其头上似乎产生了某种光环，随之出现了一批崇拜者。

6. 熟悉吸引律

交往双方由不熟悉到熟悉，由不了解到喜欢，最终产生吸引，这就是熟悉吸引律。如有些老人对旧家具舍不得扔掉，因为旧家具记录了岁月的流逝和美好的回忆。

三、公关交际四要素

交际的核心部分是合作与沟通，在旅游接待工作中，与客人进行有效合作和沟通，是旅游从业人员必须掌握的核心技能。

（一）沟通合作

沟通是人与人之间传递情感、态度、事实、信念和想法的过程，以友善的姿态进行沟通是沟通的基础，也是合作的基本保证。要用温暖、尊重、了解的方式去沟通，以对方的立场和观点去设想，用听众的心灵去倾听对方的想法与感受。交际是人与人之间的一种互动，良好的交际能力是积极向上的。

（二）察言观色

善于了解对方、懂得察言观色是取得交际成功的前提。所谓察言观色，就是要认真细致地观察对方的言谈、举止、神情等，由此洞悉其心理活动。人们不会把什么都说出来，但大多数人会把真实意思通过神情、体态表露出来。洞察别人的心理状态是交际能力的重要一环，既要提高对自己及别人的需要、思想、感受的洞察力，又要细心观察不同的情境和人物，分辨其中不同之处并加以理解分析，以加强对千变万化的社交环境的掌握。

（三）理解宽容

理解像是春风，能化干戈为玉帛。理解是交际活动的桥梁，表现为设身处地地为他人着想、善解人意。宽容是人格的魅力，表现为豁达大度、有很强的容纳意识和自控能力、谅解他人的过失。宽容的人大多善良而真诚，人们乐意向他们献出一颗颗爱和理解的心。宽容是建立良好交际的润滑剂。

（四）真诚谦虚

真诚是为人之本，真诚的交往是心灵的沟通，只有真诚才能赢得真诚的拥戴和回报。真诚是社交的纽带，只有真诚才能收获信赖，长久维系人与人之间的关系。没有真诚的社交是没有生命力的，如同绢花，虽然美丽却没有灵魂。在交往的过程中，打动人的是真诚。以诚交友、以诚办事，才能换来与别人的合作和沟通，才会被尊重、受欢迎。真诚是人类最珍贵的感情之一，是交际的金字招牌。

交际活动中，真诚比技巧更高尚，也更重要。除了真诚，还需要谦虚，一个真正有教养的人从来都是一个真诚而谦虚的人。谦虚被视为一种美德，谦让、虚心、尊重别人、不自以为是；谦虚是一种学问，领悟了它就获得了一种交际能力和魅力，能够赢得别人的欢心和支持。

第二节　公关交际技巧

一、交际开始阶段的四个关键部分

（一）称呼

称呼是交际活动中的常用礼节，是交际活动的起始之点。选择正确、适当的称呼，反映出自身的教养和对对方尊敬的程度，甚至还体现出双方关系的融洽程度。称呼要求正规、正确、恰当、亲切、真切、主动、热情、大方。称呼时还要注重态度，应表里如一。

（二）介绍

介绍是交际活动中最初相识的一种形式，是进一步交往的基础，是人与人相互沟通的出发点。“第一印象是黄金”，介绍得体，不仅有助于自我展示、自我宣传，缩短人与人之间的距离；还可以替自己在交际活动中消除误会，减少麻烦，扩大自己的交际圈。介绍可以分为自我介绍、介绍他人、介绍集体三种。

1. 自我介绍

自我介绍实际上是一种自我推荐，用言语搭起结识的桥梁，给人留下或浅或深的第一印象；自我介绍是一门艺术，学会自我介绍，可以树立自信、大方的个人形象，有助于自我展示和宣传。

（1）自我介绍应注意时机。在对方有兴趣、有空闲、情绪好、干扰少、有要求时进行介绍；如对方工作忙、干扰大、心情坏、无要求、在用餐或忙于私人交往时，则不便进行自我介绍。

（2）自我介绍应注意控制时间。自我介绍力求简洁、长话短说，尽可能地节省时间，以半分钟左右为宜，在作自我介绍的同时可利用名片等加以辅助。

(3) 自我介绍应事先设计内容。自我介绍有三项基本要素:本人的姓名、供职的单位及具体部门、担任的职务和所从事的具体工作。三项要素一气呵成,既节省时间,又有助于给人以完整的印象。介绍内容要实事求是、真实可信,没有必要过分谦虚,更不要自吹自擂、夸大其词。

(4) 自我介绍应讲究态度。态度要友善、亲切、随和、自信、落落大方,表明自己渴望认识对方的真诚情感;要敢于正视对方的双眼;语气要自然,语速要正常,语音要清晰;举止端庄、大方。

(5) 自我介绍的具体形式主要有:应酬式,适用一般性的社交场合,自我介绍简洁;工作式,适用于工作场合,包括本人姓名、供职单位及具体部门、职务和从事的具体工作等;交流式,适用于在交际活动中希望与交往对象进一步交流与沟通时,大体应包括介绍者的姓名、工作、籍贯、学历、兴趣及与交往对象的某些熟人的关系;礼仪式,适用于讲座、报告、演出、庆典、仪式等一些正规而隆重的场合,包括姓名、单位、职务等,同时还应加入一些适当的谦词、敬词;问答式,适用于应试、应聘和公务交往,应该有问必答。

2. 介绍他人

介绍他人通常是双向的,在交际活动中经常需要介绍他人。介绍他人是指作为第三方为彼此不相识的双方进行引见、介绍。

(1) 介绍他人应注意介绍时机、介绍顺序。根据礼节规范,必须遵守"尊者优先了解情况"的规则,即在为他人介绍前,先要确定双方地位的尊卑,然后先介绍位卑者,后介绍位尊者;应先将年轻者介绍给年长者,职务低者介绍给职务高者,男士介绍给女士,家人介绍给同事、朋友,未婚者介绍给已婚者,后来者介绍给先到者。

(2) 介绍他人的形式通常有六种:标准式,适用于正式场合,内容以双方的姓名、单位、职务等为主;简介式,适用于一般的社交场合,内容只有双方姓名一项,甚至只提到双方姓氏为止;强调式,适用于各种交际场合,其内容除被介绍者的姓名外,往往还会刻意强调一下其中一位被介绍者与介绍者之间的特殊关系,以便引起另一位被介绍者的重视;引见式,适用于普通的社交场合,是将被介绍者双方引到即可;推荐式,适用于比较正规的场合,介绍者经过精心准备,目的就是将某人举荐给某人,对前者的优点加以重点介绍;礼仪式,适用于正式场合,是一种最正规的介绍他人的形式,与标准式大体相同,只是在语气、表达、称呼上都更为礼貌、谦恭。

3. 介绍集体

介绍集体,一般是被介绍一方或双方不止一人,介绍各自一方时,应自尊而谦恭。介绍集体就像穿针引线,应该脉络清楚,考虑好介绍的内容以及语言表达的态度,使双方乐于接受而不至于使人感到勉强。

(三) 握手

握手礼起源于远古时代,相互触碰对方的手心,表示"我手中没有武器,我愿意向你表示友好,与你成为朋友"。这种表示友好的方式被沿袭下来,成为今天的握手礼。握手,是世界最通行的见面礼,是在相见、离别、恭贺或致谢时相互表示情谊的一种礼节,是不用说话就能显示出热情、友好的待人之道。如果应用得当,能进一步增强别人对你的信赖感。

握手的力量、姿势和时间的长短往往能够表达出对握手对象的不同礼遇和态度，显露自己的个性，给人留下不同的印象。

（四）名片

早在西汉时期，名将就以投帖方式将“谒”通报给对方，获得准允后方可谒见。“谒”可谓是早期名片的雏形。在交际活动中，名片体现一个人的身份、地位，是一个人的尊严、价值的一种彰显方式，也是参与交际活动必备的重要工具。有了名片的交换，双方的结识就迈出了第一步。

二、交际过程的关键技巧

（一）3A 原则

美国学者布吉林教授等人提出了“3A 原则”：在交际活动中要成为受欢迎的人，就必须善于向交往对象表达自己的善良、尊重、友善之意，只有恰到好处地表达对交往对象的善意才能够被交往对象容忍和接受，其中最关键的是以实际行动去接受对方、重视对方、赞美对方。

1. 接受——Accept

容纳对方，不排斥对方。任何人都没有力量改变另一个人，但如果你乐于按照一个人的本来面目去欢迎他，你就给了他一种改变他自己的力量。接受对方包括接受交往对象、接受交往对象的习俗、接受交往对象的交际礼仪。在交际活动中，要成为受欢迎的人，一定要宽以待人，不要求全责备，不要刁难对方、排斥对方、冷落对方、打断对方，尤其注意不能拿自己的经验去勉强别人，应当积极、热情、主动地接近对方，淡化彼此之间的戒备、抵触和对立的情绪，恰到好处地向对方表示亲近、友好之意。

2. 重视——Appreciate

欣赏对方，重视对方。要让对方感觉自己受到重视，而不是被冷落。重视对方，要重视对方的优点，而不要重视对方的缺点。对旅游从业人员来说，重视服务对象的具体方法包括：牢记服务对象的姓名、善用服务对象的尊称、倾听服务对象的要求。

3. 赞美——Admire

赞美对方，卓然不凡。人类行为学家约翰·杜威认为：“人类本质里最深远的驱策力就是希望具有重要性，希望被赞美。”赞美是一种理想的黏合剂，也被称为公关润滑剂。赞美别人是社交活动中一种重要的礼仪，它表现赞美者的坦荡胸怀和积极的生活态度，善于发现对方所长，及时、恰当地表示欣赏、肯定、称赞与钦佩。真诚的赞美能鼓励自己，鞭策别人，激发潜能，获得良好的人际关系。赞美出自真诚，源自真心；知己知彼，投其所好；从小事做起，无微不至。

（二）关键技巧

1. 积极的心理状态

交际是心理接触和心理活动的过程，积极心态是一种对任何人、任何情况或环境所持的具有建设性的思想、行为或反应，是面对挑战应具备的良好进取心态。交际者具备积极的心理状态是交际成功的重要条件,好的心态可以带来好的行为,好的行为可以带来好的结果。

2. 善于求同存异

人际关系首先讲究求同,即在目标、方向、整体利益等方面求得一致,以作为人际交往的基础。如果不能求得一致,那就失去了人际交往和维系关系的基础。所谓存异是指在原则一致的基础上可以允许交往双方各自保留"分歧点",如方法上的差别等。

3. 适当赞美对方

赞美是对他人表示钦佩和羡慕,真诚的赞美使接受者心情愉快,同时也可使赞美者乐观向上。因此,赞美别人必须发自内心并符合实际,真诚坦白、措辞恰当、恰如其分;赞美须个性化,不能泛泛而谈,最好用明确、具体的语言,微笑着赞美对方的行为、能力、知识、外表或拥有的物品等;此外,暗示性赞美在交际过程中也非常重要,如认真地听对方讲话,在说话的过程中提及或引用对方的话,向对方投以赞许的目光、做个夸奖的手势、抱以友好的微笑,记住对方的名字等。

4. 投其所好

情感引导行动。在交际过程中要富于洞察力,善于发现对方的亮点,寻找对方的兴趣点,抓住最佳切入点,投其所好,从而使彼此在交际过程中产生更深厚的情感。

5. 魅力展示

交际魅力包括谈吐、仪表、气质、风度、才华、学识、品德、性格等内涵。富有魅力的人能微笑和记住别人的名字,能在精神方面影响周边的人积极进取,在交际时通常整个身体都参与表达。

(1) 丰富多彩的语言表达。富有魅力的人在适当的场合往往能借助不落俗套、丰富多彩、富有诚意、令人难忘的语言来使他们的话更加生动活泼,增加语言的说服力,从而增加魅力。

(2) 敏锐的洞察力。富有魅力的人能正确地估计形势,看透人的心思,具有敏锐的洞察力,捕捉发展趋势、诠释事件,帮助他人更为清楚地了解情况,对他人产生强烈的吸引力。

(3) 表达积极的思想。富有魅力的人知道在适当的时候表达积极的思想,善于用积极的语言表达消极信息,甚至用积极的语言替代消极的语言,如用"挑战"替代"问题"、用"发展机会"替代"个人的弱点"等。

6. 善于使用身体语言技巧

(1) 得体的着装和外表。着装简朴、清淡而自然,避免杂乱。时髦、新潮不等于有魅力,甚至会妨碍魅力的发挥,影响形象。

(2) 优雅的举止。优雅与个人魅力是密切相关的,如聆听时身体前倾、感谢时稍作鞠躬、肯定时点头微笑、欢迎时有力地握手等都会给人留下有魅力的印象。而不良习惯,如捻弄头发、玩弄耳环、搔痒、抖腿、嚼口香糖等必须避免。

第三节 旅游公关交际常见问题及处理

一、常见问题产生原因

旅游公关交际过程中往往会出现一些客人抱怨与不满的情况，这些抱怨与不满涉及方方面面，没有固定的表现模式，处理不好会导致对客关系的僵化、恶化，甚至遭到投诉，破坏旅游企业形象。概括来讲，不满与抱怨主要来自两个方面：一是由于旅游从业人员忽视礼仪或礼仪不到位，引起客人的不满和反感；二是出于客人主观上的特殊需求，旅游从业人员难以用常规的方法来解决，从而面临处理上的尴尬和难堪。

（一）旅游从业人员忽视礼仪或礼仪不到位

1. 不了解游客习俗

在旅游接待过程中，要了解并尊重客人的风俗习惯，这样既对他们表示了尊重，又不失礼节，否则就可能导致客人抱怨与不满的发生。

2. 不注重礼貌用语

旅游从业人员在提高业务技能的同时，更不能忽略礼貌用语使用的准确与到位，这也是公关交际礼仪的基本要求。

3. 不遵循礼仪规范

旅游从业人员在旅游接待过程中，如果忽略了礼仪规范或没有意识到礼仪规范的重要性，会使得客人在体验旅游产品的过程中得不到愉悦、开心、满意的享受。

4. 不讲究服务个性化

旅游从业人员接待的客人形形色色，并不是在对客服务中使用了礼貌用语、注重了礼仪的基本规范，就可以让客人满意，避免抱怨与不满的产生。交际活动中的接待礼仪不是一成不变的机械式服务，必须考虑到客人的个性需求，因地、因时、因人而异地提供礼仪服务。只有建立在客人需求基础上的礼仪服务，才有可能赢得客人的认同。

（二）客人主观需求难以满足

客人作为旅游服务的消费者，是来寻求享受的人，是具有优越感的人，是情绪化的"自由人"。因此，清晰认识客人十分重要。只有充分了解客人的角色特征，掌握客人的心理特点，提供有针对性的服务，才能打动客人的心，赢得客人的认可。

1. 求全心理

"100－1＜0"的含义：每种旅游产品都是多项服务的组合，其中任何一项出现让客人不满的问题，损害的不仅是此项服务的声誉，而且会影响整个旅游产品的声誉。对客人来说，服务质量只有好、坏之分，而不存在较好、较差的比较等级，好就是全部，不好就是零。

2. 求尊重心理

尊重客人是基本的礼仪原则，也是客人的基本心理需求。旅游从业人员要善于分析客人心理以及其所能接受的方式或解决方法，让客人可以显示其优越感和突出地位，进而变得大度，以缓解矛盾，化解危机。

3. 求平衡心理

在旅游接待过程中，应时刻关注客人消费时求平衡的心理状态。客人消费心理随时会受到社会环境及个人情绪的影响，心随境转。如果把个人的负面情绪带到旅游消费活动中，就必然会影响到整个消费过程。

二、常见问题应对策略

（一）善解人意，关注客人需求

“善解人意”，所谓“人意”，即人的心理。心理状况是非常微妙复杂的，有的能明显地表现出来，有的则是深藏着的潜意识；有的能真实地表达，有的则真真假假，或羞于表达。对此，需要我们给予充分的“善解”。

善解客人心理，设法满足客人需求。在旅游接待工作中，应注意观察、用心了解、换位思考，通过细致入微的服务，满足客人心理上的需要，让客人产生良好的心理感受。如客人在饭店入住时，在房间温馨提示牌上写下“欢迎光临！别忘了给亲人打个电话，请拨××号……”。

（二）妙语连珠，注重语言技巧

在旅游接待工作中，面对客人的抱怨与不满，巧妙地运用语言技巧是解决问题的重要手段。

1. 巧用幽默

幽默可以化沉闷为笑声、化干戈为玉帛。旅游从业人员与客人初次接触，需主动与客人交谈，巧用幽默能融洽关系，给人以信赖感和亲近感。运用幽默语言应注意三点：把握时机、夸张模仿、优雅敏捷。当然，使用幽默也有禁忌：勿取笑他人，忌不合时宜的幽默，不要重复、预先交底或自己先笑，禁止黄色、黑色的幽默。

2. 用语灵活

在旅游接待过程中，面对各种各样的情况、形形色色的问题，旅游从业人员应对时要遵循灵活的原则，讲究技巧。所谓灵活，就是要根据具体场合、具体对象以及个人的实际情况，灵活采用应对方式，如采用顺势美言、以谬制谬、难得糊涂、借题发挥等语言技巧。

三、处理抱怨的礼仪规范

旅游从业人员在接待服务过程中面对客人的抱怨与不满，运用礼仪规范进行有效化解的过程可以概括为“六字规范”，即听、记、析、报、答、谢。

表 12-1 六字规范

阶段	规范要求
听	倾听客人的需要、渴望，还要倾听客人的异议、抱怨和投诉，更要善于听懂客人的潜台词，明确客人没有明说的需求；保持镇定、冷静，认真倾听，表现出对客人的尊重。听的阶段是客人发泄不满的过程，经过发泄客人才能得到情绪的缓和、心情的平静，为投诉的处理提供平和的情感前提。
记	在听的过程中，要认真做好记录，尤其对客人投诉的要点、讲到的细节，更要记录清楚，并适时复述，明确问题的同时，也能有效地缓和客人的情绪。在记的阶段，旅游从业人员应保持礼貌，注意使用恰当的语言，用提问题的方法，把投诉由情绪转到事件本身。

续 表

阶段	规 范 要 求
析	根据所闻所写，及时了解事情的来龙去脉，并作详细、到位的分析，然后才能作出正确的判断，拟定解决方案，与相关部门取得联系，一起妥善处理。解决问题必须兼顾客人与企业的双方利益。
报	把发生的事情、作出的决定或难以处理的问题及时上报主管领导，以征求意见；不得遗漏、隐瞒材料，不能有情不报或谎报、虚报。
答	征求领导意见后，把解决方案及时反馈给客人，礼貌地告知客人将要采取的措施，期望得到客人认同；如果问题暂时无法得到解决，要向客人致歉，并说明原委，请求客人的谅解，不能在无把握、无根据的情况下，随便地向客人作出各种保证。
谢	在客人投诉或反映问题时，不可表现出对客人的反感，而应表示感谢；在处理完客人的投诉后，同样需要向客人表示诚挚的感谢。

第四节 涉外公关交际

一、涉外公关交际通则

世界各国在长期的跨文化交流中，逐步形成了在国际交往中以礼相待、礼尚往来的国际惯例和涉外礼宾规范。我国的涉外公关交际通则，是在尊重国际交往惯例，尊重各个国家民族心理、文化习俗的基础上不断完善而成的。

（一）**不卑不亢，体现平等**

所谓不卑不亢，是在参与国际交往时，应该意识到自己的言行举止在外国人的眼里无不代表着自己的国家、民族，代表着自己所属的团体，既要维护本国利益，又要尊重他国的利益和尊严。“不卑”是在外国人面前不妄自菲薄、卑躬屈膝乃至丧失民族气节；“不亢”是在外国人面前不自大狂傲、唯我独尊甚至以强欺弱。不卑不亢的核心是平等，即国家不分大小强弱，人不分种族信仰，在对外交往中都应平等相待，这正是国际礼仪的一项重要原则。

（二）**信时守约，讲究诚信**

信时守约，是指在一切正式的涉外交往中，都必须认真严格地遵守自己的所有承诺。

1. 谨慎承诺。从现实环境和自己的实际能力出发，谨慎行事，量力而行。

2. 信守约定。自己作出的承诺要及时兑现，自己作过的约定要如约践行。在涉外交往中唯有信守约定才能获得对方的信任和好感，赢得尊重和合作。

3. 失约道歉。由于难以抗拒的因素而使自己单方面失约，或者有约难行，要尽早通报有关各方，郑重道歉，并主动承担给对方造成的物质方面的损失。

（三）**入乡问禁，知己知彼**

入乡问禁，是指在涉外交往中，注意尊重外国友人所特有的习俗、禁忌和审美，恰如其分地向外国友人表达亲善友好之意。

1. 了解习俗差异。所谓“入境而问禁，入国而问俗，入门而问讳”，这些“禁”、“俗”、“讳”，就是指各国、各民族在文化习俗上的特点，唯有充分了解，才能在涉外交往中减少麻烦，避免误会。

2. 尊重习俗差异。了解了他国、他民族特有的习俗，在涉外交往中就不会妄加非议，表现得少见多怪了。尊重外国友人所特有的习俗，有助于增进双方之间的理解和沟通，在外交事务中做到胸有成竹、表现自如。

（四）热情有度，尊重隐私

热情有度是指在涉外交往中，待人接物不仅要热情友好，更要把握好热情友好的具体分寸，不能热情过度。所谓“度”，是指适度，表现在涉外交往中，对外国友人而言，其核心是尊重个人隐私。

（五）女士优先，尊重妇女

女士优先，是现代社会的一条通行礼仪。在涉外活动中，包括在一切社交场合，每一名成年男士都有义务主动自觉地照顾、体谅、关心和保护妇女，还要为女士排忧解难。女士优先，并非是把妇女视为弱者而施以同情和怜悯，而是要将妇女视为“人类的母亲”，处处给予妇女优遇，是对“人类的母亲”表示尊重。

（六）以右为尊，尊卑有序

以右为尊，是指在涉外交往中，如在外交活动、商务往来、文化交流、社交应酬中，凡涉及座次、车位等的位置排列时，原则上都讲究以右为尊、以左为卑，以右为上、以左为下。

二、涉外公关交际常见礼仪

涉外公关交际礼仪，一般是指在对外交往活动中，当我方身为东道主时，用以维护自身和本国的形象，并对交往对象表示尊敬和友好的国际通用的礼宾接待仪式。其核心是礼待宾客，涉及的外事接待活动环环相扣。目前国际上通用的礼宾接待仪式以庄重简洁为趋势。

（一）涉外迎送礼仪

“出迎三步，身送七步”，在国际礼宾服务中，迎客和送客是两个重要的环节，是礼宾服务的头一个环节和最后的收尾环节。一个精心准备的欢迎仪式，能使来宾产生良好的第一印象；一个圆满的欢送仪式，会给来宾留下难忘的美好回忆。涉外迎送礼仪的注意事项包括确定迎送规格、准确掌握抵离时间、细致安排迎送仪式等。

（二）会见和会谈的礼仪

1. 会见

(1) 会见的形式

会见就其内容或目的来说，分为三种形式：礼节性会见，一般时间较短，话题较为广泛；政治性会见，大多涉及双边关系、国际局势等重大问题；事务性会见，一般有外交事务交涉、业务商谈等。

(2) 会见的座次安排

会见通常安排在会客室、会客厅或办公室。各国会见的礼仪程序不尽相同，有的主宾多分坐两边，有的则穿插坐在一起。我国习惯在会客室或会客厅进行会见，客人坐在主人的右边，译员、记录员安排坐在主人和主宾的后面。其他客人按礼宾顺序在主宾一侧就座，主方陪见人在主人一侧就座，座位不够可在后排加座。

2. 会谈

会谈是指双方或多方就政治、经济、文化、军事等重大问题以及其他共同关心的问题交换意见。会谈也可以是洽谈公务，或就某项具体业务进行谈判。一般来说会谈的内容较为正式，政治性或专业性较强。

双边会谈时一般使用长方形、椭圆形或圆形桌，宾主各自坐在桌子一边。面向正门为上座，由客人坐；背向正门为下座，由主人坐。主人与主宾应坐在正中间。我国习惯把译员安排在主谈人右侧，但有的国家让译员坐在后面，一般应尊重主人的安排。其他参加人员按一定顺序坐在左右两侧。如果会谈桌的一端对着正门，应以进门的方向为准，客人坐在右边，主人坐在左边。

（三）签字仪式的礼仪

签字是文件有效的重要标志。有关国家的政府、组织或企业单位之间经过谈判，就政治、军事、经济、文化、科技、体育等某一领域相互达成协议，缔结条约或公约，一般需要举行签字仪式；当一国领导人访问他国，经双方商定达成共识，发表联合公报或联合声明时，有时也举行签字仪式；当各地区、各单位在与国外发展友好关系，最终达成有关合作项目的协议、备忘录、合同书时，通常也会举行签字仪式。

我国一般在签字厅内设置长方形桌一张，作为签字桌，桌面覆盖深绿色台呢。如果是国际商务谈判协议的签字桌，桌子中间摆放一个旗架，悬挂签字国双方的国旗。签字人面向国旗分坐两边，面对正门，主方在左，客方在右。座前摆放各自的文本，文本上端分别放置签字的文具。各自的助签人员分立签字人外侧，出席签字仪式的人员分别排列在签字人身后。

本章小结

本章重点内容是旅游公关交际训练。主要介绍了公关交际的原则、法则、理论及要素。公关交际原则主要包括平等、宽容、互惠互利、诚实守信；公关交际法则包括白金法则、黄金法则。公关交际理论主要有首因效应、近因效应、光环效应、刻板印象、人际吸引率。公关交际要素包括沟通合作、察言观色、理解宽容、真诚谦虚。公关交际技巧部分介绍了交际开始阶段的关键部分、交际过程的关键技巧。公关交际过程中不可忽略的还有涉外公关交际礼仪。

思考与探究

1. 课堂上请同学们制作名片，根据设计的名片在老师给定的情景（参加会议、迎接宾客、接待 VIP 等）下介绍自己、介绍同事。

2. 到本地一家五星级饭店向饭店的大堂经理或其他饭店管理层进行自我介绍，并请求参观一下饭店。完成后记录自己当时的感受以及对方的回应状况。

3. 到某一景区向陌生人介绍自己，并征询陌生人听完你的介绍后的感受，进行记录并加以改善，再作尝试。

案例分析

案例分析一

法国一个商务考察团入住某五星级酒店，每次进出酒店电梯时陪同的大堂经理(女性)都会按照礼仪规范请客人先进或先出电梯。在离开时，这些客人善意地向酒店抱怨，他们在中国显示不出绅士风度来，原因是接待他们的女士们都坚持不让他们显示风度。比如，上下汽车、进出电梯、进餐厅时，接待他们的女士们坚持让他们先走，弄得他们很不习惯。虽然饭店管理层解释，中国是“礼仪之邦”，遵循“客人第一”的原则，对此解释他们也表示理解与赞赏，但对自己不能显示绅士风度仍表示遗憾。

结合本章内容，对案例进行评价，同时思考饭店女性员工应如何兼顾礼仪与客人的感受。

案例分析二

两位衣着华丽的外国女士乘坐中国某航空公司客机，起飞后她们大声嚷着有怪味。一位空姐微笑着走来，请她们原谅，并递上香水。可香水被她们随手甩到了角落里，说中国产的香水太差，接着又是一连串的刁难。空姐始终保持笑脸相待，一一满足她们的要求。当空姐给她们送来可乐时，两位女士还没喝就说有问题，打翻在地。空姐强忍这种极端无礼的行为，再次把可乐递过去，不卑不亢地说：“小姐，这可乐正是贵国的原装产品，也许贵国这家公司的可乐都是有问题的。我很乐意效劳，将这瓶可口可乐连同你们的芳名、地址寄到这家公司，我想他们肯定会登门道歉的。”两位女士目瞪口呆。空姐还是面带微笑地将饮料递给她们。

空姐的做法符合涉外礼仪的要求吗？为什么？

附录一　公共关系相关网站

中国公关网(http://www.chinapr.com.cn)
中国公共关系网(http://www.17pr.com)
中国国际公共关系协会(http://www.cipra.org.cn)
中国公共关系协会(http://www.cpra.org.cn)
公关网(http://www.13pr.com)
北京公关网(http://www.bjpr.com.cn)
我爱公关网(http://www.5ipr.cn)
公关英才网(http://pr.job1001.com)
第一调查网(http://www.1diaocha.com)
中国调查网(http://www.zdiao.com)
网络调查网(http://www.wdiao.com)
中国管理传播网(http://manage.org.cn)
中国营销传播网(http://www.emkt.com.cn)
中华策划网(http://www.cehua.com.cn)
中国营销策划网(http://www.plan-china.com)
中国企划网(http://www.cnqihua.com)
中国策划师网(http://www.sunsky.org.cn)
中国形象礼仪网(http://www.cnida.com)
《公关世界》杂志(http://www.ggsjzzs.com)

附录二 公关员国家职业标准(新版)

1. 职业概况

1.1 职业名称:公关员

1.2 职业定义:从事组织机构信息传播、关系协调与形象管理事务的调研、策划、实施和评估以及咨询服务的从业人员。

1.3 职业等级:本职业共设五个等级,分别为初级公关员(国家职业资格五级)、中级公关员(国家职业资格四级)、高级公关员(国家职业资格三级)、公关师(国家职业资格二级)和高级公关师(国家职业资格一级)。

1.4 职业环境:室内。

1.5 职业能力特征:

具有一定的分析、推理、判断、表达、交流和运算能力,学习能力强,形体知觉好。

1.6 基本文化程度:高中毕业(或同等学力)。

1.7 培训要求:

1.7.1 培训期限:

全日制职业学校教育,根据其培养目标和教学计划确定。

晋级培训期限:初级公关员不少于120标准学时;中级公关员不少于100标准学时;高级公关员不少于80标准学时;公关师不少于60标准学时;高级公关师不少于40标准学时。

1.7.2 培训教师:

培训公关员的教师应具有本职业公关师职业资格证书3年以上或相关专业中级及以上专业技术职务任职资格;培训公关师的教师应具有本职业高级公关师职业资格证书或相关专业高级专业技术职务任职资格;培训高级公关师的教师应具有本职业高级公关师职业资格证书3年以上或相关专业高级专业技术职务任职资格。

1.7.3 培训场地设备:标准教室和会议室。

1.8 鉴定要求:

1.8.1 适用对象:准备从事本职业工作的人员,以及正在从事本职业工作的专业人员。

1.8.2 申报条件:

——初级公关员(具备下列条件之一者):

(1) 经本职业初级公关员正规培训达规定标准学时数,并取得合格证书。

(2) 连续从事本职业或相关职业(新闻、广告、营销、管理、秘书)2年以上。

(3) 取得经劳动保障行政部门审核认定的,中等以上职业学校公共关系或相关专业(新闻、广告、营销、管理、秘书)毕业证书。

——中级公关员(具备下列条件之一者):

(1) 取得本职业初级公关员职业资格证书后,连续从事本职业或相关工作(新闻、广告、营销、管理、秘书)2 年以上,经本职业中级公关员正规培训达规定标准学时数,并取得合格证书。

(2) 取得本职业初级公关员职业资格证书后,连续从事本职业或相关工作(新闻、广告、营销、管理、秘书)3 年以上。

(3) 具有公共关系专业或相关专业(新闻、广告、营销、管理、秘书)大学专科以上学历,并从事本职业工作 1 年以上。

——高级公关员(具备下列条件之一者):

(1) 取得本职业中级公关员职业资格证书后,连续从事本职业或相关工作(新闻、广告、营销、管理、秘书)2 年以上,经本职业高级公关员正规培训达规定标准学时数,并取得合格证书。

(2) 取得本职业中级公关员职业资格证书后,连续从事本职业工作 3 年以上。

(3) 具有大学本科学历,并连续从事本职业或相关工作(新闻、广告、营销、管理、秘书)2 年以上。

(4) 具有公共关系本科学历,并从事本职业工作 1 年以上。

——公关师(具备下列条件之一者):

(1) 取得本职业高级公关员职业资格证书后,连续从事本职业工作 4 年以上,经本职业公关师正规培训达规定标准学时数,并取得合格证书。

(2) 取得本职业高级公关员职业资格证书后,连续从事本职业工作 5 年以上。

(3) 具有公共关系本科学历并连续从事本职业工作 5 年以上,或具有大学本科学历并连续从事相关工作(新闻、广告、营销、管理)6 年以上。

(4) 具有公共关系(方向)硕士以及 MBA、MPA 学位并从事本职业或相关工作(新闻、广告、营销、管理)1 年以上。

——高级公关师(具备下列条件之一者):

(1) 取得本职业公关师职业资格证书后,连续从事本职业工作 5 年以上,经本职业高级公关师正规培训达规定标准学时数,并取得合格证书。

(2) 取得本职业公关师职业资格证书后,连续从事本职业工作 6 年以上。

(3) 具有公共关系本科学历并连续从事本职业工作 10 年以上,或具有相关专业(新闻、广告、营销、管理)本科学历并连续从事本职业工作 12 年以上。

(4) 具有公共关系硕士(方向)及以上学历或 MBA、MPA 学位并连续从事本职业工作 5 年以上。

(5) 具有大学本科学历,职业表现突出者或担任本职业高级管理职务(总经理或总监以上职务),为职业发展和行业建设作出重大贡献的资深专业人士,须由国家职业资格工作委员会公关专业委员会两名委员推荐。

1.8.3　鉴定方式:

分为理论知识(含职业道德)和技能操作考核两种方式。理论知识考试采用闭卷笔试方式。技能操作考核:公关员采用闭卷技能笔试方式;公关师、高级公关师采用现场实际操作方式。理论知识考试和技能操作考核均采用百分制,皆达 60 分以上者为合格。

公关师和高级公关师还须进行专业评审,具体如下:

——公关师:

(1) 需提交一份专业技术报告(涉及本职业的、能反映专业能力的项目建议书、研究/开发成果或论文等,并需附上由两位公共关系或相关专业副高级专业技术职务任职资格及以上职称或已获得高级公关师资格 2 年以上的专家意见书);

(2) 由评审委员会对其所提交的专业技术报告和现场答辩进行审核和评判。

——高级公关师:

(1) 需提交一份专业技术报告(涉及本职业的、能反映专业能力的项目建议书、研究/开发成果或论文等,并需附上由两位公共关系或相关专业正高级专业技术职务任职资格或已获得高级公关师资格 3 年以上的专家意见书);

(2) 由评审委员会对所提交的专业技术报告和现场答辩进行审核和评判。

1.8.4 考评人员与考生配比:

公关员考试(考核)均按每 20 名考生配一名考评员。公关师和高级公关师考评人员与考生配比:理论知识考试考评人员与考生人员配比为 1∶10;技能考核为 1∶5;专业评审需同时不少于 3 名评审委员会委员。

1.8.5 鉴定时间:

公关员各等级的理论知识考试(包括职业道德考试)时间为 90 分钟。公关员各等级技能考核时间为 120 分钟。

公关师理论知识考试(包括职业道德考试)时间为 90 分钟,技能操作考试时间为 90 分钟,专业评审时间为 30 分钟。

高级公关师理论知识考试(包括职业道德考试)时间为 90 分钟,技能操作考试时间为 60 分钟,专业评审时间为 60 分钟。

1.8.6 鉴定场地设备:标准教室和会议室。

2. 基本要求

2.1 职业道德

2.1.1 职业道德基本知识

2.1.2 职业守则

(1) 奉公守法,遵守公德;

(2) 敬业爱岗,忠于职责;

(3) 坚持原则,处事公正;

(4) 求真务实,高效勤奋;

(5) 顾全大局,严守机密;

(6) 维护信誉,诚实有信;

(7) 服务公众,贡献社会;

(8) 精研业务,锐意创新。

2.2　基础知识

2.2.1　公共关系基础理论

(1) 公共关系的含义

(2) 公共关系的要素

(3) 公共关系的职能

(4) 公共关系的工作程序及其原则

2.2.2　公共关系的发展简史

(1) 中国公共关系的发展简史和现状

(2) 国际公共关系发展史

2.2.3　公共关系职业道德规范

(1) 公共关系职业道德规范的形成过程

(2) 公共关系职业道德规范的内容和基本要求

2.2.4　相关法律、法规知识

(1) 合同法的相关知识

(2) 反不正当竞争法的相关知识

(3) 消费者权益保护法的相关知识

(4) 涉外经济法的相关知识

(5) 广告法的相关知识

(6) 知识产权法的相关知识

(7) 著作权法的相关知识

(8) 劳动法的相关知识

(9) 国家有关新闻出版、信息传播等方面的法规

3. 公关员工作要求

本标准对初、中、高级公关员和公关师、高级公关师的技能要求依次递进，高级别涵盖低级别的要求。

3.1　初级公关员

职业功能	工作内容	能力要求	相关知识
一、沟通协调	(一) 接待联络	1. 能按礼仪规范进行接待活动 2. 能答复电话问询 3. 能起草贺信、贺电、请柬	1. 日常礼仪的基本内容和要求 2. 接待来访的程序和基本要求 3. 社交礼仪文书的类型和文体
	(二) 演讲介绍	1. 能准备组织演讲材料 2. 能简述组织基本情况	1. 演讲的类型和功能 2. 演讲的基本要求
	(三) 公众关系处理	1. 能处理简单问询 2. 能进行事务性联系	1. 公众关系协调原则 2. 公众关系协调的一般方法
二、信息传播	(一) 媒介联络	1. 能准备媒介联络资料 2. 能收集、整理、制作新闻剪报	1. 与媒介交往的原则和方法 2. 新闻剪报的基本要求

续 表

职业功能	工作内容	能力要求	相关知识
二、信息传播	(二) 新闻发布	1. 能准备有关新闻资料 2. 能联络新闻发布会场事宜	1. 新闻发布的程序 2. 与新闻发布有关的礼仪要求
三、调查评估	(一) 方案准备	1. 能准备调查和评估所需资料 2. 能承担调查的联络工作	1. 调查的目的和意义 2. 调查的基本程序
	(二) 方案实施	1. 能进行一般性文献调查 2. 能进行问卷的发放与收集	文献调查法的步骤与技巧
	(三) 数据统计	能对调查数据进行简单的统计和整理	数据统计的简单方法
四、活动管理	(一) 策划准备	1. 能准备策划所需资料 2. 能安排策划会议	1. 专题活动的类型、特点 2. 专题活动策划的一般程序
	(二) 活动实施	1. 能联络活动现场 2. 能绘制活动场地布置图 3. 能使用投影仪、幻灯机、照相机和摄像机	1. 会场布置的基本知识 2. 印刷品的一般制作过程 3. 投影仪、幻灯机等设备知识

3.2 中级公关员

职业功能	工作内容	能力要求	相关知识
一、沟通协调	(一) 接待联络	1. 能按礼仪规范进行中外接待 2. 能撰写社交公关文书	1. 中外礼仪的基本内容和要求 2. 社交文书的类型和写作要求
	(二) 演讲介绍	1. 能介绍组织的历史和现状 2. 能组织小型演讲活动	1. 演讲的基本技巧 2. 演讲活动的程序
	(三) 公众关系处理	1. 能处理日常公众问询 2. 能与主要公众进行信息沟通 3. 能安排领导与公众进行沟通	公众关系协调的主要方法和基本要求
二、信息传播	(一) 媒介联络	1. 能进行媒体联络 2. 能安排记者采访 3. 能追踪监测采访结果	1. 记者职业特点 2. 新闻传播的基本程序 3. 新闻追踪和监测的基本要求
	(二) 新闻发布	1. 能检查发布资料的准备情况 2. 能接待现场媒体采访活动	新闻发布的性质、特点
	(三) 宣传稿编写	1. 能撰写新闻通讯稿 2. 能编写组织内部刊物 3. 能编写组织对外宣传册	1. 新闻稿的类型和撰写要求 2. 新闻编写的基本要求 3. 公众的特点和心理需求

续　表

职业功能	工作内容	能力要求	相关知识
三、调查评估	(一) 方案准备	1. 能提供与调查相关的背景资料 2. 能起草小型调查方案	1. 小型调查的基本程序 2. 调查方案的写作要求
	(二) 方案设计	1. 能设计小型观察调查提纲 2. 能设计小型访谈提纲 3. 能设计媒介文献调查方案	1. 调查方法的类型与特点 2. 调查方法的运用及其原则 3. 调查问卷文案写作知识
	(三) 方案实施	1. 能用观察法进行调查 2. 能用访谈法进行调查 3. 能进行各种媒介的文献调查	1. 观察调查法的步骤与技巧 2. 访谈调查法的步骤与技巧
	(四) 统计分析	1. 能对调查数据进行统计分析 2. 能编制调查评估图表	1. 常用的数据统计的方法 2. 调查评估分析的原则和方法
四、专题活动	(一) 活动策划	1. 能制定简单策划方案 2. 能编制行动方案和时间表	1. 专题活动目标和主题的确定 2. 策划构思的方法
	(二) 活动实施	1. 能按要求执行活动方案 2. 能收集活动物品市场信息	1. 音像宣传品制作的有关知识 2. 活动物品的市场信息
五、危机处理	(一) 舆论监测	1. 能监测媒体负面报道 2. 能监测公众关系中的消极信息	1. 危机管理的基本概念 2. 危机处理的程序和技巧
	(二) 危机传播	1. 能应对日常公众投诉 2. 能准备危机传播材料	1. 危机传播管理的原则 2. 危机处理中的新闻发布要点

3.3　高级公关员

职业功能	工作内容	能力要求	相关知识
一、沟通协调	(一) 接待联络	1. 能制定接待计划 2. 能负责业务谈判接待工作	1. 接待程序、特点和基本要求 2. 谈判知识和技巧
	(二) 演讲介绍	1. 能介绍组织政策和远景情况 2. 能组织演讲活动，充当主持人	1. 演讲类型、功能和基本要求 2. 主持人的功能和基本要求
	(三) 公众关系处理	1. 能制定外部公众沟通计划 2. 能制定内部公众沟通计划	1. 公众关系沟通的原则和策略 2. 公众关系沟通主要方法和基本技巧
二、信息传播	(一) 媒介联络	1. 能规划媒介数据库的建设 2. 能安排记者采访组织或代表组织接受记者采访 3. 能制定简单媒介传播计划	1. 信息传播的基本原则 2. 中国媒介特点 3. 媒介传播组合及传播技巧
	(二) 新闻发布	1. 能制定新闻发布计划 2. 能组织新闻发布活动	新闻发言人制度的内容和要求

续 表

职业功能	工作内容	能力要求	相关知识
	（三）宣传稿编写	1. 能编写各种新闻稿件 2. 能起草组织内部刊物及音像资料的编写方案	1. 内部沟通的原理和方法 2. 内部通讯的设计原则
三、调查评估	（一）方案准备	1. 能洽谈和承接调查项目 2. 能撰写调查项目方案 3. 能撰写评估项目方案	1. 调查项目的要求和技巧 2. 各种调查的基本程序 3. 评估的原理及其应用
	（二）方案设计	1. 能设计观察调查方案 2. 能设计各种调查问卷 3. 能设计实验调查方案	1. 各种调查方法的取舍原则 2. 各种调查方法的原则及技巧
	（三）方案实施	1. 能执行调查方案的实施工作 2. 能执行评估方案的实施工作	1. 实施调查的知识与技巧 2. 实施评估的知识与技巧
	（四）报告编写	1. 能对调查数据进行分析 2. 能撰写小型调查报告 3. 能撰写小型评估报告	1. 数据统计类型、方法与技巧 2. 调查报告的类型和写作技巧 3. 评估报告的类型、写作技巧
四、活动管理	（一）活动策划	1. 能组织小型活动的策划工作 2. 能起草简单的策划建议书 3. 能对活动效果进行基本预测	1. 主题构思的技巧 2. 策划创意的技巧 3. 大型活动相关的政策法规
	（二）活动实施	1. 能对中型活动进行管理 2. 能制定具体的行动方案 3. 能编制活动预算 4. 能对中型活动进行现场监控	1. 可行性研究的方法 2. 专题活动的流程管理 3. 预算的基本常识和技巧
五、危机处理	（一）舆论监测	1. 能对媒介负面报道进行分析 2. 能提出危机处理意见	1. 危机的处理程序 2. 危机预警的基本原则
	（二）危机处理	1. 能根据危机管理计划进行危机处理工作 2. 能根据危机管理计划进行危机传播管理	1. 危机管理工作要点 2. 危机期间媒介关系的协调与沟通
六、公关咨询	（一）一般性咨询	1. 能处理日常工作中的咨询工作	1. 公关咨询的工作原理 2. 咨询业务的一般工作流程
	（二）咨询建议	能起草日常服务公关建议书	公关建议书的写作技巧

3.4　公关师

职业功能	工作内容	能力要求	相关知识
一、传播沟通	(一)业务沟通	1. 能制定和审定业务洽谈策略 2. 能进行高层次的业务谈判	1. 业务沟通的特点和基本要求 2. 业务洽谈的工作流程及技巧
	(二)公众协调	1. 能负责制定全年公众沟通计划 2. 能单独承担主要公众关系(政府、行业、社区等)的协调工作 3. 能有效地进行客户关系管理	1. 长期沟通规划的原则 2. 政府、行业、社区等重要对象的工作特点和沟通渠道 3. 客户关系管理的原则与方法
	(三)公关传播	1. 能制定并执行媒介传播计划 2. 能运用传播工具进行公关传播 3. 能撰写各种专题性新闻稿件 4. 能有效地进行媒介关系管理	1. 媒介概况和新闻报道原则 2. 新闻传播的方式方法 3. 媒介沟通与投放技巧 4. 媒介关系管理知识
二、创意策划	(一)客户需求测评	1. 能准确把握客户的市场环境并作出符合实际的判断 2. 能客观分析客户公关工作中需改进的环节	1. 市场信息和数据分析的知识 2. 组织竞争战略的有关知识
	(二)公关策划	1. 能根据客户需求制定有效的公共关系战略和计划 2. 能起草大型公关策划建议书,并提出创意性计划和行动方案 3. 能进行一般性的案例研究分析	1. 公关创意策划的基本方法 2. 决策过程及其理论 3. 创造性思维的有关知识 4. 客户所属行业的市场状况 5. 案例研究的原则和方法
三、策略管理	(一)公关调查	能运用各种调查研究方法与工具发现一个组织面临的各种公关问题	1. 市场调查的一般知识、方法和步骤 2. 定性与定量的分析方法 3. 调查工作涉及的有关法规
	(二)媒介管理	1. 能规划媒介关系工作框架 2. 能建立并维护媒介数据库 3. 能开展积极的、形式多样的媒介关系活动	1. 媒介关系的工作内容 2. 媒介关系的工作技巧 3. 媒介数据库的有关知识
	(三)市场传播	1. 能运用发布、巡展、论坛、培训等传播工具进行市场传播 2. 能实施全年市场传播计划和行动方案 3. 能帮助组织规划市场传播战略和策略	1. 产品发布、巡展,研讨、论坛、培训等工作的程序、内容和技巧 2. 市场营销的知识和工作原理 3. 整合营销传播的基本理论和技术原理

续 表

职业功能	工作内容	能力要求	相关知识
三、策略管理	（四）企业传播	1. 能利用媒介传播、事件策划、品牌战略等工具进行形象传播 2. 能实施全年形象传播计划和行动方案 3. 能帮助组织规划品牌战略	1. 媒介传播、事件策划、品牌战略的工作原理和工作技巧 2. 组织战略、组织文化、组织运作与管理的基本内容
	（五）公共管理	1. 能制定政府关系工作计划 2. 能建立与政府、行业、社区之间良好的工作渠道 3. 善于并保持经常性的沟通	1. 政府关系、社区关系的工作原理和工作技巧 2. 最新政策动向和产业动向 3. 组织赞助的程序和应用
	（六）公关评估	1. 能结合组织的目标，对公关工作的中、长期效果进行评估 2. 能从公关活动的效果出发，鉴别日常公关工作的薄弱环节	1. 组织管理与绩效评估的有关知识、方法和工具 2. 数理统计与分析的基本知识
	（七）网络公关	1. 能运用互联网技术，加强与各类公众的交流与沟通 2. 能及时更新组织网站上的内容资料，构建网上的沟通平台	1. 网页设计的有关知识 2. 网络营销的有关知识
四、项目管理	（一）项目确认	1. 能有效地进行项目沟通 2. 能快速对公关需求进行鉴别 3. 能进行商业合同谈判	1. 市场环境的有关知识 2. 高级商务谈判的策略与手段 3. 跨文化传播的有关知识
	（二）项目竞标	1. 能客观分析客户工作中存在的薄弱环节 2. 能有效进行项目沟通 3. 能把握项目竞标的各种变化	1. 公关市场预测的基本知识 2. 客户关系管理知识 3. 项目竞标的工作内容和工作流程
	（三）项目执行	1. 能独立承担项目小组的管理工作，并进行全案跟踪和监控 2. 能进行现场的有效管理和监控，并灵活处理各种变化	1. 流程管理的原则与方法 2. 目标管理知识 3. 时间管理知识 4. 财务管理知识
	（四）项目评估	1. 能有效统筹项目实施的有序性与完整性 2. 能在项目结束后与客户保持积极的沟通并总结实施经验	1. 项目管理的核心原则 2. 项目评估方法与手段

续　表

职业功能	工作内容	能力要求	相关知识
五、危机管理	(一) 计划制定	1. 能制定危机管理计划 2. 能协调危机中相关方面的关系	危机管理计划的撰写要求
	(二) 危机处理	1. 能及时处理危机事件 2. 能主持危机管理计划的实施 3. 能监控危机事件信息传播	1. 危机管理的工作程序和技巧 2. 危机传播中的新闻发布要点
	(三) 危机传播	1. 能起草危机管理预警方案 2. 能承担危机传播管理工作	1. 危机管理预警方案的要点 2. 危机传播管理工作内容
六、管理咨询	(一) 公关公司管理	1. 能开展公司的业务管理 2. 能对公司业务、财务、人力资源、客户服务等进行有效的管理	1. 企业管理的主要内容 2. 企业财务、税法、劳动法、合同法等有关的法律知识 3. 人力资源管理知识
	(二) 公关部门管理	1. 能协调公关部门的各项工作 2. 能对公关部门业务、人力资源和组织战略决策进行管理 3. 能为组织管理层提出公共关系的策略建议 4. 能协调公关部门与其他部门以及外部公关公司的合作	1. 服务营销与品牌管理知识 2. 组织形象识别系统(CIS)知识
	(三) 专业咨询	1. 能对组织公共关系的状态进行策略分析 2. 能对组织的公关战略提出建设性建议和成熟的实施方案 3. 能对组织的中长期公关计划提出指导性的策略建议	管理咨询的原则、程序和方法的专门知识
七、培训指导	(一) 培训	1. 能对中级专业人员进行培训 2. 能对非专业人员进行日常培训 3. 能编写专业培训讲义	培训的有关知识
	(二) 指导	能对公关员进行业务指导	案例教学法

3.5 高级公关师

职业功能	工作内容	能力要求	相关知识
一、传播管理	（一）舆论监测	1. 能及时掌握公众舆论动向，并指导组织建立相应的资料库 2. 能对组织与各主要公众间的关系状态进行整体定位	1. 舆论调查的有关知识 2. 舆论分析的原理和技巧 3. 公共关系状态定位研究
	（二）传播沟通	1. 能审定全年公关传播计划，指导公关传播计划的执行 2. 能制定中长期公关传播战略和规划	1. 长期传播计划的基本内容及其特点 2. 公共关系战略与规划
	（三）关系协调	1. 能监控与各主要公众关系，维持良好的沟通渠道 2. 能指导客户关系管理	1. 公众关系的沟通原则和策略 2. 主要公众对象的特征和工作环境
二、策划研究	（一）创意策划	1. 能主持大型公关活动策划 2. 能对公关建议书提出专家意见 3. 能审定大型公关活动方案 4. 能评判公关活动效果	1. 大型活动的有关政策法规 2. 创新思维的工作原理 3. 策划的基本理论和原则 4. 创新管理的基本知识
	（二）公关研究	1. 能综合进行公众舆论研究与分析，并提出科学建议 2. 能独立进行公关案例研究 3. 能主持开发公关工作工具	1. 舆论及传播研究的有关知识 2. 案例研究与分析 3. 各种研究手段的有关知识 4. 专业发展趋势
三、危机管理	（一）预案策划	1. 能审定危机管理预警方案 2. 能主持或审定危机管理计划	主持或审定危机管理计划的要点
	（二）预防与规避	1. 能主持危机管理工作 2. 能提供危机管理建议 3. 能独立提供危机管理顾问服务	1. 公关咨询工作原理和流程 2. 各种应急技巧训练知识
	（三）危机管理培训	1. 能进行危机管理训练 2. 能根据情况的变化对危机管理预案进行不断更新	1. 专业培训的基本要领 2. 培训工具的有关知识
四、网络公关	（一）网络舆论调研与评估	1. 能运用现代传播技术把握组织与公众的关系状态 2. 能对互联网不同公众反应进行整理，建立数据库并及时更新	1. 现代通讯科技的有关知识 2. 网络传播的形式、特点和功能等方面的有关知识
	（二）网络工具使用	1. 能使用网络工具，建立组织与公众的互动平台 2. 能规划并审定网络公关计划	与网络传播有关的法律与法规

续　表

职业功能	工作内容	能力要求	相关知识
四、网络公关	(三) 网络监测与维护	1. 能监测网上公众的反应 2. 能采取多种互联网沟通手段,保持与公众间日常的积极互动	1. 网络监测的有关知识 2. 网络设计与网络安全方面的有关知识
五、组织管理	(一) 公关公司管理	1. 能独立承担专业公司的运营 2. 能对公司业务、财务、人力资源、客户服务等进行有效监督 3. 能开拓公司新业务和新客户 4. 能规划公司企业文化建设	1. 企业战略、管理等有关知识 2. 营销、质量管理等有关知识 3. 企业使命和社会责任的有关知识
	(二) 公关部门管理	1. 能主持公共关系部门工作 2. 能对公关部门的业务、人力资源和公关战略进行有效的监督	1. 卓越公共关系标准 2. 项目预算知识
六、战略咨询	(一) 环境监测	1. 能组织和指导对组织的各类公众进行分门别类的分析,并分别建立相应的资料库 2. 能负责对组织与各主要公众间的关系状态进行整体定位与把握	1. 消费者权益保护法和组织社团法规等方面的法律知识 2. 相关行业的有关知识
	(二) 问题诊断	1. 根据组织目标,能指导对组织公关整体运作效果进行评估 2. 能对影响组织环境的因素进行分析和研究	管理决策的有关知识
	(三) 战略建议	1. 能负责对组织与各主要公众间的关系进行调整和改善,提出建设性建议 2. 能指导撰写并审定组织与公众间关系的咨询报告和建议案	1. 战略管理的有关知识 2. 组织文化建设的有关知识
	(四) 趋势预测	1. 能从组织环境的视角把握组织的公关特征 2. 能提出组织公关运作应注意的主要问题清单 3. 能对组织的中长期公关计划提出指导性的策略建议	战略公关和国际公共关系知识

续 表

职业功能	工作内容	能力要求	相关知识
七、培训指导	(一) 培训	1. 能对高级专业人员进行培训 2. 能对组织领导人进行高级培训 3. 能编写专业课件	1. 培训方案的编制方法 2. 专业课件开发的有关知识
	(二) 指导	能对公关师进行业务指导和专业指导	1. 公关职业的前沿知识 2. 专业指导的有关知识

附录三　参考文献

[1] 栗玉香. 公共关系教程[M]. 北京:经济科学出版社,2002.
[2] 李远授. 现代公共关系艺术[M]. 武汉:华中科技大学出版社,2002.
[3] 张玲莉. 公共关系原理与实务[M]. 北京:高等教育出版社,2003.
[4] 李占才. 公共关系学概论[M]. 上海:上海交通大学出版社,2005.
[5] 陶应虎,顾晓燕. 公共关系原理与实务[M]. 北京:清华大学出版社,2006.
[6] 何修猛. 现代公共关系学[M]. 上海:复旦大学出版社,2007.
[7] 李道平. 公共关系学[M]. 北京:经济科学出版社,2008.
[8] 居延安. 公共关系学[M]. 上海:复旦大学出版社,2008.
[9] 赵晓兰. 最新公共关系学[M]. 北京:中国社会科学出版社,2008.
[10] 陈先红. 现代公共关系学[M]. 北京:高等教育出版社,2009.
[11] 邓婕,李荣德. 公共关系学[M]. 成都:西南财经大学出版社,2009.
[12] 朱晓杰. 公共关系理论与实训[M]. 北京:清华大学出版社,2009.
[13] 银淑华. 旅游公共关系[M]. 北京:中国人民大学出版社,2001.
[14] 杨哲昆. 旅游公共关系学[M]. 大连:东北财经大学出版社,2002.
[15] 汪瑞军. 旅游公共关系[M]. 重庆:重庆大学出版社,2002.
[16] 张国洪. 旅游公共关系[M]. 天津:南开大学出版社,2004.
[17] 杜炜. 旅游业公共关系理论与实务[M]. 北京:旅游教育出版社,2005.
[18] 张舒哲,刘颖山. 旅游公共关系[M]. 北京:旅游教育出版社,2006.
[19] 谢苏. 旅游公共关系[M]. 武汉:华中师范大学出版社,2006.
[20] 刘德兵,刘春. 旅游公共关系[M]. 北京:科学出版社,2007.
[21] 赵桂毅. 旅游公共关系[M]. 北京:中国林业出版社,北京大学出版社,2008.
[22] 李祝舜. 旅游公共关系学[M]. 武汉:华中科技大学出版社,2008.
[23] 汪颖达,王刘刘. 旅游业公共关系[M]. 合肥:合肥工业大学出版社,2009.
[24] 梁冬梅. 旅游公共关系原理与实务[M]. 北京:清华大学出版社,2010.
[25] 谢苏,韩鹏. 旅游企业公共关系新编[M]. 上海:上海交通大学出版社,2011.
[26] 张昌贵. 旅游公共关系[M]. 西安:西安交通大学出版社,2011.
[27] 刘肖梅. 旅游公共关系[M]. 青岛:中国海洋大学出版社,2011.
[28] 李晓. 旅游公共关系学[M]. 天津:南开大学出版社,2012.
[29] 轩福华. 旅游公共关系[M]. 北京:中国轻工业出版社,2012.
[30] 金正昆. 涉外礼仪教程[M]. 北京:中国人民大学出版社,1999.
[31] 尹华光. 旅游公共关系与礼仪[M]. 长沙:中南大学出版社,2005.
[32] 胡碧芳,姜倩. 旅游服务礼仪[M]. 北京:中国林业出版社,北京大学出版社,2008.
[33] 孟晓芳. 礼貌礼节[M]. 北京:经济科学出版社,2008.
[34] 徐桥猛,李丽. 酒店管理经典案例分析[M]. 广州:广东经济出版社,2007.
[35] 杜炜. 饭店优秀公关案例解析[M]. 北京:旅游教育出版社,2007.
[36] 张建庆. 酒店公共关系[M]. 上海:上海交通大学出版社,2011.

图书在版编目(CIP)数据

旅游公共关系/张向东主编. —上海:华东师范大学出版社,2014.1
创新旅游管理系列教材
ISBN 978-7-5675-1699-1

Ⅰ.①旅… Ⅱ.①张… Ⅲ.①旅游业-公共关系学-高等职业教育-教材 Ⅳ.①F590.65

中国版本图书馆 CIP 数据核字(2014)第 020167 号

创新旅游管理系列教材
旅游公共关系

主　　编　张向东
项目编辑　孙小帆
审读编辑　李玮慧
责任校对　时东明
版式设计　卢晓红
封面设计　孔薇薇

出版发行　华东师范大学出版社
社　　址　上海市中山北路 3663 号　邮编 200062
网　　址　www.ecnupress.com.cn
电　　话　021-60821666　行政传真 021-62572105
客服电话　021-62865537　门市(邮购)电话 021-62869887
地　　址　上海市中山北路 3663 号华东师范大学校内先锋路口
网　　店　http://hdsdcbs.tmall.com

印 刷 者　句容市排印厂
开　　本　787×1092　16 开
印　　张　18
字　　数　370 千字
版　　次　2014 年 11 月第一版
印　　次　2020 年 1 月第四次
书　　号　ISBN 978-7-5675-1699-1/F·250
定　　价　38.00 元

出 版 人　王　焰